Couverture inférieure manquante

Début d'une série de documents en couleur

NOUVELLE BIBLIOTHÈQUE LITTÉRAIRE

ÉMILE FAGUET

POLITIQUES
ET
MORALISTES
DU DIX-NEUVIÈME SIÈCLE

Troisième série

STENDHAL — TOCQUEVILLE
PROUDHON — SAINTE-BEUVE
H. TAINE — E. RENAN

PARIS
SOCIÉTÉ FRANÇAISE D'IMPRIMERIE ET DE LIBRAIRIE
ANCIENNE LIBRAIRIE LECÈNE, OUDIN ET Cie
15, RUE DE CLUNY, 15
1900

Tout droit de traduction et de reproduction réservés

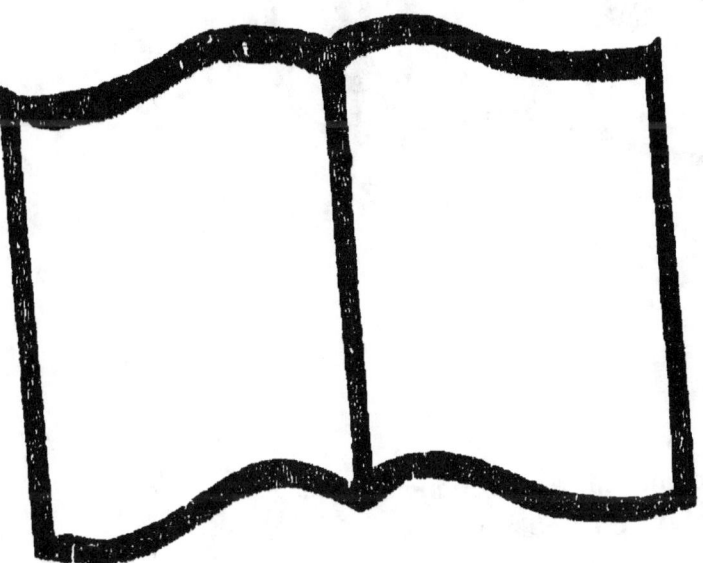

PAGE(S) VIERGE(S)

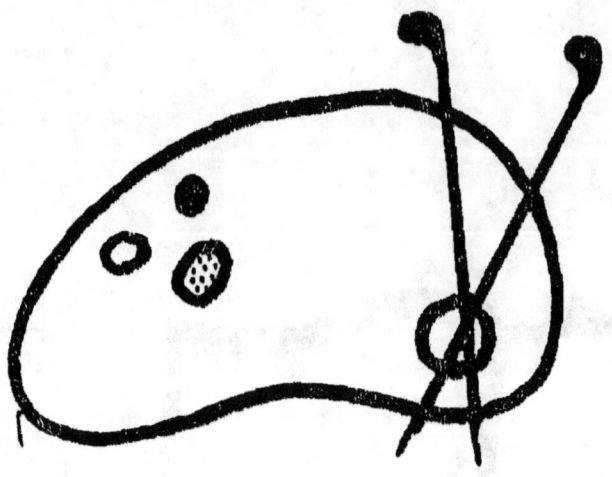

Fin d'une série de documents
en couleur

POLITIQUES ET MORALISTES

DU DIX-NEUVIÈME SIÈCLE

TROISIÈME SÉRIE

EN VENTE A LA MÊME LIBRAIRIE

DU MÊME AUTEUR

Seizième siècle, *études littéraires*, un fort vol. in-18 jésus, 9ᵉ édition, br. 3 50

Dix-septième siècle, *études littéraires et dramatiques*, un fort vol. in-18 jésus, 19ᵉ édition, br. 3 50

Dix-huitième siècle, *études littéraires*, un fort volume in-18 jésus, 16ᵉ édition, br. 3 50

Dix-neuvième siècle, *études littéraires*, un fort volume in-18 jésus, 19ᵉ édition, br. 3 50

COURONNÉ PAR L'ACADÉMIE FRANÇAISE

Politiques et Moralistes du dix-neuvième siècle, *première série*, un vol. in-18 jésus, 5ᵉ édition, br. . 3 50

Politiques et Moralistes du dix-neuvième siècle, *deuxième série*, un vol in-18 jésus, 3ᵉ édition, br. . 3 50

Madame de Maintenon institutrice, *extraits de ses lettres, avis, entretiens et proverbes sur l'Éducation*, avec une introduction, un vol. in-12 orné d'un portrait, 2ᵉ édition, broché. 1 50

Corneille, un vol. in-8° illustré, 7ᵉ édit., br. . 1 50

La Fontaine, un vol. in-8° illustré, 8ᵉ édit., broché. 1 50

Voltaire, un vol. in-8° illustré, 2ᵉ édition, broché. 1 50

Ces trois derniers ouvrages font partie de la *Collection des Classiques populaires* dirigée par M. Emile Faguet.

NOUVELLE BIBLIOTHÈQUE LITTÉRAIRE

ÉMILE FAGUET

POLITIQUES
ET
MORALISTES
DU DIX-NEUVIÈME SIÈCLE

Troisième Série

STENDHAL — TOCQUEVILLE
PROUDHON — SAINTE-BEUVE
H. TAINE — E. RENAN

PARIS
SOCIÉTÉ FRANÇAISE D'IMPRIMERIE ET DE LIBRAIRIE
ANCIENNE LIBRAIRIE LECÈNE, OUDIN ET Cie
15, RUE DE CLUNY, 15
1900

Tout droit de traduction et de reproduction réservé

AVANT-PROPOS

Ce troisième volume est le dernier de la série que j'ai intitulée *Politiques et Moralistes du dix-neuvième siècle*. Dans un premier volume j'ai étudié les penseurs qui avaient vu la Révolution française et qui avaient conçu pour l'avoir connue, soit une profonde aversion pour les nouveautés, soit une vive et tenace espérance, soit un besoin de consolider et d'organiser les conquêtes. C'étaient les de Maistre, les de Bonald, les Staël, les Constant, les Royer-Collard, les Guizot.

Dans un second volume j'ai groupé tous les philosophes politiques qui ont cru à la nécessité et à la possibilité d'organiser un « pouvoir spirituel » nouveau, pour guider les consciences et éclairer les volontés, soit que ce nouveau pouvoir spirituel ne fût que l'ancien, rafraîchi en quelque sorte et rajeuni et rendu capable de porter le monde moderne, soit qu'il fût un pouvoir spirituel vraiment nouveau et constituât dans l'esprit des fondateurs, — non une renaissance religieuse, mais une création de religion.

Et ce second volume, par la nature même du sujet, est celui des trois qui a le plus d'unité, tous les penseurs qui y figurent ayant du moins ceci de commun qu'ils concentrent leurs pensées et leurs vœux sur l'idée d'un pouvoir spirituel à restaurer ou à créer, mais considéré par tous comme nécessaire. Ce sont les Saint-Simon, les Fourier, les Lamennais, les Ballanche, les Quinet, les Victor Cousin, les Auguste Comte, tous soit pénétrés, soit touchés au moins d'esprit religieux, tous convaincus de la nécessité d'une direction morale bien et fortement organisée, et tous en vérité, quoique plus ou moins, nés directeurs de conscience.

Ce troisième volume constate la faillite générale des penseurs qui ont figuré dans le second. J'y rencontre Stendhal, Tocqueville, Proudhon, Sainte-Beuve, Taine, Renan, c'est-à-dire j'y rencontre des penseurs extrêmement divergents, et ceci est déjà un premier point à considérer. Ceux-ci n'ont même pas entre eux ceci de commun qu'ils poursuivent, sinon le même but, du moins des buts analogues. Ils sont plus éloignés les uns des autres que n'étaient les philosophes du XVIIIe siècle, quelque séparés que fussent ceux-ci mêmes; et il ne faut chercher à établir aucune unité dans le volume que l'on va lire.

De plus, le rêve du pouvoir spirituel est à peu près complètement abandonné par tous les philosophes dont nous allons parler. Renan seul, dont la pensée était assez vaste pour que s'y reflétât le siècle entier et beaucoup plus encore, a retenu quelque chose de cette conception, ou plutôt de ce désir, ou plutôt de ce regret, et nous y ramène, surtout dans le livre qui fut le premier qu'il écrivit et le dernier qu'il publia. Tous les autres, et il faut dire aussi lui-même, ont abandonné cette entreprise, et tournent ailleurs leurs pensées et sont tout autre chose que des restaurateurs ou des fondateurs de religion.

Que sont-ils donc ? Ou des sceptiques, ou des positivistes, ou de simples observateurs. Stendhal ne croit à rien, et si l'admiration est une espèce de foi, et si donc il faut chercher ce qu'admirait Stendhal, il n'admirait que la force. On pourrait considérer Stendhal comme le premier des Nietzschéens, si le premier des Nietzschéens n'était pas Voltaire. Stendhal croit à la force comme d'autres croient au droit et n'est pas éloigné de considérer l'énergie même criminelle, comme la seule vertu de l'homme. Peu philosophe, du reste, il n'a pas su ramener ses tendances à un système ; mais s'il l'avait fait, il aurait trouvé en lui un sceptique, puis un contempteur et un ennemi de toute morale, estimant que l'humanité est menée par ceux qui sont forts et qui la méprisent et que cela n'est pas mauvais.

Sainte-Beuve, plus profondément sceptique encore, ne désigne à l'humanité aucune espèce d'idéal et non pas même celui qui consiste dans le règne de la force. Sceptique dilettante, il réduit sa magnifique intelligence à tout observer, à tout comprendre et à tout expliquer. Directeur d'esprits dans la recherche, non dans aucune espèce d'affirmation et de croyance, craignant presque la croyance et la certitude comme étant des points d'arrêt qui ressemblent à des points d'attache et qui, parce qu'ils fixent, risquent d'emprisonner. De son histoire et de son histoire naturelle, car il fut un historien et un naturaliste, il serait impossible de tirer une seule loi, un seul précepte ou même un seul conseil de morale, si ce n'est, peut-être, que c'est une belle vie que celle qui se passe « à lire de belles choses, et à en écrire d'agréables », *credo* qui n'est peut-être pas pour être d'usage à une très grande partie de l'humanité. Grand esprit de décadence, plus qu'aucun autre, si le propre de la décadence est, chez les grands esprits, de regarder le monde comme une chose intéressante dont, du reste, on se désintéresse et d'y toujours voyager comme en un pays étranger, très amusant, d'autant plus amusant qu'il est étranger et qu'on regarde toujours comme étranger pour qu'il reste amusant toujours.

Taine était un positiviste pessimiste, effrayé de bonne heure de la perversité humaine et de la cruauté de la nature, très convaincu, du reste, que tout *au delà* est fermé à la connaissance de l'homme, et par conséquent, au sein de la nature hostile et de l'humanité effrayante, et n'ayant point le recours d'une espérance, restait sombre et triste, dans une sorte d'accablement moral qui ne pouvait être le fondement d'aucune doctrine vivifiante et salutaire. Sorte de stoïcien résigné le plus souvent, quelquefois nerveux et irrité, il ne savait, aux heures de sagesse, que conseiller, comme il les pratiquait, l'abstention et l'endurance de la vieille maxime du Portique, en y ajoutant, ce qui est stoïcien encore, le souci scrupuleux de la dignité et de l'honneur personnels. Il fut de ceux qui apprennent à désespérer avec énergie et avec calme, et certes il enseignait le courage ; mais sans rien de ce sourire, où entrent de la confiance et quelque joie, avec lequel les énergiques disent : « Courage ! » et sa façon d'enseigner le courage n'était pas un encouragement. Vénérable et même cher à notre génération, il n'a pu être pris pour maître de moralité que par des disciples très subtils qui ont dénaturé son enseignement, en même temps qu'ils le recevaient et qui l'ont dirigé adroitement vers des fins qui n'étaient aucunement ses conclusions. Ce qu'il est rationnel de tirer des idées générales de Taine, c'est que l'humanité est mauvaise, et que qui que ce soit est impuissant à la réformer ; qu'il faut la supporter avec patience et dignité et se tirer de la vie par « le suicide lent et intelligent » et honorable, qui est le travail.

Beaucoup plus capable de sourire, de gaîté, de bienveillance, d'indulgence et par conséquent d'action sur les hommes, Renan, tout compte fait, s'est peu soucié d'agir, ce qui veut dire — *toujours* — qu'en somme il avait peu de foi. Il aimait trop à croire à tout pour qu'il crût rien ; et c'est bien lui qui a donné au monde cette forme nouvelle du scepticisme, belle et généreuse, du reste, qui consiste à croire à tout. Sans doute, un temps, il a cru à la science, comme un Comte, qu'il n'avait pas lu alors, comme un Arago, comme un Berthelot, et en 1848 il fut de son temps ; mais ce stade ne fut pas très long, et le scepticisme d'une nature particulière que nous indiquions plus haut, le scepticisme de l'omnicroyance, envahit tout. S'il fut merveilleux dans cette attitude, c'est-à-dire dans ces multiples attitudes, c'est ce que je n'ai pas à décrire ici ; mais cela ne laissa point de fondations et les résultats furent négatifs. Je ne dis pas nuls. J'entends par résultats négatifs que Renan nous apprit ou parut nous apprendre à *n'être pas* sectaires, à *n'être pas* intolérants, à *ne pas* nous haïr les uns les autres pour raisons de doctrine, etc. ; et ceci ne laisse pas d'être précieux ; mais il ne nous apprit point à *être* quelque chose, et ne nous donna ni une nouvelle croyance, ni une nouvelle doctrine, ni une confirmation des anciennes. Il nous bénit agréablement, nous et tout ce que nous pensions et pouvions penser, en le pensant mieux et en l'exprimant plus heureusement qu'aucun de nous ne pouvait faire. Il nous enchanta, il nous sourit et sourit de nous, le tout en même temps et de telle sorte que nous ne savions guère ce qu'il y avait de moquerie dans ses approbations et d'adhésion jusque dans ses épigrammes. Il nous divertit ; il se divertit de nous, il nous avertit et quelquefois fut sur le point de nous pervertir. Il nous fit penser, surtout, ce qui est toujours un inestimable bienfait ; mais il ne nous munit point, il ne nous fortifia point, et s'il serait inepte de donner au « Renanisme » le sens qu'il a eu quelque temps dans le monde, à savoir celui d'ironie spirituelle et de sophisme frivole, il faut bien reconnaître que le Renanisme n'est pas, en définitive, une doctrine, ni même quelque chose de quoi une doctrine puisse sortir.

Je laisse à part le grave et amer Tocqueville qui n'a eu le temps que d'être un historien et un politique et qui n'a pu laisser au monde son testament de moraliste ; et je ferai remarquer que le positiviste Proudhon est encore, parmi ceux que j'ai étudiés dans ce livre, celui qui a eu l'idéal le plus élevé et relativement le plus net. Il est positiviste, sans doute ; il croit que les Révolutions humaines ont toutes des causes économiques et ne sont que les secousses résultant du bien être et du mal être de l'humanité. Mais en même temps il a une idole, il a une divinité, vers laquelle il élève les regards et tend les bras. Il adore la Justice, et il croit que l'humanité se dirige vers la Justice, d'une lente ascension, depuis ses origines jusqu'à sa fin, et comme vers sa fin. C'est là le fond de Proudhon, sa pensée maîtresse à travers tant de pensées confuses et contradictoires. J'ai assez dit que c'est une idée fausse pour qu'on ne s'étonne pas que je le répète et pour qu'on me permette de le répéter très brièvement. L'idée de Justice est une idée fausse en tant qu'idée générale. Dire qu'il est juste de payer ce qu'on a promis de payer ; dire qu'il est juste de ne pas condamner un innocent, juste de punir un coupable d'après les termes du contrat social qu'il connaissait ; dire en un mot que la justice est de se conformer au pacte que l'on a consenti, et que faire autrement est iniquité, férocité et barbarie, rien de plus assuré. Mais généraliser et étendre l'idée de justice au delà de l'idée de contrat, c'est tout de suite confondre iniquité et inégalité, égalité et justice, et déclarer que là où il y a inégalité il n'y a pas de justice, que là où il y a inégalité il y a barbarie ; et c'est cette idée qui est fausse, c'est cette idée qui est absolument antisociale et qui détruira tout peuple qui s'en engouera. Ce fut l'idée centrale de Proudhon. Elle est fausse, à mon avis, mais elle est haute et belle et ne peut qu'attirer l'estime à celui qui en fut possédé jusqu'à une manière de superstition. Voilà du moins un homme qui a eu un idéal, une pensée qui peut devenir une doctrine, et une doctrine qui, si à l'épreuve des faits elle est convaincue de fragilité, du moins peut animer les esprits et les diriger, sinon vers une réalisation d'elle-même complète et absolue, qui est impossible, du moins vers des travaux partiels et des redressements de détail extrêmement utiles et glorieux pour le genre humain.

Mais on voit qu'en général nos penseurs de la seconde moitié du XIX⁰ siècle, plus brillants, pour la plupart, plus pénétrants, plus *intéressants* que leurs prédécesseurs, ont visé moins haut, ont embrassé l'avenir avec moins de confiance et de hardiesse, ont tenté de moins grandes choses, nous laissent sur une impression plutôt de découragement, de désillusion et de lassitude.

Il me semble que nous avons fait le tour de la piste et que nous revenons au point de départ d'il y a cent vingt ans. On s'est aperçu au commencement de ce siècle que le xviii° siècle avait été surtout négateur et avait surtout détruit ; et l'on a essayé de construire ou de reconstruire. On n'y a pas réussi, et l'on en est revenu, les uns à reprendre, en la fortifiant, la pensée de Condillac, les autres à reproduire exactement l'esprit sèchement négateur des philosophes secondaires du xix° siècle et Stendhal est bien curieux à observer à cet égard ; les autres à observer avec détachement et à jouer brillamment avec les idées, avec plus de savoir, mais dans le même esprit qu'on pouvait le faire et qu'on le faisait en un salon de 1770.

Et pendant ce temps-là les vieilles forces intellectuelles et morales qui se trouvaient en présence dans toute l'Europe au xviii° siècle, catholicisme contre protestantisme, se sont retrouvées face à face et se partagent les esprits que la philosophie indépendante a comme laissé échapper ; et ce phénomène qui étonne quelques-uns, n'a rien qui puisse beaucoup surprendre, après l'avortement du nouveau « Pouvoir spirituel » rêvé par les chimériques tant raillés de 1840.

Bien que, comme je l'ai dit ailleurs, l'individualisme moderne combatte et réprime le besoin d'un pouvoir spirituel, encore est-il que ce besoin ne disparaît jamais entièrement ; et il crée ou il répare son organe. N'ayant pas réussi à en créer un nouveau, il répare l'ancien, ou les anciens.

Je ne serais pas étonné du tout qu'il y eût au xxᵉ siècle une France catholique très vigoureuse ; et que Dieu nous en préserve, car elle ne serait pas tendre pour la minorité protestante et libre penseuse. Et je ne serais pas étonné, — car ce n'est pas toujours la majorité numérique qui gouverne — qu'il y eût au xxᵉ siècle une France protestante très énergique ; et que Dieu nous en garde pour la même raison que tout à l'heure en sens inverse.

Quoi qu'il en puisse être, la philosophie morale et politique au temps actuel ne peut être accusée de trop hautes ambitions. La science politique s'est « constituée en science » sous le nom de Sociologie ; et c'est à quoi je ne m'oppose point ; mais, soucieuse d'être rigoureusement « scientifique, » elle se réduit le plus souvent à des travaux de statistique, qui, certes, sont héroïques, mais où elle s'enterre et d'où elle n'a aucune action ni aucune prise sur l'opinion publique. Elle laisse un peu trop aux journaux, c'est-à-dire aux passions, ou aux intérêts déguisés en passions, l'office de diriger l'opinion ou plutôt de la mener à grands cris vers les batailles confuses. Il nous manque un Proudhon ou un Renan, un Proudhon qui ne serait pas contradictoire ou un Renan qui n'aimerait pas à se contredire. Quand on fait des souhaits, il n'en coûte rien de les faire complets et très prétentieux.

Pour moi je souhaite qu'il vienne un homme qui, par l'autorité du génie, persuade à ce pays si éprouvé, d'abord de s'aimer lui-même, profondément, chaleureusement, énergiquement. Le culte du moi n'est pas à conseiller à un individu ; mais à un pays il faut présenter le culte de soi comme un devoir. Quand le patriotisme ne serait pas une vertu, il serait une nécessité, tant qu'il y a d'autres peuples chez qui il n'est pas démodé. Il ne faut donc jamais se lasser de louer et d'exalter le patriotisme comme le premier des devoirs et la plus essentielle des vertus, sans laquelle toutes les autres seraient inutiles.

Je voudrais que cet homme encore déshabituât la nation, s'il est possible, de la chimère de l'égalité absolue. De tous nos maux secrets, c'est celui qui est le moins secret et en même temps le plus profond, et qui nous ronge jusqu'aux œuvres vives. Tout peuple qui chérira cette maladie en périra à très bref délai, et il est même bon qu'il en périsse. Or c'est par le patriotisme qu'on pourra combattre l'égalitarisme chimérique ; c'est en représentant les inégalités, les différences hiérarchiques comme des sacrifices à faire à la Patrie, à son organisation, à sa vie ordonnée et par conséquent puissante, qu'on pourra combattre efficacement la chimère néfaste de l'Egalité absolue. Tout peuple qui s'aime lui-même sent, d'instinct, qu'il a à choisir entre le besoin malsain d'égalité et le besoin légitime et salutaire de persévérer dans l'être, et que ceci ne peut être si cela est.

Je voudrais encore que cet homme à la voix puissante, tout en donnant les conseils qui précèdent à la démocratie, se donnât surtout pour mission d'instruire de ses devoirs et de ses intérêts l'aristocratie qui s'élève. Quelle est donc cette aristocratie qui s'élève? Je n'en sais rien ; mais je suis sûr qu'il y en a une en train de se former ; car il y en a toujours une qui se dégage, en un temps plus ou moins long, du sein du peuple Est-ce la Ploutocratie? Il est possible et j'ai tendance à le croire. Est-ce l'Église catholique avec sa clientèle? Est-ce l'Église protestante avec la sienne ? Est-ce l'armée ? Tout cela se peut. Mais quel que soit le vainqueur, ou pour en mieux parler, l'hégémoniste de demain, quelle que soit l'aristocratie qui se dégagera pour une période historique plus ou moins longue, du chaos, ou, si vous voulez, de la nébuleuse où nous sommes en ce moment, il faudra lui persuader, et on peut le lui dire d'avance, qu'une aristocratie ne s'assure la durée que par les services qu'elle rend, ce qui revient à dire qu'elle ne vit que des sacrifices qu'elle fait.

Ne nous y trompons point : nous avons eu depuis la disparition de l'aristocratie séculaire de l'ancien

Régime, plusieurs essais d'aristocratie en France. Il y a eu sous la Restauration une aristocratie religieuse, sous le gouvernement de Juillet une aristocratie bourgeoise, sous le second Empire comme sous le premier une aristocratie militaire. Elles sont tombées toutes très rapidement, non pas uniquement par leurs fautes, mais en grande partie par leurs fautes. Elles sont tombées par l'effet de leur égoïsme; elles sont tombées parce qu'elles ont commis cette erreur du cœur et de l'esprit de croire qu'une victoire est une curée. Les unes après les autres elles n'ont guère songé chacune qu'à soi.

Elles avaient, au moins, des chances de durée, et, pour mon compte, je crois que l'une ou l'autre ou la troisième aurait duré, si elles avaient su qu'un patriciat est un dévouement et subsiste par les devoirs qu'il sait remplir et périt par les devoirs qu'il délaisse. A l'aristocratie de demain il faut donc dire déjà qu'elle se perdra non seulement si elle abuse de sa victoire; mais *si elle en use*, si elle la considère comme une victoire. Mission rude. On répète toujours que l'éducation de la Démocratie est difficile. Il y a quelque chose de plus malaisé, c'est l'éducation des aristocraties successives qui se forment sur la surface mouvante des démocraties.

Et enfin à tous, l'homme que j'appelle devra dire que le secret social est parfaitement dans la devise, souvent raillée, qu'on lit au fronton de nos édifices ; mais à la condition qu'on sache la comprendre. « Liberté, Egalité, Fraternité », l'inconnu, l'ignorant peut-être, qui a trouvé cette formule ne s'est pas douté sans doute que c'était là le problème social très bien posé par thèse, antithèse, synthèse. La Liberté et l'Egalité sont contradictoires, mais l'antinomie qu'elles constituent, la Fraternité la résout.

La Liberté s'oppose à l'Egalité, car la Liberté est aristocratique par essence. La Liberté ne se donne jamais, ne s'octroie jamais ; elle se conquiert. Or ne peuvent la conquérir que des groupes sociaux qui ont su se donner la cohérence, l'organisation et la discipline et qui, par conséquent, sont des groupes aristocratiques. Les seules barrières au despotisme dans l'ancienne France étaient la Noblesse, l'Eglise et les Parlements, trois aristocraties constituées. Toute liberté est un privilège ou elle est sans force. Elle peut être aussi une habitude, une tradition nationale ; mais alors, aussi elle n'a qu'une force apparente et c'est merveille comme un coup de violence réduit à néant, en un jour, ce qui paraissait une loi constituante et une propriété inaliénable de la nation tout entière. La Liberté est éminemment aristocratique.

Et de même l'Egalité s'oppose à la Liberté. Elle se résout forcément au gouvernement d'un seul accepté ou subi par tous, par horreur pour le gouvernement de quelques-uns. Gouvernement de tous c'est gouvernement d'un seul, gouvernement de tous étant la théorie et l'affiche, gouvernement d'un seul étant la pratique où l'on est forcé d'arriver presque immédiatement. Il n'y a d'Egalité que dans le despotisme, parce que c'est le despotisme qui fait l'Egalité et parce que c'est l'Egalité aussi qui produit le despotisme et qui le maintient. Toute démocratie tend au despotisme, non pas comme à ce qu'elle désire, mais comme à ce qui lui est nécessaire.

Liberté et Egalité sont donc contradictoires et exclusives l'une de l'autre ; *mais la Fraternité les concilierait.*

La Liberté avec l'amour de tous pour tous serait un système de privilèges, mais de privilèges acceptés et aimés comme garanties de l'indépendance nationale et de la puissance nationale, privilèges du reste se faisant doux, se faisant ouverts et hospitaliers, se faisant protecteurs et dévoués au bien public, privilèges sans arrogance et sans hauteur, se considérant plus comme des devoirs que comme des bénéfices.

L'Egalité avec l'amour de tous pour tous tolérerait les libertés, n'en serait ni jalouse ni gênée et ne recourrait pas au despotisme pour s'en délivrer. Il y aurait plus : elle constituerait elle-même des libertés, des privilèges, comme échelons nécessaires de l'organisation sociale, ne verrait pas oligarchie où il y aurait hiérarchie, et, comme la Liberté créerait elle-même une égalité réelle, l'Egalité créerait elle-même un système de libertés véritables et sans danger.

La Fraternité, donc, non seulement concilierait la Liberté et l'Egalité, mais elle les ferait génératrices l'une de l'autre, et c'est de l'Egalité qu'elle réussirait à tirer les libertés publiques et c'est les libertés publiques qu'elle ferait sources, soutiens, appuis et sanction d'une égalité réelle, profonde et non apparente et nominale. Car, comme je l'ai dit ailleurs, c'est avec de l'Egalité qu'on fait des libertés vraies, et c'est avec de la Liberté qu'on fait de l'Egalité réelle ; et les libertés qui partent d'elles-mêmes, qui se sont conquises, sont des libertés, certes, mais ont le caractère un peu dur et un peu exclusif de privilèges ; et l'Egalité qui part d'elle-même et ne songe qu'à soi, est une égalité, certes, mais elle a un caractère négatif, elle n'est que l'exclusion des supériorités, et elle n'a rien de profond, de solide, de fécond ni même de salutaire.

Et c'est donc, bien en dernière analyse, la Liberté et l'Egalité qui devraient se produire l'une l'autre, pour qu'elles fussent viables ; mais ce serait à la condition que la Fraternité les animât l'une et l'autre, les pénétrât et les rendît fécondes.

Tout nous ramène à cette vérité qu'il n'y a d'élément actif dans l'humanité que l'amour, et particulièrement dans une nation que le patriotisme, et que « aimez-vous les uns les autres » est le dernier mot et tout le secret ; et que si l'on a dit avec raison qu'au fond la question sociale est une question morale, cela tient à ce que toutes les questions politiques sont au fond une question morale.

C'est pour cela que j'avais choisi pour titre de cette série d'études les mots : *Politiques et Moralistes*. C'est pour cela que je ne m'y suis occupé que de ceux qui, en même temps que des politiques, ont été des moralistes ou ont prétendu l'être. C'est pour cela que j'appelle de mes vœux un grand penseur, ou plusieurs, qui, comme la plupart de ceux que je viens d'étudier, se posent toujours en même temps le problème moral et le problème politique et s'efforcent sans cesse d'éclaircir l'un aux lumières de l'autre. Je souhaite que les moralistes politiques qui nous viendront au prochain siècle aient tout le talent de ceux du siècle qui finit et plus de bonheur à fonder quelque chose.

Novembre 1899.

E. F.

POLITIQUES ET MORALISTES

TROISIÈME SÉRIE

STENDHAL

On sait que la Providence s'amuse, le monde, à ce qu'assurent les Védas, étant une des trente-quatre comédies qui servent à ses plaisirs. Elle a des divertissements malicieux. Elle se plaît à dérouter nos prévisions et à confondre nos calculs. Un de ses tours assez fréquents est de *déplacer*, pour ainsi parler, les hommes d'esprit, de mettre en un siècle tel homme qui était fait évidemment pour être d'un autre, et qui, dans celui où il naît, est tout dérouté et ne se reconnaît pas lui-même. Cette mésaventure, qui n'est pas sans compensation, est arrivée à Stendhal. C'est un déplacé. Il est, dans notre première moitié du XIXe siècle, comme dans une maison dont il ne connaît pas les êtres, et dans un costume qu'il n'était point fait pour porter. De cela il a gardé de l'humeur, et a contracté une certaine bizarrerie, et d'assez mauvaises façons ; mais il n'en est pas moins très intéressant. Les déplacés sont aussi curieux à étudier que les déclassés. Stendhal, qui a été un peu l'un et l'autre, excite et renouvelle constamment l'attention. On cherche chez lui l'effet qu'a pu faire, sur un homme de valeur du reste, un temps qui lui était contraire, et dont il était presque le contraire même. C'est un témoin véridique et désorienté. On sent qu'il ne peut pas dire des choses banales, et, en effet, ce n'est point son défaut. Interrogeons donc cet étranger, questionnons cet anachronisme, cet homme qui était comme forcé d'être original, et qui, en effet, l'a été, malgré l'effort continuel qu'il faisait pour l'être.

I

Le jeune Henri Beyle, vers 1798, était un petit garçon avisé, intelligent, déjà observateur, sensiblement vicieux, et vaniteux au delà de toute expression ; et cela ne le distingue point infiniment de beaucoup de jeunes Français de quinze ans. Mais il avait plus particulièrement une propriété, car défaut ou qualité, je ne sais trop comme il la faut nommer, qui était chez lui d'une force incroyable et comme invincible. Il était imperméable. Nous subissons tous une multitude d'influences qui finissent par faire partie de notre complexion et de notre esprit. Stendhal ne peut pas en subir une. Il résiste de tout son cœur et de tous les points de son corps. *Recalcitrat undique tutus.* Quand, plus tard, il songea à être baron, en rêvant de ses armoiries il a dû y mettre un hérisson. Il est indocile à fond et incapable d'être apprivoisé. Exemples et leçons lui sont également inutiles et également antipathiques. Ils ne réussissent qu'à l'engager dans le sens opposé à celui où ils le poussent. C'est vanité, c'est orgueil ; mais c'est quelque chose de plus fort que vanité, de plus furieux qu'orgueil ; c'est passion de révolte et manie d'antipathie : « Nos parents et nos maîtres, a-t-il dit plus tard, sont nos ennemis naturels quand nous entrons dans le monde. » Ils ont été les siens, à son sentiment, depuis son berceau. Personne n'a détesté quelqu'un plus violemment que Stendhal son père. Les mots de bourreau et d'assassin reviennent cent fois dans les *journaux* de Stendhal, à l'adresse de cet honorable bourgeois de Grenoble, sans qu'on puisse voir en quoi ce monstre a été coupable envers son fils, si ce n'est qu'il l'emmenait trop souvent à une maison de campagne que le jeune homme n'aimait pas, et qu'il ne lui servait, en 1804, qu'une pension de 2,400 francs qui en feraient 6,000 de nos jours. Mais c'est chez le jeune homme un état pathologique. Tout le met en fureur de la part de ceux qui *veulent avoir sur lui une influence*. Il se fait un esprit, une conscience et une âme de tous les sentiments et de toutes les idées que n'ont pas ceux qui l'élèvent. Ils sont religieux : il suffit, il sera toute sa vie en ébullition contre les prêtres ; ils sont aristocrates : aristocrate lui-même d'instinct, il se maudira mille fois de ce penchant honteux ; ils pleurent, en 1793, sur la mort de Louis XVI : il assure que dès cette époque, âgé de dix ans, cette nouvelle l'a fait bondir de joie. — Ainsi de tout ; et ce ne serait point exagérer beaucoup que d'affirmer que toute sa vie, pour savoir ce qu'il devait penser ou sentir, il se demandait à chaque fois : « Qu'aurait dit de cela mon père ou ma tante ? » car il s'agissait pour lui de dire, de penser et de sentir le contraire.

Ce besoin impérieux de sa nature l'a suivi toute son existence. Il fallait qu'il contredît et qu'il contrariât. Hommes en place, hommes en crédit, hommes célèbres, hommes à la mode, hommes honorés, hommes approuvés, lui ont toujours semblé autant de pères, à lui désignés par le consentement universel pour être respectés de lui, et qu'à ce titre il abhorrait, et dont, à ce titre, il se faisait une loi de prendre en tout le contrepied et de réaliser la contre-partie. C'était son *criterium* ; ou plutôt d'instinct, il allait droit aux antipodes de tous ces gens-là.

A tous ses instincts naturels ce penchant donna une forme, un caractère et une énergie particuliers. Il était sensuel de complexion : son besoin de scandaliser en fit un fanfaron de vices un peu puéril et un cynique souvent tout à fait ridicule. Il étala brutalement et avec une insistance taquine une immoralité qui ne dépassait guère, en soi, la commune mesure. Il prodigua l'admiration aux mauvaises mœurs. Il eut des délices à répéter mille fois : « Je suis immoral. Remarquez à quel point je suis immoral ! » Il fit de l'immoralité une sorte de vertu et une manière de privilège qu'il ne tenait pas pour être à la portée de tout le monde. Il l'établit en titre aristocratique.

Il était vaniteux de naissance : son besoin d'être désobligeant donna à sa vanité je ne sais, ou je sais trop bien, quel air de fatuité balourde, qui insiste et pèse, qui s'impose et qui nargue. Aucun auteur n'a plus souvent traité ses lecteurs d'imbéciles. Toujours : « Passez les vingt pages qui suivent ; vous ne les comprendriez pas... J'écris pour une centaine d'esprits d'élite... Je serai compris en 1900... Ici dix pages qui seraient sublimes. Je les supprime. Trop beau, trop vrai, révolterait le goût d'aujourd'hui. » Je n'exagère point, on le sait, et je crois que j'atténue. — Qu'est-ce à dire ? Qu'il est à la fois horriblement vaniteux et horriblement timide, comme il arrive toujours, et qu'en écrivant il songe à son lecteur. Il l'a devant les yeux et veut l'intimider, le réduire ou l'étourdir. Le vrai penseur écrit en ne songeant qu'à son idée, seul avec elle, les yeux sur elle, entêté seulement à la saisir, à la maîtriser et à l'exprimer au plus juste. Stendhal songe au lecteur et à lui-même et à l'effet que celui-ci fera sur celui-là ; et comme la modestie est une convenance, c'est avec bonheur qu'il se montre inconvenant de parti-pris, par l'étalage, non point naïf, mais prémédité et savant, du moi. — Il faut que je sache comment M. de Stendhal aime le thé, et combien celui qu'on lui a fait à Tours en 1841 était manqué ; et aussi que M. de Stendhal a savouré en 1822, à Gênes, de l'*aqua-rossa*, qui était merveilleuse ; et encore que M. de Stendhal n'était jamais plus heureux qu'à minuit et demi, buvant du punch au rhum en compagnie de quelques dames ayant eu chacune plusieurs aventures amoureuses. Ces choses prennent de nombreuses pages en raison de leur importance. Stendhal a prétendu toute sa vie que la vanité était le tout du Français. Il en a donné beaucoup de raisons et un exemple.

Besoin de contredire, vanité, épicurisme, voilà les traits premiers, les forces intimes et profondes de la complexion de Stendhal. Il les a soigneusement cultivées. L'éducation de son caractère s'est faite de seize à vingt-cinq ans et n'a point corrigé son caractère ; elle l'a outré. De seize à vingt-cinq ans, il a été un peu soldat, un peu acteur, un peu petit employé de commerce, toujours aventurier. Il a guerroyé et surtout séjourné en jeune officier vainqueur en Italie ; puis, oisif à Paris, il a joué la comédie chez Dugazon, par amour du théâtre et des femmes de théâtre, mêlé à un petit monde très suspect de comédiens, de comédiennes et « d'amateurs éclairés des arts » ; puis, à la suite d'une petite actrice, il a été vivre une année ou deux à Marseille, « pesant des eaux-de-vie » dans une maison de négoce. Cette jeunesse manquée, qui ne l'a pas empêché d'être un homme instruit, et même sachant vivre, quand il le fallait, lui a ôté pour toujours le peu de délicatesse qu'il aurait pu avoir, lui a donné ce mauvais ton qu'il n'a jamais perdu, cet air de gouaillerie dans la dispute, cette décision tranchante, cette exagération aussi dans l'affirmation, dans la généralisation, dans tous ses propos du reste, y compris les gros. Il y a toujours eu dans Stendhal, mêlé au Dauphinois sagace, observateur et malicieux, du hussard de comédie, du cabotin et du commis voyageur ancien style ; du Clavaroche, du Delobelle et du Gaudissart.

II

Son esprit valait mieux que son caractère, et, sans être supérieur, était d'une trempe assez forte et assez fine. Avant tout il était observateur. Il aimait à regarder et savait regarder. Ses *journaux* de jeunesse (et presque d'adolescence) sont intéressants. Peu ou point de rêverie, peu ou point de théories, sauf littéraires, et celles-ci très courtes, autant, du reste, qu'insignifiantes. Il s'y révèle déjà comme manquant d'imagination. Beaucoup de réflexions sur lui-même, dont quelques-unes sont assez pénétrantes, dont la plupart sont gâtées par « l'égotisme, » comme il dit, et la conviction trop forte qu'il était un homme exraordinaire. Une foule de portraits, nets, vigoureux, très vivants, et dans ce cas, nulle recherche, rien d'apprêté, aucune manière. On sent que là Stendhal est dans le domaine qui est le sien et qu'il fait son métier propre. Ses souvenirs d'enfance, écrits à quarante ans d'intervalle, ont le même caractère. On voit pleinement et l'on connaît, j'allais dire on reconnaît, son père, sa tante, son oncle, le Casanova de Grenoble, son grand-père, le grand bourgeois voltairien de 1780. Cela veut dire qu'à douze ans, qu'à dix ans, il savait voir et aimait à regarder. Son œil était curieux et tenace, sa mémoire de moraliste ferme et sûre. Il fut tel toute sa vie, regardant les gens partout, en diligence, en bateau, dans les cafés, dans les salons, et sachant les faire causer, et sachant démonter avec une certaine dextérité ces petites mécaniques de sensations, de sentiments, d'habitudes et de préjugés. Ce doit être un petit fait vrai que la chaise de poste abandonnée au milieu des *Mémoires d'un touriste* pour continuer le voyage en diligence. On voit Stendhal commençant un « voyage en France » avec l'intention de regarder les paysages ; puis s'ennuyant prodigieusement, s'apercevant qu'il ne fait rien, renvoyant sa chaise, montant en diligence, dînant à table d'hôte, désormais très intéressé, sentant qu'il travaille, et s'écriant : « Voilà la vraie manière de voyager ! » — Les *Mémoires d'un touriste*, écrits par Stendhal, ne peuvent être que les mémoires d'un moraliste, et le seul voyage qu'il sût bien faire était un voyage à travers les hommes.

Cette observation de Stendhal est de très bonne qualité en général. D'abord, elle est naturelle, ce qui est excessivement rare, la plupart des moralistes étant des hommes qui veulent être moralistes, qui prétendent être observateurs, qui font le ferme propos de voir juste et qui s'appliquent furieusement à regarder. L'observation de Stendhal est naturelle et, par conséquent, elle est continue, constante, constamment énergique sans acharnement, comme un instinct. Stendhal observe comme il contredit, il est observateur comme il est désagréable, parce que c'est sa nature. Ce premier mérite est extrême, incomparable, met Stendhal tout à fait à part, à côté des La Bruyère et des Saint-Simon, dont, à tous les autres égards, il est si loin. C'est que l'homme, en vérité, n'est point né pour observer les hommes, mais, selon sa force ou sa faiblesse, pour s'en servir ou les servir, et que l'observation pour le plaisir d'observer, la seule qui soit soutenue, complète, la seule aussi qui puisse devenir artistique, est rare comme une anomalie. C'est donc déjà dire beaucoup de la faculté observatrice d'un homme que de dire qu'elle est naturelle. Il faut ajouter que, chez Stendhal, l'observation est à l'ordinaire très loyale et très scrupuleuse. A côté de la passion d'observer, il avait le goût, qui s'y joint naturellement, mais qui n'en fait point nécessairement partie, de l'exactitude. Remarquez-vous ses façons de parler quand il fait de la politique ? Il est libéral, il écrit de 1820 à 1840, et il ne dit jamais : « Liberté ! » Jamais ! Il dit toujours, à satiété : « Les deux chambres et la liberté de la presse. » La formule est sèche, longue, lourde et embarrasse toujours la phrase. Il n'importe. Stendhal sent qu'il ne faut pas employer le mot de liberté, vague, inconsistant, dans lequel on a mis absolument toutes choses, depuis le despotisme asiatique jusqu'à l'anarchie. « Les deux chambres et la liberté de la presse », à la bonne heure! et je sais ce que vous voulez dire. Un libéral de 1830 qui n'emploie jamais le mot liberté mérite qu'on lui demande la permission de l'embrasser.

Il est ainsi en toutes choses, très précis et très loyal, très respectueux de la « chose vue, » même quand elle le contrarie, par culte de l'exactitude. Après un fait, même assez important, qu'il rapporte, il écrit, *il imprime*, franchement : « Ceci contredit assez ma théorie générale sur... » Voilà qui est méritoire, et qui le rend sympathique, et qui augmente son autorité. Pour tout ce qui est « petit fait », on est, avec Stendhal, sur un terrain où l'on se sent sûr et en compagnie d'un homme de bonne foi.

Cette loyauté, est-il besoin de le dire, a ses limites, ou plutôt trouve son obstacle dans les passions de notre homme. Quand une idée générale est chez lui la synthèse d'un grand nombre d'observations, que quelques faits la contrarient, nous l'avons vu, il ne dément, ni ne supprime pour cela les faits contradicteurs ; mais quand une idée générale est chez lui, comme chez la plupart d'entre nous, la forme d'un de ses sentiments, d'un de ses amours ou d'une de ses antipathies, je crois bien, et je crois que l'on verra tout à l'heure qu'il y plie les faits qu'il rencontre et qu'il ne voit pas les faits qui risquent de la démentir. Mais à tout prendre, et sauf cette réserve, sur laquelle nous aurons l'occasion de revenir, la faculté observatrice de Stendhal est d'une rare loyauté et d'une rassurante précision.

Je suis bien obligé d'ajouter qu'elle est incomplète par la faute de ce même caractère de Stendhal qui a joué de très méchants tours à son génie. Gêné et timide dans le monde, par suite de sa vanité, préoccupé d'y faire effet, *répétant* chez lui, comme un comédien, les phrases qu'il y dira, et quand il y est ne les disant jamais, *ne sachant que faire de ses mains,* trait essentiellement caractéristique, achetant une belle canne pour donner une contenance à ces mains embarrassantes, et trouvant qu'il gagne cent pour cent à ce changement ; il a été trop occupé de lui et trop anxieux, sauf échappées, dans les salons, pour bien observer les gens bien élevés. Là, le vaniteux a entravé et paralysé l'observateur. Il en résulte que, quoique ayant passé par tous les mondes, ce n'est pas sur les meilleurs qu'il nous donne les renseignements les plus exacts. Sur ceux-ci, soit dans ses livres de pur observateur, soit dans ses romans, il est général et superficiel, et je ne dirai pas conventionnel, tant il paraît de mauvaise foi ou de mauvaise humeur d'appliquer ce mot à Stendhal, mais je ne suis pas très éloigné de le penser. — Chez les bourgeois, en province, en Italie, à l'auberge, en diligence, il était à l'aise et observait bien, et toutes ses notes sur le petit monde du temps des deux chartes sont précises, d'un joli détail, et paraissent exactes. Quand le mot Stendhal me vient à l'esprit, je vois toujours un gros homme rond et vif, lèvres serrées, œil noir perçant et fureteur, qui monte en diligence, lie conversation en offrant d'excellents cigares, fait parler ses voisins, se rend compte de leur manière « d'aller à la chasse du bonheur », s'enquiert des histoires d'amour du voisinage, surtout des tragiques, épuise ainsi et *vide* ses interlocuteurs ; puis, seulement quand ils commencent à se répéter, parle à son tour, se moque d'eux imperceptiblement, gaîment du reste, ou tient des propos amers contre les jésuites ; et surtout songe à s'éclipser au premier relais pour trouver d'autres hommes expansifs, car il les lui faut ainsi, à explorer.

Cela fait qu'il a été surtout un explorateur des classes moyennes et des petites classes, plutôt qu'un « observateur du cœur humain », comme il a cru être. C'est un Saint-Simon de table d'hôte. Mais cela même n'est pas peu de chose, et à ce seul titre déjà il est précieux.

En dehors de ces qualités d'observateur, l'esprit de Stendhal est fort peu de chose. Il était très peu philosophe, presque incapable d'idées générales. Celles qu'il a eues font souvent qu'on souhaiterait qu'il n'en eût pas eu du tout. Ou elles ne sont que l'expression de ses préjugés et de ses rancunes, ou, quelquefois, elles sont ingénieuses, nouvelles, fécondes même, mais non pas fécondes pour lui. Il n'en tire rien, ne les pousse pas, les laisse tomber aussitôt que nées, en sorte que, quelque complaisance qu'on veuille avoir pour lui, on ne sait trop s'il a bien vu ce qu'elles contenaient, s'il a bien vu le commencement même de ce qu'elles pouvaient produire. Demeurées à cet état, il faut bien savoir et il faut oser dire que les idées générales ne sont que des aperçus presque accidentels de l'intelligence, d'heureuses rencontres, utiles à la gloire posthume, quand d'autres, en leur faisant une grande destinée, ont la délicatesse de les rapporter à celui qui en a eu la première intuition ; mais qui ne prouvent aucune force, ni aucune largeur, ni aucune pénétration, à peine une certaine vivacité et éveil alerte de l'esprit. Stendhal avait, en fait d'idées générales, quelques bonheurs de conversation. Il ne faut pas oublier que « le plus grand philosophe qui ait jamais existé », à son sentiment, est Helvétius.

Il avait des goûts artistiques très vifs, ou plutôt des sensations d'art très personnelles, des jouissances de dilettante profondes, et, ce me semble, assez originales ;

plus justes, autant que je puis m'y connaître, en peinture qu'en musique, mais toujours très passionnées, qui d'abord lui ont rendu de très grands services, l'ont empêché de n'être qu'un satirique morose et bilieux ; ensuite ont ouvert à son esprit certaines régions qui, sans ces goûts, lui seraient restées très étrangères. Peu délicat, ayant même un certain penchant à la grossièreté ou à l'affectation de la grossièreté, il rentrait par ses goûts artistiques dans le monde des gens délicats et des sensations délicates. C'est quelque chose, quand on est un sensuel, de s'être habitué à ne pouvoir songer à sa maîtresse qu'en l'associant à une phrase de Cimarosa ou à un modelé du Corrège. Ce genre de distinction, qui consiste à ne concevoir le plaisir qu'entouré de fines jouissances artistiques et à mettre toujours un peu de beau dans le rêve que l'on fait ou le souvenir qu'on se retrace de la volupté, Stendhal l'a eu fort souvent, presque toujours, et s'est élevé ainsi de quelques degrés, vraiment, au-dessus du corps de garde. Des choses que sans cela il n'eût pas comprises, des états sociaux tout entiers qu'il n'eût que détestés, la société du temps de Léon X, par exemple, ou du temps de Louis XIV, il y entre par cette porte, les comprend et les goûte, tout en ne les aimant pas, attiré et repoussé en même temps, arrivant ainsi à des contradictions ou à des incertitudes amusantes quelquefois, mais qui ne le diminuent point, et bien au contraire, où on lui sait gré de tomber, et qu'on regretterait qu'il n'eût pas connues.

Regard prompt et sûr ; curiosité passionnée ; goût de l'exactitude ; patience dans l'accumulation des menus détails ; goût, mais non point talent des généralisations, et ici patience moindre, précipitation au contraire et légèreté ; vif penchant pour les beaux-arts considérés comme éléments et assaisonnements du bonheur : tel est, ce me semble, en ses hautes parties, l'esprit de Stendhal ; — sensualité exigeante, vanité peu fine et peu réprimée, humeur d'opposition et de résistance à tout ce qui est une autorité ou prétend être une influence : telle est, ce me semble, sa complexion. Et de ce tour d'esprit tantôt servi, plus souvent gâté par ce caractère, quelles idées générales sont sorties, c'est, je crois, ce qu'il est assez intéressant d'examiner.

III

Stendhal a eu deux adorations, l'adoration de la volupté et l'adoration de l'énergie.

Il a cru voir que l'homme n'avait qu'un seul penchant, qui était de rechercher toujours la plus grande somme possible de plaisir. Il a radicalement nié et refusé de voir les deux tendances humaines qui s'appellent l'altruisme et le mysticisme, dont l'une nous porte à vivre en autrui, l'autre nous porte à vivre dans le rêve, l'espérance ou la foi d'un autre monde que celui que nous voyons. Ces deux moyens qu'a l'homme d'échapper à lui-même, preuves au moins du besoin qu'il a de vivre hors de lui, Stendhal ne les a pas connus par lui-même, et ne les a pas aperçus, constatés, au moins comme faits, dans ses semblables. L'homme est pour lui un être qui « part tous les matins pour la chasse du bonheur », et la seule étude à faire de lui est d'observer comment il chasse. L'homme s'appelle don Juan, Alcibiade, Borgia, Raphaël, ou Napoléon. Il y a erreur à croire qu'il se soit jamais appelé Jésus ou Marc-Aurèle.

La Rochefoucauld a *absolument* raison, et encore plus Helvétius, qui est plus radical et plus intransigeant en cette doctrine. — Non seulement l'homme est tout entier ce que nous venons de dire, mais l'homme doit l'être ; il a raison d'être ainsi, et tous ceux, ou qui lui persuadent qu'il est autre, ou qui l'engagent à s'efforcer d'être autrement, sont des fous quelquefois, des charlatans souvent, le plus souvent des tyrans habiles ou de subtils écornifleurs. Toute philosophie idéaliste est une ivresse lourde ou un manège suspect ; toute religion mérite des qualifications beaucoup plus dures. La philosophie allemande moderne est le comble de l'absurdité ; les religions chrétiennes sont abominables aux esprits justes et aux amis de l'humanité. La sensation, voilà le but : « vivre, c'est sentir la vie ; c'est avoir des sensations fortes. » Stendhal n'étudie qu'une chose : « Je cherche l'art d'être heureux. » Il ne conçoit qu'une vie comme souhaitable, celle où l'on a accumulé le plus grand nombre possible de jouissances violentes, de jouissances fines et de jouissances rares.

Cette philosophie d'homme de vingt ans étonne toujours chez un homme de réflexion quinquagénaire, et toujours l'on se demande si vraiment il n'a pas fait une fois en sa vie cette observation, d'ordre élémentaire, que la vie n'est heureuse que quand on en a éliminé la recherche du bonheur. Mais, quelque bornée qu'elle puisse paraître, c'est bien toute la philosophie de Stendhal. Il n'en a jamais eu d'autre, ni voulu entendre parler d'autre chose. Il est de 1770, et n'a pas fait un pas depuis, tout pas, du reste, fait pour s'en éloigner, lui paraissant un pas en arrière. Il était tel par son tempérament, il restait tel par son horreur de tout ce qui était autorisé. Le réveil religieux de la Restauration et les essais, très honorés, de philosophie spiritualiste de 1840, ne pouvaient que le rengager plus à fond dans des doctrines, qui, au mérite d'être les siennes, joignaient l'attrait de faire scandale.

L'autre objet de son culte, c'est l'énergie : « J'aime la force » est un de ses mots favoris. Mais il faut bien s'entendre sur ce que Stendhal appelle l'énergie. C'est le contraire de l'énergie. C'est la violence; c'est la détente brusque, l'explosion soudaine, aveugle, sans dessein et sans suite, d'une passion qui ne sait ni se réprimer, ni se diriger. C'est un moment de folie tragique. Les anciens appelaient cela *impotentia sui*, et croyaient que c'était faiblesse. C'est le genre d'énergie qu'adore Stendhal. « L'énergie du moyen âge », les crimes furieux du xiv° siècle, la soif délirante de vengeance tout à coup s'épanchant avec ivresse, le sang qui monte au cerveau et qui force à tuer avec un accès sauvage de joie folle, voilà l'énergie dont Stendhal cite cent exemples avec complaisance, et en s'écriant: « Il n'y a plus d'énergie en Europe depuis le xv° siècle. » A cet égard, le xvi° lui semble déjà une décadence, le temps de Napoléon une pâle et courte renaissance. Ses énergiques sont tout simplement des *impulsifs*. Il est rare qu'on fasse de plus singuliers contresens. Il fait celui-là toute sa vie. Ce n'est autre chose que sa façon de comprendre. Il dit couramment, sans se garder contre l'objection, sans s'en douter : « Le peuple, de nos jours, a un reste d'énergie. Il en a plus que les hautes classes. *Voyez les suicides.* » Stendhal a plusieurs héros : Napoléon, Lauzun, Bassompierre; il en a un qu'il chérit plus tendrement que tous, c'est Lafargue. Avez-vous lu Baruch ? Connaissez-vous Lafargue ? Je vais vous le présenter. M. Lafargue, ouvrier ébéniste, grand lecteur de romans et s'exprimant dans la langue de la *Nouvelle Héloïse* quand il écrit à Monsieur son frère, s'éprit en 1828, à Bagnères, d'une jeune fille de condition humble et de mœurs faciles, devint son amant, fut trompé par elle, et la tua d'un coup de pistolet. Il fut condamné par le jury des Hautes-Pyrénées (dans ce temps-là on n'acquittait pas) à cinq ans d'emprisonnement et dix années de surveillance, et remercia le jury et la population en ces termes : « Braves et estimables habitants de cette ville, le tendre intérêt que vous m'avez témoigné m'est connu. Vous vivrez dans mon cœur. » On lui répondit par des applaudissements et la foule se précipita sur ses pas. Stendhal s'y précipite aussi. Lafargue vit dans son cœur. Il l'obsède, le charme et le rafraîchit. Il le console du spectacle de ce monde si plat. Trois ou quatre fois dans un seul volume (les *Promenades dans Rome*, II), Stendhal nous parle de Lafargue mystérieusement et d'un ton pénétré, comme le prêtre parle de son Dieu : « L'an passé, les tribunaux nous ont appris plusieurs assassinats commis par amour ; les accusés appartenaient tous à cette classe ouvrière, qui, grâce à sa pauvreté, n'a pas le temps de songer à l'opinion du voisin et aux convenances. M. Lafargue, auquel la cour d'assises de Pau vient de sauver la vie, a plus d'âme à lui seul que tous nos poètes pris ensemble, et plus d'esprit que la plupart de ces messieurs. » Ailleurs : « Il est sans doute parmi nous quelques âmes nobles et tendres, comme Mᵐᵉ Roland, Mˡˡᵉ de Lespinasse, Napoléon, le condamné Lafargue. Que ne puis-je écrire dans un langage sacré compris d'elles seules ! » — Et enfin il nous raconte toute son histoire, après l'avoir savamment fait désirer, et il ajoute : « L'homme dont les passions offrent ce caractère d'énergie et de délicatesse n'avait pas trois francs à prêter à sa maîtresse. » C'est que la pauvreté conserve l'énergie ; « ces crimes ne se rencontrent pas dans les classes élevées... à Paris, la vie est fatiguée, il n'y a plus de naturel ni de laisser-aller... Paris est-il sur la route de la civilisation véritable ? Vienne, Milan, Rome arriveront-elles à la même élégance, à la même *absence d'énergie?* » — Graves questions, où le problème de la civilisation se trouve engagé. La civilisation, c'est la diminution du nombre de crimes ; mais la diminution du nombre des crimes, c'est l'affaiblissement de l'énergie humaine, évidemment. Faut-il souhaiter la civilisation ? Il y a bien à hésiter là-dessus.

On voit pleinement cette conception de la vie : amour et énergie, voluptés et violences, folies amoureuses et coups de poignard ; c'est celles d'un abonné de cabinet de lecture ou d'un habitué de l'Ambigu. Ne vous y trompez pas, c'est celle de Stendhal. Sans doute il a songé quelquefois à autre chose ; mais ce petit rêve romanesque que nous avons tous dans l'arrière-fond de notre cervelle, et qui, souvent à notre insu, donne leur direction à beaucoup de nos idées et de nos desseins, il avait cette forme chez Stendhal, et cette couleur, et cette qualité, un peu inférieure peut-être.

Et l'on peut en supposer la raison. Cette vie d'aventures, de dangers, d'amour et d'énergie même, si l'on veut, mais d'énergie accidentelle et momentanée, cette vie dont il rêvait et qu'il tenait pour belle, il l'avait menée à peu près, depuis dix-sept ans jusqu'à trente. Il avait aimé, il avait été aimé, il avait été trompé, il avait eu une forte envie d'assassiner l'infidèle ; il avait fait la guerre, et, sinon donné beaucoup de coups de sabre, du moins essuyé un nombre honnête de coups de fusil ; il avait été pauvre. Ces choses-là ne s'oublient point. Il a écrit un mot profond et d'une justesse admirable : « Parmi les agréments de la vie, ceux-là seuls dont on jouissait à vingt-cinq ans sont en possession de plaire toujours. » Par contre-partie, on fait sa conception de la vie de la manière dont on l'a sentie et goûtée à vingt-cinq ans. On généralise et on idéalise les sensations agréables de cette époque de la vie, la seule où l'on ait des sensations fortes, et l'on s'en fait un rêve permanent, toujours plus cher, toujours plus fascinateur, d'où, selon nos talents, sortent nos poèmes, nos romans, nos théories, nos systèmes, nos conversations ou nos bavardages. Rousseau, après tout, n'a fait que cela. Stendhal de même, et de là cette conception de la vie, pareille aux Mémoires de Casanova.

Les jugements de Stendhal sur les mœurs de son temps, à travers bien des contradictions dont nous ne relèverons que celles qui donnent une lumière nouvelle à connaître son tour d'esprit, dérivent presque tous des principes précédents, en même temps que de son humeur chagrine et contredisante. La passion sous ces deux formes, volupté et violence, lui paraissant la fin de l'homme et le plus bel exercice de ses facultés, il a un éloignement naturel pour tout ce qui tend à la réduire, à l'user, ou seulement à la contrarier. S'il déteste les religions et les philosophies spiritualistes, il se défie presque autant de la raison sous ses différentes formes et ses divers aspects.

Il y a une raison qui enseigne à l'homme à prévoir et à vouloir, c'est-à-dire à avoir des volontés prolongées et constantes, de longs desseins et de longues patiences, et à mettre son orgueil dans ces efforts soutenus. Stendhal démêle cette raison-là chez les Anglais, et s'y montre très hostile. S'il aime « l'énergie », on sait que ce n'est pas celle-là. Elle est trop froide, elle donne à l'homme trop de gravité et de prudence, et lui interdit trop les belles explosions dramatiques « d'énergie » violente, c'est-à-dire de passion déchaînée. Elle lui paraît triste et haïssable, et, comme nous faisons toujours à l'égard de ce que nous n'aimons pas, il lui donne le nom du défaut dont elle est voisine et où elle peut tendre : il l'appelle hypocrisie, vertu artificielle, affectation de grandeur ou de force morale. Il plaint un peuple condamné à être triste par le souci ou la prétention de se posséder.

Il y a une raison pratique qui enseigne à l'homme la morale, non du plaisir, mais de l'intérêt bien compris, qui lui conseille de faire vite et bien ses affaires et de mener sa vie comme une entreprise de commerce bien ordonnée. Stendhal croit voir cette raison-là chez les Américains, et sa douleur est profonde à songer que Dieu a condamné des hommes et des femmes à naître et à vivre à Philadelphie. Quelle tristesse là aussi, et plus grande encore peut-être ! Quelle absence de passions joyeuses, de passions douces, ou de passions tragiques ! Où est l'agrément de la vie dans tout cela, et l'émotion, et la sensation ? Déplorables Américains, à qui nous ressemblerons peut-être dans un demi-siècle !

Il y a une raison d'une autre sorte, et d'un caractère assez particulier, qui conseille à chaque homme de vivre à peu près comme ceux qui l'entourent, de croire que la majorité a à peu près raison, de tenir grand compte, par conséquent, de l'opinion du voisin, ou, si l'on veut parler en beau langage philosophique, du consentement universel. C'est la raison des peuples sociables, c'est celle des Français essentiellement. Cette raison-là est la plus abominable de toutes. Elle détruit toute originalité, toute personnalité, tout naturel, toute expansion de notre être intime, toute candeur, toute bonhomie et tout cynisme. C'en est fait de l'homme, s'il s'y laisse séduire. Tous les Français, plus ou moins, et la plupart jusqu'au fond, sont infectés de ce mauvais air. A parler franc, savez-vous ce que c'est ? C'est l'adoration du « modèle à imiter. » Du haut ou du bas, fabriquée par une cour ou élaborée par la foule, une opinion sur chaque chose se forme ; cette opinion construit un modèle de chaque action, de chaque doctrine, de chaque préjugé, de chaque démarche, de chaque attitude ; ce modèle s'impose à chaque individu, et il se croit tenu de s'y conformer exactement, en ses actes, pensées, paroles et gestes. Les Français vivent comme cela. C'est affreux. Ils disent tous la même phrase sur chaque événement ou chaque personnage. Ils pensent et sentent à l'unisson. Nul naturel. Peuple de singes et de perroquets. Le modèle à imiter est là qui les fascine et qui ne leur permet pas d'être eux-mêmes. C'est un fétichisme. A parler plus franc encore, savez-vous ce que c'est? C'est de la vanité. La vanité du Français fait qu'il rougit tout simplement de n'être pas à la mode. La mode c'est l'opinion générale, et l'opinion générale c'est la mode, ni plus ni moins, un peu plus exigeante. La vanité du Français le force à être à la mode, parce que, s'il n'y était pas, il paraîtrait l'ignorer, et paraître ignorer ce qu'on dit et ce qui se passe est tout ce qu'il y a pour la vanité française de plus mortifiant. De là est née cette manière, la plus insidieuse, la plus impérieuse et la plus détestable de toutes de « combattre le naturel. » Quelle énergie voulez-vous que montre un peuple toujours occupé de savoir si ce qu'il fait est convenable, correct et copié sur le modèle ? Il ne peut en avoir qu'en masse. Sur le champ de bataille, c'est précisément par vanité que le peuple français est si valeureux. Mais d'énergie individuelle, que peut-il y en avoir chez un pareil peuple ? Et, par exemple, quels beaux crimes d'amour des hommes si occupés du qu'en dira-t-on pourront-ils commettre ?

Dans cette théorie du caractère français il y a bien des choses : du vrai d'abord, et si ce n'est pas là le caractère français tout entier, si même il y a un certain ridicule à faire d'un seul de nos travers, et répandu surtout chez les mondains, le fond même et le tout de notre complexion nationale, encore est-il que la sociabilité française prenant ces deux formes, gouvernement de l'opinion, tyrannie du modèle à imiter, cela est juste, ingénieux, et de nature à expliquer un assez grand nombre de faits. — Il y a là ensuite une application curieuse, et la plus frappante peut-être des « principes », si l'on peut ainsi parler, de Stendhal. Volupté et violence, ce sont toujours ses deux pensées dirigeantes. S'il a tant détesté les Français, c'est que la sociabilité, et ce qui s'ensuit, et ce qu'elle impose, c'est à savoir les convenances, sont les plus forts ennemis et de la violence et de la volupté. De tous les moyens que les hommes ont inventés pour combattre le « naturel » si cher à Stendhal, l'orgueil est un des meilleurs, la raison pratique est un des meilleurs ; mais il n'y en a pas de plus victorieux peut-être, en dehors des religions, que la sociabilité devenue un culte, que le souci d'agir conformément à l'opinion générale, que la conviction presque religieuse, superstitieuse, si vous voulez, que c'est tout le monde qui a raison. Qu'il y ait à cette tendance de grands inconvénients, comme à toutes choses, il est clair ; mais si la société a été inventée pour sortir de l'état de nature, la sociabilité poussée jusqu'au sentiment qu'il faut penser en commun pour bien penser, est certainement le plus sûr moyen de n'y pas rentrer. Or, avec son « naturel », sa « bonhomie », sa « candeur », surtout avec son goût pour la volupté et la violence, c'est tout simplement l'état de nature que Stendhal rêve toujours.

Enfin il y a dans cette théorie, et surtout dans l'insistance amère que met Stendhal à l'étaler à tout propos, l'exemple le plus fort de ce que j'ai appelé l'imperméabilité de Stendhal, et surtout du soin constant qu'il mettait à se montrer imperméable. Notre patrie c'est notre famille agrandie. D'instinct, Stendhal est récalcitrant à la France, comme il l'a été à sa famille, et il serait désolé que l'on pût le soupçonner d'avoir subi l'influence du sol, d'avoir pris l'air de la maison. Ce n'est pas lui qui tombera dans le ridicule qu'ont les Français de ne rien trouver plus beau que leur patrie. Ce ridicule existe, en effet ; mais on peut dire que Stendhal a mis trop de coquetterie à s'en garantir, et que cette coquetterie a fini par devenir une passion, elle aussi, un peu ridicule.

On ne peut pas être toujours négatif, et il faut bien finir par affirmer et approuver quelque chose, ne fût-ce que par surcroît d'opposition à ce qu'on repousse. Stendhal a choisi pour l'aimer un peuple qui lui semblait s'éloigner le plus possible de la raison froide, de la raison pratique et de la raison des convenances. Il a adoré les Italiens. L'Italie est pour lui ce « pays de l'amour et de la haine » qu'il semble avoir cherché partout comme sa patrie d'élection. C'est le pays des passions fortes. « La plante humaine y naît plus forte qu'ailleurs. » On y aime véhémentement, et on y tue par amour cordialement. C'est plein de Lafargues. C'est le plus beau pays du monde. Surtout on y est naturel ; on s'y livre à la sensation présente, et l'on y parle avec abandon de sa sensation présente, sans le moindre souci d'être ridicule ou d'ennuyer. C'est le pays de la candeur. Stendhal ne tarit pas sur ce point, et, lui aussi, épanche ses sensations et ses sentiments en cette affaire avec un abandon tout italien.

Ce tableau des mœurs italiennes, avec une foule de détails et d'anecdotes qui ne sont pas ennuyeux du tout, est bien fantaisiste. D'abord, malgré la loyauté de l'auteur, que je ne cesserai pas de reconnaître et de louer, on y sent trop que c'est un panégyrique à contre-coup, comme sont la plupart des panégyriques, un éloge de l'un à tendances satiriques contre l'autre, un hommage à l'Italie destiné moins à faire plaisir aux Italiens qu'à désobliger les Français. « On aime toujours quelqu'un contre quelqu'un, » disait Bersot. C'est la *Germanie* de Tacite, et l'*Allemagne* de Mme de Staël, et la *Lutèce* d'Henri Heine. La chose est naturelle : comme a dit Stendhal lui-même, « le philosophe qui a le malheur de connaître les hommes méprise toujours davantage le pays où il a appris à les connaître » ; mais cela ôte toujours un peu d'autorité à certains éloges. — Ensuite, sans insister sur les amours-passions et les crimes d'amour, auxquels Stendhal attribue vraiment une trop large part dans ses préoccupations complaisantes, et qui sont, à très peu près, comme toutes les folies humaines, en égal nombre chez tous les peuples de civilisation analogue, pour ce qui est de la sincérité, de la candeur et du naturel, il y aurait bien à dire. Il est assez curieux que Stendhal n'ait trouvé de candeur

vraie que chez le peuple qui a produit les plus grands
diplomates de l'Europe. Il est à remarquer que, quand
Stendhal écrit un roman italien, ces charmants ingénus
deviennent tous d'effrontés menteurs et trompeurs, à
l'exception, si l'on veut, de Fabrice, qui est fils de
Français. Je crois voir dans cette idée de la candeur
italienne, qu'il faut bien prendre au sérieux, puisque
Stendhal a écrit trois ou quatre volumes où il n'est
guère parlé que de cela, quelque chose comme une généralisation précipitée et trop étendue. Ce que Stendhal
a remarqué, et il en donne un millier d'exemples, c'est
l'abandon avec lequel les Italiens et les Italiennes parlent (ou parlaient) de leurs faiblesses amoureuses. Il y
a là, aux yeux d'un Français, une certaine impudeur,
une ombre de grossièreté que Stendhal a notée, dont il
s'est empressé, dans le cynisme moitié vrai, moitié
affecté où il a coutume, de faire une haute vertu, pour
l'opposer au *cant* anglais ou à la *bégueulerie* française, et
qu'enfin il a considérée comme la marque de tout un
caractère national essentiellement ouvert, naïf et naturel.
Rien ne trompe, d'abord, comme de généraliser trop
vite; ensuite, comme de vous attacher à ce que vous
rencontrez, dans un peuple étranger, de grossier et de
mauvais ton à vos yeux. Vous entendez siffler un Anglais
bien mis, et vous en concluez que voilà un peuple bien
mal élevé; vous observez des témoignages d'affection
qui vous semblent trop libres entre un Allemand et une
Allemande qui ne sont que fiancés, ou même qui ne le
sont pas, et vous concluez que ces gens-ci manquent de
pudeur. C'est aller trop vite. Les manières et conventions sont différentes, et il n'en est que cela. Ce qui est
grossier en France n'est pas tenu pour tel ailleurs, et
réciproquement, et de ces différences tout extérieures

et superficielles, ce n'est pas des considérations sur les tempéraments des peuples qu'il faut tirer. Une statistique des suicides, des mariages jeunes, des mariages vieux, des mariages sans dot, des enfants naturels, voilà qui est sérieux, non les confidences amoureuses que Stendhal a pu recevoir en Italie, fussent-elles au nombre de deux ou trois cents.

Gardons pourtant mémoire de cette comparaison faite par Stendhal du caractère des différents peuples qu'il a connus, pour bien entrer dans sa façon de sentir et de penser, ce qui est notre objet. Ce qu'il aime, ce sont les peuples qui lui paraissent vivre selon « la bonne loi naturelle »; ce qu'il déteste, ce sont les peuples qui, d'une façon ou d'une autre, font effort pour dompter le premier mouvement et museler un peu la bête humaine. Toute contention ou toute convention qui agit dans ce dessein l'irrite, l'inquiète ou lui déplaît. Au fond, vivre dans la volupté et la violence, l'une conséquence, mais assaisonnement aussi de l'autre, c'est où il croit bien que l'humanité devrait tendre, et d'où il croit que l'humanité devrait ne pas trop se hâter de s'éloigner. Et l'on voit pleinement ici ce que, décidément, il entend par sa chère « énergie. » Quand il en vient aux exemples, c'est en descendant du nord au sud et de la race saxonne à la race italienne qu'il trouve que l'énergie va croissant; et, en définitive, les peuples les plus énergiques pour lui sont ceux qui ne se maîtrisent point. Preuve qu'il n'entendait pas par énergie ce que le commun a accoutumé d'entendre par ce mot.

Stendhal a résumé les études morales sur le sujet qui lui était le plus cher dans un petit volume intitulé *de l'Amour*, qui ne manque pas de mérite. Stendhal aimait l'amour et les histoires d'amour, et connaissait un assez grand nombre de manières d'aimer. Ce livre qui n'est pas composé, qui recommence dix fois, et qui se répète mille fois, peut pourtant se résumer à peu près ainsi : Des différentes sortes d'amour ; — du rôle de l'imagination dans l'amour; — du rôle de la vanité dans l'amour; — de l'amour chez les différents peuples de l'Europe, — très nombreuses anecdotes, un peu monotones. Je laisserai de côté ces deux dernières rubriques, les anecdotes du livre *de l'Amour* étant souvent intéressantes, mais toujours un peu extraordinaires, un peu *excentriques*, et pour cette cause, servant plutôt d'illustrations amusantes pour le volume que de preuves à l'appui et de documents ; les observations sur la façon d'aimer des différents peuples n'ajoutant rien à une matière que je viens d'examiner.

Stendhal connaît et distingue quatre sortes d'amour : l'amour *physique*, l'amour-*passion*, l'amour-*goût*, l'amour *de vanité*. Je ne reprocherais pas à cette énumération d'être incomplète, toute énumération de ce genre étant incomplète, si Stendhal ne mettait une certaine prétention à avoir absolument épuisé le sujet : *Il y a quatre amours différents*, dit-il à la première ligne. Il y en a certainement un peu plus ; il y en a qui ne rentrent point dans l'une de ces quatre divisions. Il y a l'amour-amitié, par exemple, qui n'est ni l'amour-passion, ni l'amour-goût, étant beaucoup moins violent que l'un, et beaucoup plus profond que l'autre, l'amour-amitié, le fait d'aimer une personne parce qu'elle est bonne et douce, d'un commerce agréable et sûr, sorte d'amour-confiance très fréquent chez les Français, qui est d'une si grande solidité et d'une si longue suite qu'il méritait une mention, sinon une étude. — Il y a l'amour-habitude, inférieur au précédent et plus vulgaire, un amour qui n'a pas commencé par l'amour, qui a commencé par un entraînement des sens, mais qui est devenu peu à peu un attachement très fort et très tendre, sorte de reconnaissance de la chair, lien, souvent, d'une force étrange, extrêmement intéressant à analyser, assez fréquent pour qu'on en tienne compte, et qu'il ne faut pas confondre avec l'amour physique, dont le caractère, inversement, est de se ruiner par la possession. — Il y a l'amour de tête, celui qui commence par l'imagination, s'entretient et se nourrit par l'imagination, et s'éteint d'ordinaire dans les réalités de l'amour, ce qui fait qu'il est, si l'on me passe l'étrangeté du terme, une sorte d'*amour physique* intellectuel. Il est assez étrange que Stendhal ait oublié l'amour de tête dans son livre *de l'Amour*, lui qui, dans *le Rouge et le Noir*, a précisément fait une étude assez pénétrante de l'amour de tête sous le nom de Mlle de la Môle. — On pourrait facilement trouver quelques autres manières d'aimer que Stendhal a omises et qui méritaient d'entrer dans une classification générale à meilleur titre que l'amour-vanité, qui, en vérité, n'est pas du tout un amour. Il importe peu; mais ce que je voulais montrer, c'est Stendhal ne décrivant dans le livre *de l'Amour* que les amours qu'il était capable de ressentir, et, en dehors de la sensualité, de la passion violente et tragique, de la galanterie mondaine et de la vanité, ne ressentant rien. Un livre sur l'amour est toujours une autobiographie.

Laissons cette classification incomplète. Aussi bien Stendhal, qui se piquait à tout propos de « logique », n'a nullement suivi dans son livre le dessein qu'il semble annoncer, et n'y traite guère que de l'amour-passion. Le livre manque complètement de méthode, comme tous les livres de Stendhal. Ce qu'il nous montre très bien, avec beaucoup de finesse et une sorte de divination ingénieuse, et ce qui est le point où l'auteur, à travers mille digressions et beaucoup de fatras, se ramène sans cesse, ce sont *les effets de l'imagination sur l'amour*, le travail de l'imagination sur l'amour une fois né, et la manière dont elle le développe et l'attise. Je dis sur l'amour une fois né ; car l'amour naissant de l'imagination, l'amour de tête, c'est précisément celui dont Stendhal, dans le livre *de l'Amour*, n'a point traité.

Ce travail de l'imagination sur l'amour, c'est ce que Stendhal, d'un mot qui a fait fortune, appelle *la cristallisation*. Une brindille de bois mort placée dans certaines grottes où l'air humide est chargé de certains sels, se couvre de brillants cristaux et devient une aigrette de diamants. L'amour proprement dit, à sa naissance, c'est cette brindille de bois noir ; l'imagination, lentement, la rêverie solitaire, en fait ce bijou rayonnant où scintillent tous les feux du ciel. Il y a une jolie imagination dans cette idée. Stendhal n'avait d'imagination que dans les choses d'amour, et particulièrement dans l'art de rêver la jouissance. Voyez cette rêverie devant un portrait : « Quelque chose de pur, de religieux, d'antivulgaire... On dit qu'elle a été longtemps malheureuse... On rêve d'être présenté à cette femme singulière dans quelque château gothique et solitaire, dominant une belle vallée et entourée d'un torrent, comme Trezzo... On se croit presque l'ami intime d'une femme dont on regarde le portrait en miniature. On est si près d'elle (1) !... » Voilà Stendhal en train de cristalliser.

Il connaissait bien cet état de l'âme, et il a tiré de cette théorie trois ou quatre points de métaphysique

---

(1) Rome, Naples, Florence, Milan, 28 novembre.

amoureuse très ingénieux. Par exemple, la théorie de la pudeur rentre dans la théorie de la cristallisation par le biais ou par l'artifice que voici. La pudeur est une coquetterie ingénieuse qui a pour but, non pas précisément de se faire désirer, mais de s'embellir. Se refuser, c'est donner à celui qui aime le temps de cristalliser, de rêver de vous, autrement dit de vous faire plus belle, et de vous voir tel qu'il vous fait : « La pudeur prête à l'amour le secours de l'imagination : c'est lui donner la vie. » Cela n'est pas tout à fait faux, et c'est charmant (1).

De même la sincérité, le naturel, aussi essentiels à l'amour que la pudeur, peuvent être tenus pour des effets indirects de la cristallisation, en ce sens que sans elle ils ne seraient pas. Il ne faut point exagérer en amour, dépasser dans ses paroles la mesure juste du sentiment qu'on éprouve. Cela sonne faux. Mais cependant l'amour ne vit que d'exagérations. Oui, mais d'exagérations sincères, d'exagérations qui n'en sont pas pour celui qui parle. Or ces exagérations sincères, ces exagérations auxquelles croit celui qui les prodigue, c'est la cristallisation qui les a fait naître. L'imagination a donné à l'hyperbole l'accent de la vérité (2).

Le « coup de foudre » lui-même est un effet de la cristallisation. Ici c'est d'une cristallisation préalable qu'il s'agit. On s'est fait un modèle idéal. Puis on rencontre un jour un être qui, par un seul trait, ressemble à ce modèle idéal ; par exemple, il a des moustaches longues, ou elle a des boucles blondes. Autour de ce trait on jette, rassemblées, toutes les autres qualités qui dans notre imagination étaient inséparables de lui, et l'amour

---

(1) *Amour*, XXVI.
(2) *Ibid.* XXIII.

éclate. On dit : « Comme il est courageux ! » c'est un pleutre ; mais il a des moustaches longues ; « comme elle est douce ! » c'est une peste ; mais puisqu'elle a des boucles blondes ! et l'amour est né (1). — L'observation est juste, mais ne s'applique pas, je crois, à l'amour-passion, dont traite notre docteur, mais à l'amour de tête. L'amour de tête a son coup de foudre, et l'amour-passion a le sien, qui n'est pas le même. Ce qui précède aurait dû mettre Stendhal sur la voie d'une étude de l'amour de tête qu'il n'a point faite dans ce volume, et auquel la théorie de la cristallisation se serait très bien appliquée, avec cette différence que dans les autres amours la cristallisation agit après l'amour et l'accroît, et que dans l'amour de tête elle agit avant lui et le crée.

Le grand défaut de ce livre, sans revenir sur le manque de méthode, sur le remplissage et sur les histoires à dormir debout, c'est que Stendhal parle toujours de l'amour, sans distinction de l'amour chez l'homme et de l'amour chez la femme. Cette distinction était nécessaire. Ces deux façons d'aimer sont si différentes, pour ne pas aller jusqu'à dire si contraires ou si inverses, ce qu'on pourrait prétendre sans très grands risques d'erreur, que tous les malentendus, tous les heurts, toutes les déceptions en choses d'amour viennent précisément de là, et que, d'autre part, toutes les précautions sociales dont l'humanité civilisée a entouré l'amour sont précisément destinées à conjurer ou à pallier les dangers qui naissent de l'union irréfléchie de deux êtres à la fois nés pour s'aimer, et aimant chacun d'une manière presque inintelligible à l'autre. Le livre de l'amour qui reste à faire est celui où l'on noterait avec exactitude les res-

---

(1) *Amour*, XXIII.

semblances et les différences de l'amour masculin et de l'amour féminin, et qui expliquerait, entre autres choses, pourquoi les unions les plus heureuses à l'ordinaire sont celles où l'un aime et où l'autre se laisse aimer, les différentes manières d'aimer, dans ce cas, ne se contrariant point. C'est ce livre que Stendhal n'a pas écrit, dont il ne semble même pas avoir eu l'idée ; et l'on voit pleinement à présent pourquoi, tout compte fait, ce livre se réduit à peu près à une théorie des effets de l'imagination sur l'amour : c'est que dans leurs manières d'aimer l'homme et la femme n'ont guère que cela de commun, à savoir ce qui est intellectuel.

Tout le monde remarquera aussi, maintenant que Schopenhauer est plus connu, que Stendhal, en son livre, a dit sur quelques points le *comment* de l'amour, mais qu'il n'en a pas dit le *pourquoi*. Pourquoi aime-t-on précisément celui-ci ou celle-ci, non tel ou telle autre ? Ce caractère de fatalité de l'amour, et remarquez que c'est ici que le problème du « coup de foudre » trouverait sa vraie solution, qu'est-ce qui l'explique, ou permet de le trouver moins étrange ? Il est certain que Stendhal ne s'en est pas occupé. Il est probable que Schopenhauer a dit là-dessus le mot définitif, au moins pour longtemps. Mais il faut reconnaître aussi qu'avant Schopenhauer, aucun moraliste, que je sache, n'avait été si hardi que de hasarder seulement une explication sur ce point.

Il reste que l'*Amour* est par fragments un joli livre, lourd de forme et souvent obscur, comme tout ce qu'a écrit Stendhal, un peu pédantesque quelquefois, mais ingénieux et qui fait penser, et qui a enrichi la langue française d'une métaphore amusante, traduction exacte d'une idée juste.

IV

Je dirai quelques mots des idées politiques de Stendhal, de si peu de conséquence qu'on les estime et que moi-même je les trouve. Je crois qu'on verra qu'elles achèvent son portrait. Stendhal est un libéral de 1820, admirateur de la révolution de 1789, moitié bonapartiste, moitié orléaniste, partisan « des deux chambres et de la liberté de la presse », furieux ennemi des papes, des jésuites et des prêtres. Tout cela ne fait pas un penseur très original. Mais en même temps c'est un artiste ou tout au moins un dilettante très distingué ; et cela l'a gêné et inquiété dans ses opinions politiques. Et en même temps c'est un épicurien, un voluptueux, un curieux passionné des élégants loisirs et de la haute vie délicate ; et cela aussi a fait que ses opinions politiques lui ont été quelquefois pénibles et lui ont donné de l'humeur. — En effet, il faut deux chambres et la liberté de la presse ; car ce sont les deux chambres et la liberté de la presse qui vont renverser le gouvernement des prêtres et des jésuites ; mais les deux chambres et la liberté de la presse, c'est le gouvernement populaire, et le gouvernement populaire sera la fin et à jamais empêchera le retour de toute vie élégante, voluptueuse et artistique, ces choses étant aristocratiques essentiellement.

Voilà qui est bien embarrassant. Stendhal voit se dessiner, imminente, une invasion de la vie triste. — La vie sera triste demain en France autant qu'en Angleterre, autant et de la même façon qu'en Amérique. Elle sera triste, parce qu'il faudra, pour être quelque chose, faire la cour à des ouvriers aux mains noires et à des paysans aux mains calleuses, boire dans des cabarets des breuvages très différents du « punch au rhum de minuit et demi », gonfler la voix, brandir des phrases bêtes, perdre très vite toute délicatesse et tout art de penser délicatement. — Elle sera triste parce qu'il faudra être moral, ce qui est ennuyeux, ou affecter de l'être, ce qui est plus ennuyeux encore. Le peuple aime qu'on ait de la moralité, ou plutôt il n'aime pas qu'on jouisse, et ne donne pas ses voix à ceux qui s'amusent. — Elle sera triste parce que le besoin d'une morale, au moins pour se donner un air de dignité et de sérieux, s'imposera à ces Français si gais et si charmants hier encore. Déjà en 1829, « nos jeunes gens de vingt ans me font l'effet d'en avoir quarante. On dirait que les femmes leur sont odieuses : *ils semblent rêver à établir une religion nouvelle.* » — Elle sera triste parce que la révolution a détruit pour jamais en France la vie de société. La révolution a établi en France la permanence de la guerre civile. Depuis elle, le gouvernement, c'est-à-dire, pour ne point parler par abstractions, les places grosses ou petites, les faveurs, les passe-droit, l'impunité pour le coupable, la tranquillité et la sécurité pour l'innocent, sont réservés à ceux qui sont membres du parti le plus nombreux. Etre le parti le plus nombreux, l'emporter, vaincre à l'élection, c'est donc là le but où, sur toute la suface du pays, tendent toutes les volontés à chaque instant de chaque jour. Pour le parti vainqueur, intimider, terroriser, ruiner, montrer à chaque individu du parti adverse qu'il est perdu s'il y reste ; pour le parti vaincu, haïr, railler, calomnier, menacer, se ronger de « haine impuissante » jusqu'à ce qu'on change de rôle avec le parti vainqueur ; pour l'homme qui ne veut être d'aucun parti, être traité en adversaire par le parti vainqueur et par le parti vaincu également irrités de compter en vous un dissident et une voix de moins : voilà la vie sociale. Elle est affreuse partout, mais principalement dans les petites villes, charmantes au XVIIIe siècle, inhabitables au XIXe siècle. « Le Français qui aimait tant à parler et à dire ses affaires devient insociable... Les destitutions du ministère Villèle ont rompu toute société à Cahors, à Agen, Clermont, Rodez. La peur de perdre sa petite place a porté le bourgeois à rendre plus rares ses visites à ses voisins ; il va même moins au café. La crainte de se compromettre fait que le Français de trente ans passe ses soirées à lire auprès de sa femme. Le Français n'est plus ce peuple qui cherchait à rire et à s'amuser de tout (1). » Il faut se réfugier à Paris pour être à peu près libre de rester tranquille et à peu près libre d'être gai.

Stendhal a très bien vu ces inconvénients de la société moderne, et il en a gémi de tout son cœur. Pourtant, en bon libéral, il tient « aux deux chambres et à la liberté de la presse », et le voilà bien empêché. Personnellement, il s'en tire en voyageant sans cesse ou en habitant en Italie. Au fond, c'est précisément le libéralisme ou ses conséquences que ce libéral fuit en se réfugiant à Sienne ou à Civita-Vecchia. Là, et pour cause, il n'y a point de politique, ou, du moins, il n'y a point de politique à laquelle on soit forcé de prendre part. Un gouvernement, et des conspirateurs, voilà la politique. Entre les deux une grande masse indifférente, qui a le droit de l'être, et de ne point porter de cocarde au cha-

---

(1) *Promenades dans Rome*, 22 décembre 1828. — Cf. *Rouge et noir*, XXXI.

peau. Voilà où Stendhal aime fort à vivre ; voilà comme personnellement il s'est tiré de la difficulté.

Comme théoricien, il ne s'en est pas tiré du tout. Toute sa vie, il a aimé le gouvernement des deux chambres, et trouvé triste l'état où il met nécessairement un pays, sans chercher à résoudre cette antinomie. — Ceci est intéressant, d'abord parce que cela révèle chez Stendhal beaucoup de perspicacité et d'adresse en tant qu'observateur, ensuite parce que cela achève très bien de le peindre. Stendhal, c'est le xviii° siècle, j'entends le moins élevé comme aspiration et comme idéal. Mais c'est 1770 transporté en plein xix° siècle et voyant où mène ce qu'il a rêvé, transporté en face de son rêve devenu un fait. Il y a toujours à déchanter quand cela arrive. Le xviii° siècle a désiré qu'il n'y eût plus d'aristocratie morale soutenue par un gouvernement fort et réprimant les instincts de la bonne loi naturelle. Cela détruit, une douce gaîté devait se répandre parmi les hommes. Il a réussi ; l'alliance du trône et de l'autel a disparu. Mais comme il faut un gouvernement, au gouvernement absolu a succédé le gouvernement alternatif du plus nombreux, c'est-à-dire la lutte des partis ; et cela ne répand aucune gaîté, ni n'établit aucun aimable abandon dans un pays. La démocratie n'a rien de folâtre. Les deux chambres et la liberté de la presse sont ce qu'on a trouvé de mieux pour empêcher le rétablissement de l'autorité de l'Église ; mais elles n'établissent nullement la liberté des mœurs et la joyeuseté des relations. Alors à quoi bon ? a dû se dire souvent Stendhal. En pareille affaire, c'est Voltaire, un peu plus clairvoyant que Stendhal, qui avait raison. Lui ne souhaitait pas la liberté politique, comme préface au relâchement des mœurs ; il souhaitait très nettement un despotisme irréligieux et élégamment immoral. Voilà, au moins, qui est bien vu. Et c'est bien à cela qu'en revient Stendhal lui-même quand la tristesse de la France moderne l'émeut et le désespère plus qu'à l'ordinaire : « Au lieu de gaîté et de soif de s'amuser, vous trouverez en France de l'envie, de la raison, de la bienfaisance (tristes choses), de l'économie, beaucoup d'amour pour la lecture. En 1829, les petites villes les plus gaies et les plus heureuses sont celles d'Allemagne qui ont une petite cour et *un petit despote jeune.* » C'est ici qu'il s'est trahi et qu'il nous a livré le secret de son amour pour les petites villes d'Italie. Mais, à l'ordinaire, partagé entre ses deux penchants de libéral de 1830 et de libertin d'ancien régime, et désolé de ne pouvoir concilier, aux temps modernes, la liberté et le libertinage, il est demeuré embarrassé et ambigu. La sociologie de Stendhal manque de sûreté ; elle manque aussi de conclusions ; et je crois que nous ferons aussi bien de la laisser.

V

Les idées littéraires de Stendhal sont à peu près aussi confuses que ses idées politiques. Ce qui *frappe* d'abord, et dans le sens précis et violent du mot, celui qui s'en enquiert, c'est leur étrangeté. Soit goût du paradoxe, soit humeur et bizarrerie d'esprit, Stendhal vous assène des opinions littéraires si merveilleusement inattendues qu'on a quelque peine, parfois, à supporter le coup sans chanceler, quelque habitué qu'on puisse être aux choses les plus imprévues en ces matières. Il vous dira, par exemple, que Molière est le peintre d'une société disparue, ce qui peut se soutenir à la rigueur ; mais la raison en est singulière. La raison en est qu' « Alceste, n'osant dire à Oronte que son sonnet est mauvais, présente précisément au public le portrait détaillé d'une chose qu'il n'a jamais vue, et ne verra jamais. » — Voilà qui étonne. — Il comparera Molière à Aristophane et fera remarquer le rire de Molière, « ce rire amer et imbibé de satire », pour montrer combien le rire d'Aristophane est sans amertume et dénué de toute satire : « Aristophane fait rire une société de gens légers et aimables qui cherchaient le bonheur par tous les chemins. » — Toutes les impressions sont possibles en choses de littérature et d'art ; mais celles qui sont si particulières surprennent pourtant un instant, et il a dû se rencontrer des lecteurs qui se sont demandé si Stendhal avait lu Aristophane et Molière, et, à supposer qu'il en eût lu un, quel était celui des deux qu'il n'avait pas lu. — Il nous dira que c'est la civilisation de salon qui a fait naître l'abbé Delille, et c'est une opinion probable ; mais il ajoutera que « c'est, plus tard, la méfiance et la solitude comparative qui ont fait naître les odes de Béranger. » Il n'est pas banal, au moins, de trouver dans les odes de Béranger des traces et des effets de la solitude comparative.

Il y a infiniment de jugements littéraires de ce genre répandus dans les œuvres de Stendhal. Ce n'en est pas le moindre attrait. Cela émoustille. J'aimerais à croire que c'était tout ce qu'il voulait ; mais je ne le crois point ; en choses de littérature et d'art, il est furieusement sérieux. — En effet, la plupart de ses opinions littéraires lui sont dictées par son caractère, qui était, comme on sait, très désagréable, et sont violemment méprisantes à l'égard, à peu près, de toutes choses. Il a aimé Shakspeare, surtout par horreur de la littérature classique française ; il a aimé, un peu, dans sa jeunesse, les Français du XVIe siècle, et voilà tout ce qu'il a aimé. Il abhorre le XVIIe siècle, il méprise profondément Voltaire et Buffon, et quand il arrive au XIXe siècle, ses exécutions sont une hécatombe. Chateaubriand, qu'il ne distingue aucunement de Marchangy, le jette dans les convulsions. Lamartine est creux et vide ; Victor Hugo exagéré, ridicule et « somnifère » ; Vigny « lugubre et niais ». Tous ces gens-là sont marqués de deux défauts que Stendhal ne pardonne point, dont le premier est d'avoir ou d'affecter des sentiments religieux, et le second, très probablement, est d'avoir du talent et du succès.

Ce qu'il y a de piquant, c'est qu'avec tout cela Stendhal s'est cru romantique et a sonné la charge du mouvement romantique dans son fameux *Racine et Shakspeare*. Mais à la définition qu'il y donne du romantisme, et aux développements de son idée sur ce point, on verra que s'il était précisément quelque chose, c'était le contraire même de romantique, malgré son dire. Ce n'est pas la première fois qu'à expliquer comment on est ceci ou cela, on montre d'une éclatante façon qu'on ne l'est point. La définition du romantisme par Stendhal est celle-ci : « Le *romanticisme* est l'art de présenter aux peuples des œuvres littéraires qui, dans l'état actuel de leurs habitudes et de leurs croyances, sont susceptibles de leur donner le plus de plaisir possible. » Ainsi, par exemple, un type, et l'idéal peut-être du romantique, c'est Pigault-Lebrun. Pourquoi ? parce que, en 1820, on le lit à Perpignan : « Parmi nous le populaire Pigault-Lebrun est beaucoup plus romantique que l'auteur de *Trilby*. Qui est-ce qui lit *Trilby* à Brest ou à Perpignan ? » Il n'est que de s'entendre ; et avec des définitions claires, soutenues d'exemples précis, on s'entend en effet ; et nous savons ce que c'est que le romantisme de Stendhal.

C'en est contraire. C'est le réalisme. C'est l'art qui se plie « aux mœurs et aux croyances » des contemporains de telle manière qu'il les reproduit, et en les reproduisant amuse le public. Et, par conséquent, le romantisme, au XVIIe siècle, c'est Boileau et Molière ; c'est aussi Bourdaloue et Bossuet, c'est aussi La Bruyère et La Fontaine ; le romantisme au XVIIIe siècle, c'est Montesquieu, Voltaire, Diderot, Rousseau et Bernardin de Saint-Pierre. En un mot le romantisme, à chaque époque, est la littérature de cette époque, et le classicisme, c'est la littérature de l'époque précédente, qui a été romantique en son temps, mais qui ne l'est plus parce qu'elle ne répond plus aux mœurs et croyances du moment actuel. Et toute littérature est ainsi, tour à tour, romantique et classique, passe de l'état romantique à l'état classique avec le temps.

A une exception près, cependant. Si une littérature, en un temps de foi déclinante, s'avise d'être religieuse, si, d'autre part, elle aime à se nourrir et à faire son entretien des antiques légendes, si au XIXe siècle, par exemple, elle est entêtée de religion et de moyen âge, elle sera antiromantique par excellence. Et, donc, la seule littérature en France qui n'ait pas été romantique, ç'a été l'école romantique de 1820.

Le singulier malentendu qui a fait de Stendhal un défenseur apparent du romantisme de 1820 est expliqué. Il n'a pas aimé du tout cette école ; mais donnant son nom précisément à ce qu'elle n'était pas, il a défendu le nom précisément parce qu'il détestait la chose.

Reste qu'il est étrange qu'il ait été prendre ce nom

pour désigner justement autre chose que ce à quoi tout le monde l'appliquait en 1820. Cela tient à ce qu'il a la vue la plus confuse du mouvement littéraire auquel il assiste. Il appelle au hasard romantique tout ce qui est littérature nouvelle, tout ce qui, en 1810, n'est pas de l'Académie française, et il va de l'avant, en mettant pêle-mêle ensemble des hommes qui n'ont aucune espèce de parenté littéraire. Ainsi voici la liste des *romantiques* dressée par Stendhal en 1823 : « Lamartine, Béranger, de Barante, Fiévée, Guizot, La Mennais, Victor Cousin, général Foy, Royer-Collard, Fauriel, Daunou, Paul-Louis Courier, Benjamin Constant, de Pradt, Etienne, Scribe. » C'est assez dire qu'il n'a rien compris à la question.

On le voit tout aussi bien dans la suite de son petit livre *Racine et Shakspeare*. Après avoir posé en principe que le romantisme... laissons de côté le mot, disons : après avoir posé en principe que *ce qu'il faut*, c'est une littérature conforme aux goûts, aux mœurs, aux croyances du temps où l'on vit, et après avoir présenté Pigault-Lebrun comme le modèle à imiter, Stendhal en vient à proposer comme sujet de poèmes pour la génération de 1820 « un *Henri III*, une *Mort du duc de Guise à Blois*, une *Jeanne d'Arc*, un *Clovis et les évêques*. » Décidément, où en sommes-nous ? Ce qu'il faut, est-ce réalisme, sous le nom de romantisme ou sous un autre ; ou est-ce une littérature s'inspirant non du présent, mais du passé, se nourrissant d'histoire, mettant sous les yeux des vivants les mœurs, croyances, goûts et habitudes des hommes passés ? La vérité est que Stendhal ne s'est pas plus entendu sur les choses que sur les mots, et que *Racine et Shakspeare*, sauf quelques pages sur Shakspeare, sauf peut-être une théorie, très contestable du reste, mais intéressante, sur « l'illusion parfaite » au théâtre, est une obscure et pénible divagation d'un esprit à peu près incapable d'exposer une idée générale, même en critique littéraire, et peut-être d'en avoir une.

Au fond il était réaliste, cela est clair, et n'aimait la littérature d'imagination sous aucune forme. S'il aime Shakspeare, et on le voit toutes les fois qu'il en parle, à la façon dont il en parle, c'est d'abord parce qu'il y trouve sa chère « énergie »; c'est ensuite et surtout parce qu'il y trouve de l'observation pénétrante et profonde. Son mot, aussi bien sur les comédies de Regnard que sur les tragédies de Voltaire, est toujours : « Cela ne peint pas les caractères. » Peindre les caractères, et les peindre par de « petits faits » très nets, très précis, très circonstanciés, voilà pour lui toute la littérature. Il a parfaitement raison d'estimer que cet idéal a été réalisé par Shakspeare. Shakspeare a fait bien d'autres choses; mais il est certain qu'avant tout il a fait cela, et en maître. Si Stendhal ne reconnaît pas la même qualité dans Racine, c'est d'abord parce que Racine est Français, ensuite parce que Racine est en possession de l'admiration générale, deux choses que Stendhal pardonne difficilement; enfin, parce que Racine, sans parler de son génie, a trop de talent pour Stendhal. Racine, sans qu'on puisse dire qu'il dissimule la profondeur de ses observations, du moins met son talent d'auteur dramatique à ne pas l'afficher, à ne pas l'accuser violemment, d'où vient que, surtout quand on ne veut pas la voir, il se rencontre qu'on ne la voit point. Racine est un Shakspeare qui se voile et un peu qui se dérobe, qui ne creuse pas le trait et ne souligne pas son effet, qui ne déteste pas se laisser un peu deviner; et beaucoup, dont Stendhal ne laissait pas d'être, ont besoin d'une psychologie qui meurtrit les yeux.

Au petit fait peignant le caractère, Stendhal veut qu'on ajoute une manière de couleur locale qu'il nomme d'un nom très heureux, et qu'il définit très bien, c'est « l'originalité de lieu. » Entendez par là, non pas cette facile et banale couleur locale qui nous donne quelque idée du pays, en général, où se passent les choses; mais l'art de choisir, d'inventer un lieu restreint et précis en harmonie avec les choses que vous voulez peindre, et qui déjà les peint, déjà nous met dans l'état d'esprit nécessaire pour que nous les comprenions bien et les sentions fortement. Ce n'est pas dans une salle quelconque qu'il faut nous montrer Andromaque et Pyrrhus. Ce devait être, je suppose, auprès du tombeau d'Hector. L'originalité de lieu manque trop à nos auteurs français. « L'originalité de lieu me semble abandonnée en France. » (Il aurait dû songer à *Athalie*, qui est une belle exception.) Shakspeare est admirable en son instinct de l'originalité de lieu : « Terrasse d'*Hamlet*, grotte où Bellarius reçoit Imogène, château où les martinets font leur nid dans *Macbeth*, Roméo parlant du jardin à Juliette à sa fenêtre au clair de lune. » — Ceci n'est pas une découverte, quoique écrit en 1804, puisque déjà Voltaire avait reconnu cette vérité et avait fait tant d'efforts pour réaliser ce progrès; mais c'est une observation judicieuse à laquelle l'invention d'un nouveau mot très juste donne un surcroît de précision.

Voilà ce que fut Stendhal comme théoricien littéraire, un réaliste sans le bien savoir, un amoureux de psychologie et un adorateur de Shakspeare considéré comme peintre des passions; d'autre part, un homme parfaitement fermé à toute poésie et même à toute haute éloquence, et ne voyant dans l'une et dans l'autre qu'insupportable déclamation ; d'autre part enfin, un homme de perspicacité très bornée quand il examinait la littérature de son temps, au point de faire, quand il en parle, les mélanges et les conflits les plus étranges de contre-sens et de non-sens.

— Et vous étudiez Stendhal comme théoricien littéraire sans dire un mot de la théorie des milieux, de cette vue de génie qui a simplement renouvelé la critique tout entière, disons mieux, qui l'a créée, puisqu'elle en a fait une science… — Non, je ne parlerai pas de la théorie des milieux, je ne citerai pas cette ligne : « Mon but est d'exposer avec clarté comment chaque civilisation produit ses poètes » ; ni celle-ci, d'ailleurs bizarre ; car je ne vois pas les énormes différences qu'il y a entre le climat de Londres et celui de Paris, ni entre le système politique de Louis XIV et celui d'Elisabeth : « Le climat tempéré et la monarchie font naître des admirateurs pour Racine ; *l'orageuse liberté* et les *climats extrêmes* produisent des enthousiastes de Shakespeare » ; et je ne chercherai pas à réduire en système les considérations incohérentes de l'*Introduction à l'histoire de la peinture en Italie*, d'où l'on peut conclure tour à tour, de dix en dix lignes, que le despotisme est éminemment favorable et absolument mortel aux beaux-arts ; je laisserai de côté ces vues profondes ; parce que Stendhal n'en a rien tiré, parce qu'une théorie n'a de valeur et ne devient titre de gloire que quand on s'en sert pour expliquer un certain nombre de faits, et pour grouper et pour soutenir et pour éclairer un certain nombre de vérités particulières ; parce que, quand un auteur n'a pas fait sienne une théorie par cet usage, ne l'a pas vérifiée par ces applications et ne l'a pas confirmée par cette suite, on peut toujours dire à coup sûr qu'à cet état rudimentaire elle était déjà dans un de ses prédécesseurs, et que tant s'en faut qu'elle fasse honneur, qu'au contraire en avoir eu l'idée et n'en avoir tiré rien est presque une preuve que tout en la découvrant on ne l'a pour ainsi dire pas comprise. — C'est bien, je crois, le cas de Stendhal. Il découvrait, ou semblait découvrir la critique littéraire historique, la critique littéraire scientifique, la critique littéraire qui explique et ne juge point ; et dans toute son œuvre, ce sont toujours des impressions personnelles et uniquement des impressions personnelles qu'il nous donne comme jugements, et jamais ce n'est l'histoire de la génération, de l'élaboration historique de l'œuvre d'art qu'il nous fait; de quoi je ne songe nullement à le blâmer, mais sur quoi je dis que sa théorie n'était qu'une rencontre fortuite, ne l'a ni guidé ni soutenu, partant n'était pas à proprement parler sa théorie, et devient, quand on parle de lui, négligeable.

VI

Stendhal a laissé deux romans dignes d'occuper la postérité : *le Rouge et le Noir* (1830), et *la Chartreuse de Parme* (1839). Le second est une seconde édition, à la fois corrigée et affaiblie, du premier. Je m'occuperai du premier d'abord.

Le Rouge et le Noir est une très grande œuvre comme idée générale et comme portée. Il a un titre très clair : *Rouge et Noir*, c'est-à-dire soldat et prêtre, ambition militaire et ambition ecclésiastique, l'une succédant à l'autre, énergie guerrière et diplomatie intrigante, cette dernière cherchant à réaliser le rêve de domination que la première a conçu. Quoique vaste, le titre est encore un peu étroit pour l'idée de l'œuvre. J'aimerais presque mieux que le livre eût pour titre sa date. *1830*, c'est le vrai titre de *Rouge et Noir*. Le siècle a trente ans. Il est né au bruit des armes ; il a eu pour premier entretien de sa pensée la conquête du monde. Deux choses absolument inconnues au siècle précédent sont devenues pour lui deux idées fixes : admission de tous les Français à tous les emplois possibles, s'ils savent les prendre ; le pouvoir souverain, même sur l'Europe entière, offert au premier venu, s'il sait le conquérir. Ces choses sont absolument nouvelles. On ne pouvait pas en avoir même le rêve, il y a quarante ans. Elles sont vraies; elles sont des faits, et des faits récents. L'avenir démontrera que quoique vraies, elles sont à peu près des illusions néanmoins; qu'elles ne sont des réalités qu'au bénéfice d'un ou deux favoris de la fortune, qu'elles sont des réalités exceptionnelles; mais l'avenir n'est pas venu, et, à titre de faits récents, ces choses ont un empire immense sur les imaginations. — Elles sont profondément corruptrices. L'effet ordinaire des grands bouleversements historiques s'est produit : une brusque et profonde démoralisation. Deux choses ont été démontrées possibles : arriver à tout, arriver vite. Peu de consciences et peu de raisons résistent à de pareilles démonstrations. — On ne s'aperçoit guère de cela, dira-t-on, à lire la littérature de 1830. C'est une littérature de grands découragés et de grands mélancoliques. — Faites bien attention. Ces découragés et ces mélancoliques font de leur découragement beaucoup de volumes, et mettent bien souvent leur mélancolie en grands poèmes. Ils sont très actifs littérairement ; cela veut dire que l'ambition par la littérature a remplacé chez eux l'ambition par les armes, qui leur fut interdite ; et viennent, du reste, les circonstances favorables, tous, poètes, historiens, romanciers et professeurs de littérature française, se jetteront avec ardeur dans l'ambition politique. Voilà pour les littérateurs *eux-mêmes*. Et regardez à côté : petits bourgeois, demi-paysans, provinciaux obscurs, ouvriers, tout ce petit monde est dévoré d'ambition. Celui qui va les peindre, Balzac, ne leur donnera guère que cette passion-là, sous différentes formes. Leurs idées sociales, si l'on peut appeler cela des idées : haine du clergé, haine de la noblesse, ne sont que l'impatience des deux derniers obstacles, ou débris d'obstacles, qu'ils croient qui s'opposent encore à leur accès à tout. Leur unique idée politique, qu'ils réaliseront au milieu du siècle, le suffrage universel, n'est que la même idée fixe : qu'il soit possible d'arriver à tout, qu'il soit possible d'arriver vite.

Le Rouge et le Noir a voulu nous représenter l'effet produit dans une âme ardente unie à une intelligence supérieure par ces inquiétudes, ces impatiences, ces appétits. C'est le roman du siècle. Julien Sorel a vu l'Empire, en ce sens qu'il a été élevé par un capitaine qui a servi sous Napoléon. Le regret de ce temps où l'on était général à trente ans, et où l'on *passait empereur* en France, ou tout au moins roi en Suède, a été toute sa pensée pendant son enfance. Du regret, il a été vite à l'ambition ; car il est énergique, et, enfin, tous les chemins ne sont pas fermés ; mais à une ambition d'un caractère particulier, qui est celle de cette date, qui est celle qu'ont dû avoir bien des jeunes gens de 1815 à

1830. Tous les chemins ne sont pas fermés ; mais ceux qui restent sont tortueux. On n'arrive plus par l'énergie belliqueuse ; on arrive par l'intrigue, c'est-à-dire par une énergie faite de sang-froid, d'application soutenue, de prudence acharnée, et de bassesse ingénieuse. Tout cela est un beau champ d'activité, sans doute, mais est humiliant et mortifiant. Certaines âmes, sous l'ancien régime, et aussi sous le nouveau, se sentent là parfaitement dans leur élément naturel, et n'y éprouvent aucune gêne ; mais l'homme « *né pour être colonel sous Napoléon* », tout en se résignant à ces démarches, car il faut arriver, c'est un devoir, en aura une honte telle, qu'il haïra furieusement ceux dont il sera forcé de se servir comme d'échelons, c'est-à-dire tous ses bienfaiteurs.

Voilà l'homme du siècle, ou du moins voilà Julien Sorel. Ambition, volonté et haine, dans une complète absence de sens moral. Ce n'est pas une âme méchante. Il aime les gens de sa classe, pour peu qu'ils ne soient pas tout à fait des brutes. Il aime son camarade, le marchand de bois. Un moment, causant avec lui, il passe à côté de la médiocrité heureuse et se sent tenté. — Ce n'est pas une âme vulgaire : un moment, dans les montagnes, au lent déclin du jour, il se sent enivré du charme pénétrant de la solitude, de cet enchantement exquis qui n'est autre chose que la liberté de l'âme, et le voilà devenu ni plus ni moins qu'un Chateaubriand en Amérique pour un quart d'heure. — Ce garçon, plébéien à la peau fine et aux beaux yeux ardents, moins la Révolution et l'Empire, serait un Rousseau des Charmettes. Mais il ne s'agit plus de cela. Nous sommes en 1848. Une folle espérance a traversé la terre. Chaque plébéien croit avoir, veut avoir, ou est furieux de ne plus avoir son bâton de maréchal dans son havresac. Julien n'a l'âme ni méchante, ni vulgaire ; il a l'âme dépravée. Il veut arriver coûte que coûte, et déteste de toute son âme ceux qui sont entre lui et le but. Il les déteste de maintenir un état de société où il est forcé de les ménager pour parvenir, et d'être hypocrite pour faire son métier d'ambitieux. S'il trouve sa Mme de Warens, il la détestera en l'aimant, la fera souffrir en lui donnant le bonheur, et, surtout, verra en elle une conquête flatteuse pour son amour-propre irrité et amer. S'il trouve une jeune fille des classes dirigeantes qu'il aime et dont il est aimé, mais aussi orgueilleuse que lui, l'amour entre ces deux êtres sera un drame terrible, où chacun, dès qu'il a laissé voir son amour, sent qu'il se livre, sent qu'il s'abaisse, redoute l'orgueil de l'autre, se reprend aussitôt et se ressaisit, souffre et fait souffrir tout ce que l'orgueil peut infliger de tortures à l'amour, passe tour à tour par toutes les affres de l'humiliation, de la révolte, de la « haine impuissante » et aussi de la haine satisfaite.

Caractère magnifique, d'une vérité profonde, admirablement éclairé dans tous ses replis ; caractère vrai d'une vérité individuelle, et en même temps représentant toute une époque, ce n'est pas assez dire, toute une classe pour toutes les fois qu'une forte perturbation sociale lui aura ouvert toutes les espérances sans lever devant elle tous les obstacles.

Le détail est encore plus beau que la conception générale. Certaines scènes en leur sobriété, en leur dessin net et sec, en leur précision énergique et un peu tendue, sont des merveilles d'analyse psychologique et comme de dissection morale. Julien en habit de paysan rencontrant à la grille Mme de Rênal ; Julien *voulant* prendre la main de Mme de Rênal dans le jardin ; Julien au café de Besançon ; Julien préparant son expédition nocturne chez Mlle de La Mole et escaladant sa fenêtre comme on monte à l'assaut d'une redoute ; toute la lutte d'orgueil entre Mlle de La Mole et Julien ; sont des morceaux achevés, d'une profondeur étonnante en même temps que d'une parfaite clarté, un des triomphes de cette « littérature morale » des Français, si curieuse, si savante, si experte, si incisive, qui n'a peut-être pas de rivale au monde. Comme on se connaît ! Comme on connaît ses semblables ! Quand on songe que Stendhal ne pouvait pas souffrir Racine !

Il y a du mauvais dans ce chef-d'œuvre, du mauvais et de l'inintelligible. On comprend très bien l'amour de Mme de Rênal pour Julien. Mme de Rênal n'a pas aimé ; elle a trente ans ; Julien paraît ; elle sent le besoin de le protéger contre la hauteur balourde de M. de Rênal ; elle lui parle doucement, lui recommande ses enfants ; ses enfants aiment Julien ; l'intimité chaste et périlleuse s'établit. — On comprend beaucoup moins l'amour de Mlle de La Mole pour Julien. L'orgueilleuse Mathilde amoureuse de ce petit secrétaire, fils d'un scieur de long,... admettons ; et s'avouant à elle-même cet amour,... passe encore ; et se jetant aux bras du secrétaire ; non, cette fois, la chose est dure à admettre.

Stendhal, singulièrement avisé en cette œuvre méditée scrupuleusement, a très bien senti l'objection et a essayé de la prévenir en expliquant les sentiments de Mathilde. Il faut d'abord l'en féliciter : la plupart des romanciers négligent parfaitement de nous dire ou de nous faire deviner le *pourquoi* des amours de leurs héros. Jeanne aime Pierre, ils ne nous en disent pas plus long ; et ils nous racontent les aventures de Pierre et Jeanne.

Stendhal a longuement expliqué pourquoi Mathilde aime Julien. Mais son explication laisse étonné. Pourquoi Mathilde aime ce plébéien forcené ? C'est précisément parce qu'il est plébéien et qu'elle le sent forcené. Au moins il ne ressemble pas aux autres, aux jeunes gens fades qui l'entourent. Lui, c'est peut-être un Danton. « Serait-ce un Danton ? » Voilà pourquoi Mathilde aime Julien. Et alors vient une analyse fort savante et singulièrement intéressante de l'amour de tête, de l'amour d'imagination, et cet amour qui loge un personnage vivant dans un cadre longuement préparé à l'avance par une suite de rêveries, de méditations et d'*idéalités*. L'analyse est bonne ; mais le cas de Mathilde n'en est pas éclairci ; car l'orgueil de Mathilde, c'est l'orgueil nobiliaire, et Stendhal l'a marqué de traits si forts qu'il n'y a pas à s'y tromper ; c'est de ses aïeux que Mathilde est fière et amoureuse, des La Môle qui ont été décapités sous Charles IX ou Louis XIII. Dès lors, dans le rêve préalable qui l'a préparée à l'amour auront pu entrer, sans doute, et dû entrer, des figures de grands hommes d'action et de grands ambitieux, mais tous gentilshommes, tous grands seigneurs ; et il ne lui sera jamais venu à l'esprit qu'un plébéien pût être un grand homme. Si elle devient amoureuse d'un plébéien, ce ne sera donc pas *par suite de* son rêve antérieur, par suite du travail antérieur de son imagination ; ce sera pour une autre raison. En d'autres termes, ce n'est pas un amour de tête, ce n'est pas un amour d'imagination qu'il fallait donner à Mathilde ; mais, au contraire, un amour tout autre, sensuel ou sentimental, par exemple, *contrariant* en elle toute l'œuvre de son imagination, comme aussi de son éducation et de ses préjugés.

De là vient ce qu'il y a d'un peu artificiel et factice

dans ces commencements des amours de Mathilde. Stendhal avait à placer une étude de l'amour de tête ; il l'a mal placée.

Il faut ajouter qu'à partir du moment où l'amour de Mathilde s'est déclaré et est tenu par le lecteur comme chose acquise ; quand nous n'avons plus qu'à suivre la lutte de son orgueil contre son amour, il n'y a plus qu'à admirer.

Le dénoûment de *Rouge et Noir* est bien bizarre, et, en vérité, un peu plus faux qu'il n'est permis. L'impression d'un lecteur français de 1900, ou même de 1860, est qu'à la fin de *Rouge et Noir* tous les personnages perdent la tête. Vous vous rappelez la situation : Julien est devenu l'amant de Mlle de La Môle, et Mlle de La Môle est enceinte. Ce n'est pas tout : secrétaire favori de M. de La Môle, Julien a été fait confident, complice et ministre d'une conspiration politique, qui, du reste, est la chose la plus inextricable comme la plus ennuyeuse du monde. Tant y a que Julien est absolument maître de la situation ; il tient toutes les avenues. M. de La Môle, faible du reste, très sensible d'ailleurs aux cajoleries de sa fille, n'a pas autre chose à faire qu'à se résigner à avoir Julien pour gendre. Et l'on voit en effet qu'il s'y résigne peu à peu, qu'il pourvoit Julien d'une manière de titre de noblesse et d'un brevet d'officier ; il s'achemine. — Tout à coup il arrive quelque chose qui met tous ces gens-là dans un état extraordinaire. Une femme mariée écrit que Julien a été autrefois son amant. Dès lors, tout est rompu, tout croule, tout est désespéré. Mlle de La Môle s'écrie et écrit : « Tout est perdu ! » M. de La Môle ne veut plus rien entendre, ni se résigner à rien ; il retire tout ce qu'il a donné ; il devient implacable. Julien, l'impeccable ambitieux, l'homme de sang-froid effrayant et de volonté imperturbable, est le plus insensé de tous. Il n'a qu'à attendre. Quelque bizarre effet qu'ait produit sur M. de La Môle la révélation de Mme de Rênal, il faudra bien que M. de La Môle revienne au sang-froid et se retrouve devant les nécessités de la situation. Julien n'a qu'à attendre. Il n'attend pas. Il court droit à Mme de Rênal et la tue d'un coup de pistolet.

Je dis que tout le monde a perdu la tête sans aucune raison de la perdre. Mme de Rênal d'abord. Celle-ci, à la rigueur, pourrait dénoncer Julien dans un transport de jalousie. Mais non, c'est par un accès de dévotion qu'elle le dénonce. De la part de la femme, non seulement très amoureuse, non seulement très généreuse, mais rendue très intelligente par l'amour et qui s'est tirée avec une diplomatie supérieure de l'affaire de la lettre anonyme dans la première partie du roman, cette démarche, faite pour ce motif, ne se comprend absolument pas. Elle n'a jamais pu venir à l'esprit de Mme de Rênal ; elle n'est venue qu'à l'esprit de cet anticlérical de Stendhal. — Quant à M. de La Môle, il est devenu bien brusquement puritain et bien brusquement inepte, et Mathilde bien brusquement désespérée, et Julien bien brusquement égaré. On ne les reconnaît plus ni les uns ni les autres. C'est la condamnation de l'auteur.

Les raisons de cette singulière défaillance à la fin d'une histoire conduite jusque-là avec tant de maîtrise et une telle intelligence de la vérité, je crois les voir et je crois qu'il y en a deux. D'abord nous sommes en 1830, et quelque imperméable que veuille être Stendhal, il n'est personne, surtout quand il s'agit d'écrire un roman, qui ne subisse l'influence de la mode. Or, en 1830, un roman peut ressembler à la vérité jusqu'au dénoument, exclusivement. En son dénoûment au moins il doit être romanesque, c'est-à-dire aventureux, extraordinaire et généralement tragique. La douce George Sand elle-même, jusque vers 1830, a toujours ménagé à la fin de ses aimables et gracieuses histoires une partie mélodramatique. Du temps qu'on lisait Eugène Sue, et qu'on se servait couramment des locutions les plus fameuses des *Mystères de Paris*, une dame me disait : « Je lis George Sand seulement jusqu'aux *coups de poing de la fin*. Ils me la gâtent. » De 1830 à 1850, il fallait dans tout roman au moins les coups de poing de la fin. — Une autre raison, plus importante, est dans le caractère et le tour d'imagination de Stendhal tels que nous les connaissons. Stendhal est d'une part un homme qui aime la vérité et qui sait la voir ; il est, d'autre part, un homme qui adore « l'énergie », et nous savons ce qu'il entend par acte d'énergie. Or en écrivant *Rouge et Noir*, ou plutôt en le composant dans sa tête, ses instincts d'observateur et ses goûts de psychologue étaient parfaitement satisfaits, son idolâtrie de « l'énergie » ne l'était pas. Il voyait Julien Sorel patient, persévérant, avisé, tenace, audacieux quand il le fallait ; *énergique*, c'est-à-dire donnant un bon coup de couteau à l'italienne, non pas. Et il devait le voir, avec un désespoir véritable, s'acheminer vers un dénoûment bourgeois, vers le succès, un beau mariage et un régiment ou une légation. Ce dénoûment, tant le roman jusque-là était bien fait, était le dénoûment vrai, et presque le dénoûment nécessaire, inévitable. Il désolait Stendhal. Que son cher Julien ne tuât personne, qu'il ne fît pas ce qu'un Lafargue avait su faire, cela lui était pénible. Pour que Julien fût un Lafargue, Stendhal a bousculé et gâté tout son roman. Il l'a complètement fait dévier.

Pour que Julien eût l'occasion de donner un coup de pistolet ou un prétexte à le donner, Stendhal a changé brusquement les caractères de Mme de Rênal, et de Mathilde et de M. de La Môle et de Julien. Le culte de l'énergie a fait dire à Stendhal beaucoup de sottises, et, cette fois, lui en a fait faire une.

Cela est bien regrettable. Cela termine un roman « vrai » par un dénoûment accidentel. Les deux dénoûments réels de *Rouge et Noir*, entre lesquels Stendhal avait à choisir, étaient ceux-ci : ou Julien épousait Mathilde avec le consentement de son père, et il devenait peu à peu, et même très vite, un aristocrate forcené et d'une implacable dureté pour les petits ; ou Julien épousait Mathilde contre le gré de son père, et il entraînait Mathilde dans les bas-fonds ; et ils devenaient tous deux des déclassés envieux, amers et révoltés. Le roman, dans les deux cas, aurait eu alors la signification complète et profonde, qui lui manque, ou plutôt qui semble lui manquer, et que sa conclusion dissimule et fait oublier, au lieu de la confirmer et de l'accuser avec force (1).

(1) Ce qui est curieux, c'est que ce dénoûment invraisemblable est un fait vrai. Julien Sorel a existé. (Voir les *Impressions d'audience* de Michel Duffléard (1828) signalées par M. Casimir Stryenski dans la *Revue Blanche* d'octobre 1880 ; voir l'article *Le Prototype du roman « le Rouge et le Noir »* dans la revue *Art et Critique* du 25 octobre 1880.) Julien Sorel était un petit séminariste appelé Antoine-Marie Berthet. Il avait été précepteur chez une dame Michoud, à Brangues (Isère). Il avait été son amant. Il avait passé ensuite dans la maison de la famille de Cordon, sur les bords du Rhône. Il y avait séduit une jeune fille. Un enfant était né. Un mariage allait réparer la faute. C'est, du moins, une des versions de cet incident. Berthet assura toujours qu'il n'avait eu avec Mlle de Cordon que des relations honorables. Toujours est-il qu'il quitta brusquement la famille de Cordon, revint à Brangues, s'aperçut que Mme Michoud n'avait plus pour lui les mêmes sentiments qu'autrefois et que peut-être il avait un rival. Il la blessa, dans l'église de Brangues, d'un coup de pistolet, et

Grande œuvre pourtant que *Rouge et Noir*, très digne d'avoir passé à peu près inaperçue en sa nouveauté, comme presque toutes les grandes œuvres, et d'avoir sollicité l'attention de la postérité, comme toutes les œuvres, même maladroites, qui reposent sur un grand fond de vérité universelle.

La Chartreuse de Parme est une manière de contrefaçon de *Rouge et Noir*. Même idée générale, mêmes personnages, entours et décors différents ; mais l'idée générale est présentée avec moins de force, les personnages sont comme émoussés et limés ; pensées et créatures ont moins de relief. Seconde épreuve d'une *planche fatiguée*. Jeune Français ambitieux de 1815, voilà *Rouge et Noir*, jeune Italien ambitieux de 1815, voilà *la Chartreuse de Parme*. Le jeune Français est devenu fanatique du Napoléon et enivré de « l'esprit napoléonien » à causer avec un soldat de l'empire ; le jeune Italien, fils d'un vainqueur de Marengo, du reste, a assisté au dernier effort de l'empire et combattu à Waterloo. Ce qui arrive à l'un dans la France de la Restauration, c'est *Rouge et Noir;* ce qui arrive à l'autre dans l'Italie de la Sainte-Alliance, c'est *la Chartreuse de Parme*. Et tous deux ont des protecteurs, M. de La Môle, le ministre Mosca, qui se ressemblent fort ; tous deux à vingt ans ont des amies de trente ans, Mme de Rênal, la duchesse Sanséverina, qui, comme amoureuses au moins, se ressemblent parfaitement ; tous deux deviennent amoureux de jeunes filles, Mathilde de La Môle, Clélia Conti, qui ne

---

se blessa lui-même d'un second coup. Il fut condamné à mort et exécuté. — Comme il arrive souvent, Stendhal a pris un fait véritable, et, le réservant pour la fin d'un roman, lui a donné des préparations psychologiques et des préparations circonstancielles de telle nature qu'il l'a rendu illogique, et que, si le fait reste vrai comme fait, il est devenu faux comme dénoûment.

se ressemblent point, je le reconnais, mais qui ont au moins ceci de commun qu'elles sont manquées toutes les deux, conventionnelles, l'une comme beauté aristocratique française, l'autre comme brebis allemande, à qui mieux mieux, Stendhal, admirable dans les portraits de femmes de trente ans, ne s'étant pas douté des jeunes filles.

Le fond, donc, et beaucoup de détails sont pareils. Ce qui est remarquable dans *la Chartreuse de Parme*, c'est une sorte d'effacement, d'amortissement de toutes choses, que l'on sent en passant de la première épreuve à la seconde. Comme Julien, Fabrice, après l'enthousiasme belliqueux, se résout à la carrière ecclésiastique et aux voies obliques de l'intrigue, devient hypocrite et diplomate, prend pour modèle le cardinal de Retz ; mais, né dans l'aristocratie, protégé par la maîtresse d'un ministre, il n'a ni les efforts de Julien à faire, ni les sentiments de Julien à concevoir. Ni tension de volonté, ni ardeur d'envie, de haine et de défiance. Dès lors, il n'a point de signification. Il faut même dire : dès lors il n'a point de caractère ; car ce sont les difficultés de la lutte et l'éloignement du but, combinés avec son ambition, qui ont fait le caractère de Julien. Julien est en acte constamment, Fabrice est presque passif. Il lui arrive des choses diverses. Ce n'est pas ce qui arrive à quelqu'un qui est intéressant, c'est ce qu'il fait. L'extrême défaut de *la Chartreuse de Parme*, c'est l'extrême insignifiance du principal personnage et le peu d'intérêt qu'il provoque.

En revanche, la duchesse Sanseverina est une figure fortement tracée et qui se grave. Elle est énergique, habile, maladroite aussi et imprudente dans les commencements de succès, par excès de confiance en soi et emportement bien féminins. Cette Agrippine jeune fait grand honneur à Stendhal. Le malheur, c'est que l'auteur a trop mis tout d'abord Fabrice en pleine lumière comme le personnage principal, et que nous avons quelque peine à ramener sur la duchesse l'intérêt que nous voudrions que Fabrice excitât et qu'il n'excite presque jamais.

Le malheur encore, quoique moindre pour la plupart des lecteurs, c'est que la signification morale du rôle de la duchesse est de faible importance. Que veut dire cette duchesse et tout ce qu'elle fait ? Que les femmes belles et intelligentes tiennent une place immense dans les sociétés monarchiques. Voilà qui est juste, mais qui ne nous intéresse plus beaucoup. L'avènement des classes plébéiennes, leur effort à parvenir et les sentiments dont s'accompagne chez elles cet effort étaient pour nous un peu plus captivants.

Enfin, comme tout est plus terne et plus mousse dans *la Chartreuse* que dans *Rouge et Noir*, de même le dénoûment est plus plat et plus gris. Il faut s'empresser d'ajouter qu'il est plus vrai et satisfait davantage notre instinct logique. Dans *Rouge et Noir*, tout le monde perdait l'esprit ; dans *la Chartreuse*, tout le monde se résigne. La duchesse, sans cesser d'aimer son neveu, s'en va vivre à Naples, douce et mélancolique, renonçant aux intrigues, avec son ministre qui renonce à l'ambition, dans un bien-être bourgeois. Fabrice, devenu évêque, s'endort dans la quiétude morne d'un amour-habitude, un peu furtif et honteux, qui ressemble à une liaison de vieillard.

Il est très intéressant, ce dénoûment, pour l'étude de Stendhal à la fois comme romancier et comme homme. Nous sommes en 1839 et non plus en 1830. Comme homme, Stendhal semble moins tenir à sa chère « énergie », à ses éclats de passion véhémente et déchaînée. Comme romancier, Stendhal, malgré toutes les aventures picaresques ou chevaleresques dont il a farci *la Chartreuse*, incline cependant de plus en plus vers le réalisme. Ce dénoûment, au moins, de *la Chartreuse* est réaliste pleinement. Il semble nous dire : cet enthousiasme, ces grandes espérances, ce délire des grandeurs, cet esprit napoléonien, après la grande crise et la grande perturbation européenne, à quoi aboutissent-ils bientôt ? A la résignation, à la tranquillité dans la vie bourgeoise, monotone et égoïste. Cette histoire commence par l'escapade héroïque du petit Fabrice à Waterloo, et se termine par l'adultère régulier, précautionné et discret de Monseigneur Fabrice del Dongo et de Mme Clelia Crescenzi. Et ainsi va notre vie à tous ; nous avons tous notre escapade à Waterloo pour commencer, quelque chose d'analogue à l'évêché de Parme pour continuer, jusqu'à ce que nous nous fassions une « chartreuse » dans la solitude et le silence, pour finir.

La Chartreuse de Parme, beaucoup moins forte et profonde que *Rouge et Noir*, est donc encore une œuvre distinguée par endroits. Elle a cette admirable bataille de Waterloo, devenue classique comme récit vrai, comme donnant aussi fortement que l'*Enlèvement de la redoute* la sensation de la chose vue ; elle a sa « cour de Parme », si vivante, si animée, si en relief ; elle a ce dénoûment d'une forte et sobre et vraie mélancolie. — Il est fâcheux, que la moitié en soit illisible. Toutes les aventures de Fabrice après le meurtre du comédien, et ensuite tout le séjour de Fabrice à la citadelle sont d'un ennui mortel. C'est l'absence d'invention la mieux caractérisée et la monotonie la plus cruelle. Personne n'a moins eu le génie épique que Stendhal. De petits faits significatifs d'un état d'esprit, des détails de mœurs, des analyses psychologiques : voilà son domaine. Sorti de là, il est au niveau de n'importe qui.

VII

Stendhal a été peu estimé en son temps. Le grand public l'a ignoré. Les lettrés, et parmi eux ses amis même, ne l'ont pas pris au sérieux. Sainte-Beuve, assez mauvais juge, du reste, pour une foule de raisons, quand il s'agissait de ses contemporains, le trouve amusant en son rôle de faiseur de boutades, et détestable comme romancier. Cela s'explique assez aisément : pour tout ce qui n'est pas *le Rouge et le Noir*, mon avis est qu'il a à peu près raison ; et pour *le Rouge et le Noir*, il faut songer que Sainte-Beuve avait fait le sien. Il avait, dans *Volupté*, tracé le portrait du jeune homme de 1830 tel qu'il croyait le connaître ; et ce portrait est si différent de celui qu'a fait Stendhal qu'il n'est pas étonnant que Sainte-Beuve n'ait rien compris à Julien Sorel ou l'ait trouvé faux. — Balzac a poussé un cri d'admiration à l'apparition de *la Chartreuse de Parme* ; mais à lire l'éloge même qu'il en fait, on s'aperçoit qu'il semble même ne pas connaître *le Rouge et le Noir*. Il parle des précédentes œuvres de Stendhal comme « de vingt volumes extrêmement spirituels. » — Mérimée, ami personnel de Stendhal, lui a consacré une petite étude que quelques-uns ont prise, si je ne me trompe, pour un éloge, et où Mérimée, avec des adresses cruelles d'ironie serpentine, nous représente, en somme, son ancien ami comme un sot un peu grotesque.

Ce n'est que vers 1850 que quelques lettrés très experts s'aperçurent que Stendhal valait quelque chose. Ils lui firent une réputation de penseur et de moraliste et même de critique déjà exagérée en ces premiers commencements et qui n'a fait que s'augmenter presque jusqu'à notre temps. Cela se comprend très bien et n'est point sans raison. Ce n'est pas un simple caprice de la mode; ce n'est pas un simple chapitre de l'histoire de l'engouement. D'abord Stendhal est un moraliste : il l'est étroit; il l'est médiocre; il l'est mauvais souvent; mais c'en est un. Or, il n'y en avait pas eu en France depuis une centaine d'années. Des littérateurs de combat, des littérateurs d'imagination élégiaque ou lyrique, voilà ce qu'on avait eu en France depuis le xviiie siècle. Les hommes nourris de Bossuet, de Racine, de La Rochefoucauld, de La Bruyère, de Montesquieu, et, si l'on veut, de Duclos, saluèrent Stendhal comme un ami. Ils l'attendaient depuis longtemps. Ce sont eux qui ont fait sa première réputation. Quoi qu'en ait pu penser Sainte-Beuve, ou encore qu'il ne s'en soit pas douté, Stendhal et Sainte-Beuve ont eu les mêmes admirateurs. Ils goutèrent *Volupté*, admirèrent les *Lundis* et *Rouge et Noir*.

Autre raison : Stendhal est un réaliste. Il l'est, malgré son goût de « l'énergie » et des coups de couteau, essentiellement. Il n'a pas toujours réussi à nous peindre des personnages vrais, mais il l'a voulu, et n'y a pas toujours échoué. Il sait voir, il sait observer, il sait analyser. Il a le don essentiel en cette affaire : il peut sortir de lui; il peut entrer dans le cerveau d'un autre, et y voir quelque chose, parfois très distinctement. A ce titre le père de Julien Sorel, de Mme de Rênal et de la duchesse Sanseverina est le premier en date de nos réalistes. Il l'est à plus juste titre que Balzac, homme qui voit, mais visionnaire bien plus encore, et réaliste encombré encore du romantisme le plus gros et le plus vulgaire. Il l'est à plus juste titre que Mérimée, exempt à peu près de romantisme, il est vrai, mais réaliste qui a toujours eu, soit timidité, soit autre cause, le goût de dépayser son observation, de nous montrer des mœurs toujours un peu étrangères par quelque endroit, et jusqu'à certain point *invérifiables* pour nous. — Des mœurs moyennes du pays de France, des caractères moyens nés de notre sol et façonnés par notre histoire, à telle date précise, sans grossissement violent de cerveau congestionné, sans prudente transposition, habile déplacement et ingénieux éloignement de perspective, voilà ce que dans les *Mémoires d'un touriste* et dans *Rouge et Noir* Stendhal avait l'audace ou la franchise, et au moins l'originalité de nous présenter. Dans le déclin du romantisme, dans le dégoût injuste, mais fatal, qui succédait, vers 1830, à un engouement d'un demi-siècle, Stendhal apparut comme le plus antiromantique, et c'était vrai, de toute l'époque romantique et lyrique et élégiaque. Cet attardé, comme il arrive naturellement, dans le jeu des actions et réactions littéraires, devenait un précurseur; et il s'est trouvé juste à point une école réaliste pour faire qu'il devint un ancêtre. Son imperméabilité rencontrait là sa récompense, que, du reste, sans y compter beaucoup, il avait prédite. — Et si vous ajoutez à cela que ses idées ou tendances irréligieuses, si déplacées à l'époque où il vécut, n'étaient pas dans la seconde moitié du XIXe siècle pour scandaliser ou refroidir ceux qui avaient d'ailleurs d'autres raisons de le goûter, vous comprendrez ce phénomène, assez fréquent du reste dans l'histoire littéraire, d'un auteur beaucoup plus lu et surtout beaucoup plus admiré de la génération qui le suit que de celle dont il était.

A le considérer sans plus tenir compte des tendances ou répugnances d'école, Stendhal reste un homme considérable dans l'histoire de notre littérature. Stendhal, c'est le xviiie siècle, c'est Duclos, Helvétius, Destutt de Tracy et Cabanis : c'est une âme sèche, une intelligence claire, un tour d'esprit positiviste et une sensualité un peu grossière. Mais c'est le xviiie siècle, dirai-je perverti, je dirai plutôt un peu endurci et rendu plus brutal par la Révolution et l'Empire. Le xviiie siècle, je dis le plus sec et le plus vulgaire, avait ses parties généreuses et son petit coin d'idéal qu'il ne faut jamais oublier. Positiviste, sensualiste, ne croyant qu'au bonheur matériel et ne prêchant que la « chasse au bonheur », encore voulait-il ce bonheur pour tout le monde ; encore *rêvait-il pour l'humanité;* encore voyait-il devant lui une ère de prospérité et de volupté douce qu'il croyait préparer pour tous les hommes et pour laquelle il donnait rendez-vous au genre humain. — Stendhal ne croit qu'à la sensation, tout en sachant qu'il n'y en a pas pour tout le monde. Il est épicurien sans avoir l'espoir ou nourrir le rêve d'un épicurisme universel. Il semble toujours dire : « Cherchez le bonheur; ne cherchez pas autre chose; du reste il n'existe guère. » En un mot c'est un homme du xviiie siècle, moins l'optimisme. C'est le xviiie siècle qui a traversé une terrible époque de brutalité et de violence, qui en a été endurci et assombri, et qui a gardé toutes ses idées sans garder son rêve. De là ce qu'il y a de sec et de dur et de noir dans toute l'œuvre de ce d'Holbach retardataire. De là ce Julien Sorel « qui ne vaut pas Valmont », j'entends qui vaut encore moins ; dont l'idée maîtresse est qu'il n'y a qu'à chercher ici-bas que le plaisir, et que le plaisir est réservé à un petit nombre d'égoïstes très forts, très énergiques et très implacables. L'*établissement du bonheur*, voilà le rêve du xviiie siècle, *la chasse au bonheur*, qui devient vite *la lutte pour le bonheur*, voilà l'idée de Stendhal. La transformation de l'optimisme épicurien en épicurisme pessimiste, voilà ce que Stendhal, petit-fils de M. Gagnon et créateur de Julien Sorel, fait toucher du doigt.

Au point de vue plus spécial de l'histoire littéraire, on a déjà vu combien Stendhal est important. Il est très vrai qu'il est le restaurateur du réalisme en France, et, sans doute, si l'école réaliste de 1850 n'avait pas existé, il aurait moins de gloire ; mais il n'en aurait pas moins de mérite. Il resterait isolé dans l'histoire, comme il le fut en effet dans le monde littéraire de son temps, représentant un art excellemment français, celui d'examiner les caractères autour de soi, de s'en rendre compte et de créer un ou plusieurs personnages qui les reproduisent fidèlement, mais plus ramassés, plus vifs et plus frappants qu'ils ne sont dans la nature. Cet art perdu, il l'avait retrouvé. S'il avait été seul à le pratiquer, il n'en faudrait que davantage le signaler à l'attention et à l'estime. Mais puisque, avant Balzac, et à mon avis mieux que lui, j'entends avec moins de puissance, mais avec plus de vérité ; avant Mérimée, et infiniment au-dessous de Mérimée comme écrivain, mais plus pénétrant comme observateur ; il a été le restaurateur d'un genre qui devait avoir une si grande place dans le siècle, l'histoire littéraire a en lui, non seulement un objet d'études, mais une de ces *dates* les plus importantes, les plus essentielles. On peut ne pas l'aimer, on peut rire de lui. Il prête à l'une et à l'autre de ces deux hostilités. Il est antipathique comme un homme très sec et très prétentieux. Il est ridicule comme très prétentieux, d'abord, et ensuite comme assez naïf, et ensuite comme prodigieusement étroit et borné en ses idées générales. Mais il est original, il est bien lui-même. Il a observé ; il a bien vu certaines choses. Il est loyal, sincère, consciencieux dans son métier d'observateur. Il a eu le goût du petit fait vrai, vu de près et rapporté fidèlement, et il nous a rendu ce goût, que nous avions extraordinairement perdu. Cela signifie qu'il a aimé la vérité, ce qui vaut toujours qu'on se montre respectueux et reconnaissant envers un homme. — Et à ceux qui aiment la vérité, la Providence réserve toujours une récompense. A Stendhal elle a donné d'écrire « quelques volumes infiniment spirituels », comme dit Balzac, et surtout le roman le plus solide peut-être et le plus plein et le plus dru qui ait été publié depuis *Adolphe* jusqu'à *Madame Bovary*, pour le récompenser d'avoir pensé et d'avoir dit « qu'un roman est un miroir qui se promène sur une grande route. »

TOCQUEVILLE

Un patricien libéral, qui aime passionnément la liberté et sait assez précisément en quoi elle consiste, qui, d'autre part, est tellement convaincu de la fatalité de la démocratie dans les temps modernes qu'il l'accepte absolument, et ne cherche qu'à la concilier avec ce qu'elle peut supporter de liberté; très intelligent du reste; consciencieux dans sa tâche au delà de tout ce qu'on peut dire; bon historien, bon observateur, assez près d'être un grand écrivain; c'est un personnage fort intéressant, dont il convient de fixer les principaux traits avant que le progrès de cette démocratie qu'il aimait presque et de ces mœurs démocratiques qu'il aimait peu aient tout à fait déshabitué de le lire.

I

Patricien, il l'était bien. Ce petit-fils de Malesherbes, fils d'un préfet de la Restauration, bien qu'il n'ait jamais voulu prendre son joli titre de vicomte, et qu'il ait toujours signé simplement : Alexis de Tocqueville, était un des hommes les plus dédaigneux des autres qui aient existé. Il avait très fortement les qualités et les défauts de l'orgueil. Dévoué avec une tendresse exaltée, féminine, à ceux qu'il avait une fois choisis, mis dans sa caste, qu'ils fussent nobles ou prolétaires du reste, consacrés ses pairs, il avait un mépris souverain pour les autres. Ses *Souvenirs*, qu'il faut lire d'ailleurs en se souvenant qu'il était non seulement aigri, mais malade quand il les écrivit, sont pleins d'une amertume hautaine et véritablement blessante, même pour le lecteur, à l'égard d'une foule d'hommes qui n'étaient pas tous des aigles, mais qui étaient presque tous de fort braves gens. Il était timide, signe certain de l'orgueil, comme la modestie l'est du mérite. Tocqueville était modeste; mais il était timide aussi. Nommé membre de la Commission de constitution de 1848, poste de confiance, d'importance capitale, où il devait féliciter ses collègues d'avoir eu la haute raison de le placer, on pourrait résumer dans le dialogue suivant, d'après ses propres aveux, le rôle qu'il y a joué : « Vous n'y avez rien fait du tout ? — Rien. — Ni rien dit ? — Presque — Pourquoi ? — Malaise insupportable. Il y avait un bavard et un rusé. — Comme dans toutes les commissions. — Le bavard m'empêchait de placer une idée. Le rusé profitait de la fatigue où le bavard nous plongeait tous pour faire passer une à une, à chaque fin de séance, ses petites propositions combinées à l'avance. Il aurait fallu déjouer le rusé et dompter le bavard. J'ai laissé aller les choses. — Au fond vous manquez de fermeté. — En présence des sots. — C'est n'être pas fait pour la vie publique. »

Il l'était peu. Il était ardent et concentré, fait pour la méditation et le travail solitaire, perdant ses moyens devant la foule, ou plutôt n'ayant pas ceux qu'il faut.

Il le savait, et savait le dire très joliment. Ce qui suit est un piquant portrait, probablement de Thiers, et sûrement de ce que Tocqueville n'était pas du tout : « Le fond du métier, chez un chef de parti, consiste à se mêler continuellement parmi les siens et même parmi ses adversaires, à se produire, à se répandre tous les jours, à se baisser et à se relever à chaque instant, pour atteindre le niveau de toutes les intelligences, à discuter, à argumenter sans repos, *à redire mille fois les mêmes choses sous des formes différentes et à s'animer éternellement en face des mêmes objets.* » — Et continuant, en se peignant décidément lui-même : « De tout ceci je suis profondément incapable. La discussion sur les points qui m'intéressent peu m'est incommode, et sur ceux qui m'intéressent vivement douloureuse. La vérité est pour moi une lumière que je crains d'éteindre en l'agitant. Quant à pratiquer les hommes, je ne saurais le faire d'une manière habituelle et générale, parce que je n'en connais jamais qu'un très petit nombre. *Toutes les fois qu'une personne ne me frappe point par quelque chose de rare dans l'esprit ou les sentiments, je ne la vois pour ainsi dire pas.* J'ai toujours pensé que les gens médiocres aussi bien que les gens de mérite avaient un nez, une bouche et des yeux, mais je n'ai jamais pu fixer dans ma mémoire la forme particulière qu'avaient ces traits chez chacun d'eux. Je demande sans cesse le nom de ces inconnus que je vois tous les jours et je l'oublie sans cesse. Je ne les méprise point pourtant, je les traite comme des lieux communs. J'honore ceux-ci, car ils mènent le monde : mais ils m'ennuient profondément. »

Cet état d'esprit le ramenait invinciblement à se renfermer en lui-même ou dans ce cercle de vrais amis, autres nous-mêmes, que, seuls, les concentrés connaissent, et que, seuls, les expansifs ignorent : « Il y a en moi un instinct qui me porte à me renfermer en moi, alors même que j'y dois rencontrer une pensée triste. Il pourrait bien y avoir de l'orgueil au fond de cela... Mes efforts journaliers tendent à me garantir de l'invasion d'un mépris universel pour mes semblables. »

Quand il rentrait ainsi en lui-même, ce qu'il y trouvait, — et c'est ce qui le distingue des purs adorateurs de leur *moi*, — c'était un être assez faible, très facilement mécontent de lui, sentant ses lacunes, passionné pour son propre mieux, et désespérant de tirer de lui tout ce qu'il voudrait en espérer : « Agité... soucieux... troublé... Cela tient au mécontentement de moi-même. J'ai un orgueil inquiet, non envieux, mais mélancolique et noir. Il me montre à chaque instant toutes les qualités qui me manquent et me désespère à l'idée de leur absence. »

C'était une âme pure, ardente et frêle, toujours facilement repliée, comme celles qui se sentent blessées d'avance, tant elles sont sûres de l'être dès qu'elles se déploient ; mais ardente cependant, et d'autant plus, comme se rapprochant sans cesse de son foyer. L'activité intellectuelle était pour lui un besoin intime, très impérieux, une réclamation incessante de sa nature. On sourit un peu quand on le voit s'indigner de ce qu'un de ses amis, intelligent, riche, de loisir, n'écrive pas un livre : « Il y a quelque chose de tout à fait phénoménal pour moi à voir qu'un homme qui a autant d'idées que toi, et souvent des idées aussi neuves et aussi profondes, n'ait jamais tenté de faire un grand ouvrage qui le classe et fixe son nom dans la mémoire de ses contemporains et de la postérité. » La nécessité d'écrire un livre parce qu'on est intelligent n'apparaît nullement à M. de Kergorlay, et il ne voit pas le devoir qu'il y a, parce qu'on a des idées, à les exposer à ceux qui ne les comprennent pas. Pour Tocqueville ce devoir existe, et c'est bien un pur devoir; car il ne croit pas beaucoup à l'influence des idées sur les destinées de l'humanité, surtout de nos jours : « Nous avons cessé entièrement d'être une nation littéraire, ce que nous avons été éminemment pendant deux siècles... Les classes influentes ne sont plus celles qui lisent. Un livre n'ébranle donc point l'esprit public et ne saurait même attirer longtemps l'attention sur son auteur. » Cependant, il faut penser et il faut écrire. C'est « honorable » et c'est « agréable ». — « Je ne vois pas d'emploi plus honorable et plus agréable de la vie que d'écrire des choses vraies et honnêtes qui peuvent signaler le nom de l'écrivain à l'attention du monde civilisé, et servir, *quoique dans une petite mesure*, la bonne cause. »

Et surtout, ce qu'il ne dit que vers la fin de sa vie, c'est une nécessité de nature pour certains esprits, pour ceux qui, timides dans l'action, et surtout intimidés dans la discussion, ont besoin pourtant d'agir, ont besoin de cette action suivie, tenace, extrêmement énergique, mais non troublée, non interrompue, non rendue incohérente par l'objection inintelligente ou passionnée, qui s'exerce le front dans la main, le doigt et l'ongle dans les documents, ou la plume en main dans le silence encourageant et fortifiant du cabinet. Cet effort continu était pour Tocqueville la santé de l'âme : « Le principe le plus arrêté de mon esprit est qu'il n'y a jamais d'époque dans la vie où l'on puisse se reposer. L'effort est aussi nécessaire et même bien plus nécessaire à mesure qu'on vieillit que dans la jeunesse. *La grande maladie de l'âme, c'est le froid.* »

Il n'a pas eu trop à se plaindre dans sa vie trop courte ; car il l'a menée assez conforme à ces principes, c'est-à-dire à sa nature. Magistrat quelques années ; voyageur en Amérique et en rapportant un très beau livre ; député très considéré une douzaine d'années ; ministre sous la présidence Louis-Napoléon, après avoir combattu la candidature Louis-Napoléon ; rentré dans la vie privée après le coup d'État et publiant son admirable travail sur l'*Ancien régime* ; saisi, sur le tard, d'une maladie de poitrine, il s'en alla s'éteindre à Cannes à l'âge de 54 ans, très peu de temps après avoir cité quelque part cette parole d'un philosophe antique : « Supporte patiemment la mort en songeant que tu n'as pas à te séparer d'hommes qui pensent comme toi. »

C'était ce que nos écrivains classiques appelaient un « généreux », une âme loyale, pure, dévouée aux grandes causes, très courageuse, très désintéressée, capable des sentiments de famille dans toute leur délicatesse, d'amitiés pour des amis obscurs, c'est-à-dire d'amitiés véritables, très dédaigneuse, mais par suite non pas de l'estime de soi, mais de cet étonnement que les médiocrités de l'esprit et du cœur inspirent aux natures élevées ; et dans ce cas le dédain n'est pas précisément de la répulsion, mais une sorte de désorientation et de gaucherie en pays inconnu. Une certaine solennité qu'il avait dans ses ouvrages et qu'on ne retrouve nullement dans ses lettres, lui a fait un peu de tort. C'était un reste des habitudes du magistrat, et un reste de timidité, et une marque de politesse envers le public, dont d'autres s'affranchissent trop. Il est resté en horreur aux purs imbéciles qui se croient de l'esprit : c'est un double succès qui n'eût pas laissé de le flatter.

II

Sa méthode était loyale et scrupuleuse comme son âme. Il avait l'horreur du travail facile, et, par suite, de ce qui permet le travail facile, c'est à savoir les ouvrages de seconde main et les idées générales.

Du document de seconde main il avait non seulement la crainte, mais la haine, et, du reste, les deux à la fois : « Quand j'ai un sujet quelconque à traiter, il m'est quasi impossible de lire aucun des livres qui ont été composés sur la même matière. Le contact des idées des autres m'agite et me trouble au point de me rendre douloureuse la lecture de ces ouvrages. » On retrouve ici le juge d'instruction consciencieux, qui, ayant à étudier la question de la Démocratie, a été vivre aux États-Unis ; on y retrouve aussi l'homme que, toute sa vie, la discussion a troublé et un peu paralysé. Certains écrivains aiment les livres des autres sur les sujets qu'ils traitent eux-mêmes, parce qu'ils discutent avec ces livres et que la discussion leur donne des idées. Elle gêne Tocqueville dans les siennes ; elle les traverse, sans les exciter. C'est l'homme des réflexions personnelles et des déductions patientes.

Il faut dire qu'il ne laisse pas d'avoir tort. La froideur relative de ses livres vient un peu de là. Dans un ouvrage de Voltaire, de Diderot, de Montesquieu même, l'auteur est au milieu d'un groupe de penseurs ou de gens qui croient penser, avec lesquels il argumente, discute, concède, réplique, parlemente et combat : « Si, à vous, on peut accorder ceci, comment veut-on que je vous permette, à vous, de dire, et à vous, qui allez plus

loin encore, de hasarder ? »... Le livre devient ainsi une
mêlée, bien réglée par celui qui l'écrit, ce qui veut dire
que, sans laisser d'être bien composé, il est vivant.
Tenir compte des idées des autres, c'est une courtoisie,
si l'on veut, et si l'on veut c'est un sacrifice ; mais surtout c'est une ressource et un art ; c'est un des moyens
d'éviter qu'un livre ne soit un monologue.

Pour les idées générales, elles sont si inévitables et
si dangereuses, si nécessaires et si redoutables ; et c'est
si évidemment pour arriver à en avoir qu'on travaille, et
c'est si évidemment pour se dispenser de travailler
plus longtemps qu'on s'y arrête ; et c'est si clairement
marque de médiocrité que de n'en avoir point, et marque de paresse d'esprit que de s'en contenter trop vite ;
qu'on n'a jamais su s'il fallait plus s'en louer que s'en
plaindre, ni plus s'en enquérir que s'en préserver.
Tocqueville, comme tout le monde, les a accueillies à
la fin de ses recherches, et ne s'est pas fait un crime
d'en établir quelques-unes très honorablement dans le
monde ; mais, et c'est à sa louange qu'on doit le dire,
ce fut après s'en être défié extrêmement. Ce n'est pas
trop dire qu'affirmer qu'il en était épouvanté. Aussi
bien il vivait en un temps où tant en France qu'en
Allemagne on en faisait un terrible abus. Elles étaient
pour lui des *idola intelligentiæ* fascinateurs et décevants. Il y voyait surtout des tentations trop aimables
de la paresse : « Elles n'attestent point la force de l'intelligence humaine, mais plutôt son insuffisance ; car il
n'y a point d'êtres exactement semblables dans la nature ; point de faits identiques ; point de règles applicables indistinctement et de la même manière à plusieurs objets à la fois. » — « M. de La Fayette a dit
quelque part dans ses Mémoires que le système exa-

géré des causes générales procurait de merveilleuses consolations aux hommes publics médiocres. J'ajoute qu'il en donne d'admirables aux historiens médiocres. Il leur fournit toujours quelques grandes raisons qui les tirent promptement d'affaire à l'endroit le plus difficile de leur livre et favorisent la faiblesse ou la paresse de leur esprit, tout en faisant honneur à sa profondeur. » C'est ainsi qu'il déteste, et vraiment trop, comme nous le verrons, les considérations sur le climat, sur la marche générale de la civilisation, sur la race. Sur la race surtout il est si défiant qu'il devient épigrammatique, et si épigrammatique qu'il devient amer : « D'autres diraient que cela tient à la différence des races ; mais c'est un argument que je n'admettrai jamais qu'à la dernière extrémité et quand il ne me restera plus absolument rien à dire. »

Ce qu'il voit tout au bout de ce jeu périlleux des idées, c'est le fatalisme historique, où sont tombés plus ou moins tous les historiens à idées, depuis Polybe et sa « mécanique » historique, dont se moquait doucement Fénelon. Tocqueville ne croit nullement à cette *ananké*, et analyse très finement le tour d'esprit qui conduit à l'admettre. Il suffit, pense-t-il, pour l'accueillir de n'avoir jamais été mêlé aux affaires publiques : « J'ai vécu avec des gens de lettres qui ont écrit l'histoire sans se mêler aux affaires, et avec des hommes politiques qui ne se sont jamais occupés qu'à produire les événements sans songer à les décrire. J'ai toujours remarqué que les premiers voyaient partout des causes générales, tandis que les autres, vivant au milieu du décousu des faits journaliers, se figuraient volontiers que tout devait être attribué à des incidents particuliers. Il est à croire que les uns et les autres se trompent. Je hais pour ma part ces systèmes absolus qui font dépendre tous les événements de l'histoire de grandes causes premières se liant les unes aux autres par une chaîne fatale et qui *suppriment pour ainsi dire les hommes de l'histoire du genre humain...* Je crois, n'en déplaise aux écrivains qui ont inventé ces sublimes théories pour nourrir leur vanité et faciliter leur travail, que beaucoup de faits historiques importants ne sauraient être expliqués que par des circonstances accidentelles et que beaucoup d'autres restent inexplicables, qu'enfin le hasard entre pour beaucoup dans ce que nous voyons dans le théâtre du monde. Mais je crois fermement aussi que le hasard n'y fait rien qui n'ait été préparé d'avance. Les faits antérieurs, la nature des institutions, le tour des esprits, l'état des mœurs sont les matériaux avec lesquels il compose ces impromptus qui nous étonnent et nous effraient. »

En d'autres termes, Tocqueville n'a pas et ne veut pas avoir de philosophie de l'histoire. Il voit des causes générales, il en voit de particulières, il voit des accidents, c'est-à-dire des faits qui, à cause des circonstances au milieu desquelles ils se produisent, du moment où ils se présentent, portent des conséquences beaucoup plus grandes qu'eux ; il voit d'autres accidents qui s'appellent des hommes, qui auraient pu ne pas être, qui ont été, qui sont devenus, de par leur génie, des causes immenses à conséquences inouïes, et qui, par conséquent, ont produit des séries d'événements qui pouvaient ne pas être et n'ont tenu qu'au hasard, incontestable celui-là, d'une naissance ; en un mot il voit dans l'histoire du nécessaire, du probable, de l'imprévu, de l'imprévisible et de l'accidentel, choses avec quoi construire une philosophie de l'histoire est

aventureux ; et il s'est toujours refusé à cette aventure.
Que restait-il qu'il fût ? Un sociologue très circonspect, beaucoup plus sociologue qu'historien, et presque un homme qui, tout en sachant très bien l'histoire, éliminait de sa sociologie l'élément purement historique. J'entends par là que l'accidentel ou le demi-accidentel, le contingent dans les faits humains, ce qu'on ne peut guère prévoir et ce qu'on ne peut pas du tout mesurer à l'avance, était précisément ce qu'il appelait l'histoire, et c'est de cela qu'il ne voulait point rechercher les lois ni croire que les lois existassent ou pussent être rédigées. Mais au-dessous de l'histoire, contrarié sans doute ou favorisé par elle, plus fixe pourtant et stable, n'existe-t-il point quelque chose de permanent, mœurs d'un peuple, institutions (celles des institutions qui sont modelées sur ces mœurs), mœurs à leur tour qui ont subi l'influence d'institutions très longtemps en vigueur ; et ce fond permanent, c'est-à-dire à évolution très lente, n'a-t-il pas, lui aussi, son histoire, qui, sous l'histoire proprement dite, variable et multicolore, suit son cours plus tranquille, plus uni, plus assuré, plus susceptible par conséquent d'être prévu et un peu écrit d'avance ? Voilà ce qui a paru probable à Tocqueville, et c'est à démêler, sous l'histoire accidentelle, l'histoire solide, ou, sous l'histoire, la physiologie des peuples, qu'il s'est appliqué.

Il a donc été un historien d'institutions et un historien démologique. Cela était fort nouveau à l'époque où il l'a entrepris, c'est-à-dire dès 1833. Entre l'histoire trop encombrée de considérations philosophiques et l'histoire purement épique, et encore l'histoire qui n'était guère qu'un pamphlet et une œuvre de polémique, il y avait place en effet pour une étude patiente à la fois et passionnée de ces dessous, de ces régions profondes, de ces fonds de mer sur lesquels passent des courants, les flux et les reflux et les agitations tempétueuses des flots. Ce fut son application. Remarquez comme il y était bien porté par sa nature : méditatif, concentré, aussi peu homme du monde qu'homme de forum, il était bien fait pour tenir peu de compte des surfaces, pour se pencher sur les profondeurs, et pour écouter les silences, et pour entendre mieux qu'autre chose ce qui fait le moins de bruit. Examinons ce qu'il a entendu ou cru entendre.

III

Un seul grand fait sociologique a frappé Tocqueville : l'établissement de la démocratie dans tout le monde civilisé. De ce fait il a étudié les caractères, cherché les causes, prévu les conséquences. Nous le suivrons dans ces trois enquêtes.

La démocratie pour Tocqueville, qui, du reste, ne l'a jamais définie, mais qui laisse voir partout ce qu'il entend par là, c'est le besoin pour l'homme, non pas de supprimer le gouvernement, et loin de là, mais de supprimer la hiérarchie. Ce qui gêne l'homme, ce n'est pas d'être gouverné, c'est d'être dominé, surplombé pour ainsi dire ; ce n'est pas d'obéir, c'est de respecter ; ce n'est pas d'être comprimé, c'est de s'incliner ; et ce n'est pas d'être esclave, c'est d'être inférieur. Ce sentiment n'est ni mauvais, ni bon : il est naturel, et il est éternel. Jamais la société humaine ne s'y conforme entièrement, mais, et précisément pour cela, l'homme l'éprouve toujours. Les institutions ont tant de puissance qu'elles créent des sentiments, et les sociétés étant toujours hiérarchisées, il est arrivé, quand elles l'étaient vigoureusement, que l'idée hiérarchique est devenue un sentiment chez les hommes, faisant contrepoids à l'autre, et dans ce cas jamais la hiérarchie sociale, ayant pour elle sa nécessité d'abord et ensuite un sentiment factice, mais traditionnel, hérité, solide, n'a été aussi forte. Mais le sentiment anti-hiérarchique n'en a pas moins toujours existé, et la principale antinomie sociale est justement l'opposition de la nécessité de la hiérarchie et du sentiment égalitaire. Les hommes, donc, ont le besoin, non pas de détruire le gouvernement, et l'homme est un animal *archique* naturellement, mais de détruire ou d'affaiblir, dans la mesure où ils le peuvent, tous les sous-gouvernements, toutes les puissances, castes, classes, corporations, qui s'étagent entre eux et le gouvernement central. Ce qu'ils appellent communément liberté n'est même pas autre chose. Le sujet d'un empire oriental se croit libre ; le peuple romain a très bien vu en César un libérateur. Il est à remarquer que les peuples entourent d'un respect religieux, non jamais, ou très faiblement, une caste, très souvent et très facilement un maître unique, despote oriental, César romain, Napoléon français. Celui-là représente pour eux la force populaire incarnée dans un homme. Et en quoi donc la représente-t-il? En cela qu'il supprime la hiérarchie, que la force populaire veut toujours supprimer. En cela il représente bien, non, certes, le peuple lui-même, mais un des instincts du peuple, et le plus vif, et à l'état victorieux. Le peuple ne se trompe donc pas entièrement en se voyant représenté par lui. Le despotisme est fort véritablement démocratique.

Il y a des formes moins grossières, à la vérité, de la démocratie ; il y a la démocratie sans despote. Celle-ci est despotique elle-même et par elle-même. Il ne faut nullement se le dissimuler. Même aux États-Unis, que Tocqueville, pour des raisons que nous verrons plus tard, aime chèrement, sur certains points un despotime existe, qui est très pénible : « Lorsqu'un homme ou un parti souffre d'une injustice aux États-Unis, à qui voulez-vous qu'il s'adresse ? A l'opinion publique ? C'est elle qui forme la majorité au Corps législatif. Il représente la majorité et lui obéit aveuglément. Au pouvoir exécutif ? Il est nommé par la majorité et lui sert d'instrument passif. A la force publique ? La force publique n'est autre chose que la majorité sous les armes. Au jury ? Le jury c'est la majorité revêtue du droit de prononcer des arrêts ; les juges eux-mêmes, dans certains États, sont élus par la majorité. Quelque inique et déraisonnable que soit la mesure qui vous frappe, il faut donc vous y soumettre. »

Les hommes, s'ils avaient (mais ils ne l'ont pas), en établissant la démocratie, l'intention de fonder la liberté, se tromperaient donc fort. L'essence de la démocratie n'est point d'abolir le despotisme ; mais elle a, à ce point de vue, une grande séduction. Elle n'établit pas la liberté, mais, comme le dit Tocqueville dans une admirable formule, « elle immatérialise le despotisme ». Le despotisme, chez elle, est partout, mais n'est sensible nulle part. Il n'est pas dans cet homme, il n'est pas dans ce temple, il n'est pas dans ce Sénat, il n'est pas dans cette caste, il est dans le corps même de la nation tout entière. C'est elle, représentée par sa majorité, qui vous lie et vous emprisonne dans sa volonté. La démocratie n'est pas l'art de briser les chaînes, mais l'art de s'enchaîner mutuellement. Le despotisme démocratique est subtil et répandu dans tout l'air que respire une nation. Il ne tombe pas de haut, il ne monte pas précisément d'en bas, il nous entoure, nous circonvient et nous enlace de tous les côtés. Je suis garrotté par tous mes voisins. C'est une grande consolation, il faut le dire sans aucune raillerie ; car le despotisme gagne, à être impersonnel, au moins d'être anonyme. Être opprimé, c'est être opprimé ; mais se sentir opprimé, c'est surtout pouvoir nommer son oppresseur. C'est ce nom prononcé qui fait sentir la douleur en la précisant. Ce n'est pas la souffrance diffuse qui est rude, c'est la souffrance localisée. En supprimant la hiérarchie, les démocraties renforcent le gouvernement et diminuent la douleur d'être gouvernés.

Elles ont d'autres avantages. En général elles sont très conservatrices. Nées d'une égalité relative dans les fortunes, elles maintiennent et augmentent cette égalité, qui leur plaît, par tous les moyens qui sont en leurs pouvoirs : l'impôt progressif, c'est-à-dire l'impôt sur les riches, les entraves au droit de tester, les droits de l'épouse sur sa fortune patrimoniale, les droits des enfants sur leur fortune à venir sont parmi les principes qui sont chers aux démocraties. Elles créent ainsi une classe moyenne qui va jusqu'à former la moitié de la nation. Elles diminuent la classe riche et la classe pauvre. C'est une classe fortement conservatrice qu'elles créent ainsi, une classe qui a horreur de toute révolution et même de tout changement, ce qui, par parenthèse, est une force de plus pour le despotisme, mais ce qui est une force de moins pour l'armée révolutionnaire que toute nation renferme. La démocratie sera toujours conservatrice jusqu'à conserver assez patiemment les choses mêmes, débris des anciens régimes, qui sont contre son principe. — Cette vue, qui a reçu, depuis l'établissement du suffrage universel en France, une confirmation si éclatante qu'elle a la gloire d'être devenue banale, était aussi originale que possible au temps où Tocqueville l'exprimait. A cette époque on croyait le suffrage universel révolutionnaire. C'est le suffrage étendu sans être universel, c'est l'adjonction des capacités qui l'eût été. Le coup de génie pour un Guizot eût été de sauter du suffrage aristocratique au suffrage universel, en franchissant l'étape des capacités ; il se serait trouvé dans la même situation qu'avant et plutôt moins agitée. Mais qui pouvait le savoir? Tocqueville, au moins, l'avait prévu et l'avait dit.

Les démocraties sont aussi, et pour les mêmes raisons, très pacifiques. D'abord elles n'aiment pas les changements, et une grande guerre est un changement profond dans tout l'état social ; ensuite elles n'aiment pas la guerre, parce qu'elles n'aiment ni la victoire ni la défaite. La défaite est funeste à leurs intérêts et la victoire à leurs préjugés. La défaite est ruineuse, perturbatrice de tous les intérêts de la classe moyenne pour une ou deux générations. La victoire crée non seulement un chef, ce dont la démocratie s'accommode, mais une hiérarchie, ce qui est son contraire. Elle militarise une nation et la dispose, du haut en bas, selon la hiérarchie militaire ; elle crée même, pour un temps, qui peut être long, une caste, la caste des guerriers, qui est une chose insupportable à une nation démocratique. La démocratie est donc aussi pacifique que conservatrice. Elle admettra, à la rigueur, des guerres de commerce, des guerres lointaines, faites avec des vaisseaux, comme Carthage ; des guerres d'extension territoriale, non ;

celles-là, ce sont les monarques ou les aristocraties puissantes qui les font. Tocqueville n'a pas développé ces idées, et je mets ici du mien ; mais il les a indiquées.

Enfin les démocraties comportent, selon Tocqueville, une certaine douceur de mœurs et la développent. Les classes, en divisant une nation, développent la solidarité de chacune dans son sein, et l'empêchent de naître dans la nation tout entière. Elles font dans le pays comme un certain nombre de camps qui se regardent les uns les autres avec colère, ou tout au moins animosité. La suppression des classes, l'égalité relative des conditions rend l'homme sympathique à son semblable, parce que celui-ci devient son semblable. La sympathie pour autrui étant d'abord un retour que je fais sur moi-même ; puis cette réflexion que cet autre est un être comme moi ; elle ne peut exister que si les autres sont visiblement de la même nature que moi-même. Cette parité est précisément ce que la division d'un peuple en classes fait disparaître ou oublier. La démocratie est donc favorable à la douceur de l'homme envers l'homme. La Révolution française a eu comme l'intuition de cela lorsque, détruisant les classes, elle a inscrit dans sa devise : Fraternité.

Ici Tocqueville me semble tout simplement se tromper, par un oubli singulier. Il songe aux classes, et il ne songe pas aux partis. Quand on passe de l'aristocratie à l'état démocratique, ceux-ci remplacent celles-là, et la haine n'est pas moins vive entre les uns qu'entre les autres. Elle l'est plus. Les classes se méprisent ou s'envient ; elles ne luttent pas précisément ; en tout cas, elles ne luttent pas constamment. Les partis, eux, luttent constamment pour le pouvoir. La haine est endémique dans les États démocratiques. Cela est si vrai que, d'une part, la politique y devient, dans les classes moyennes et populaires, l'art de se haïr ; d'autre part l'abstention politique, au moins simulée, y devient signe de bonté. D'une part se tournent naturellement vers la politique les hommes à tempérament combatif, d'autre part se tiennent à l'écart ou du moins affectent de s'y tenir, disant : « Je ne m'occupe pas de politique », ceux qui veulent faire entendre qu'ils sont gens paisibles, tolérants et inoffensifs. La vérité, tout état ayant ses mauvais côtés, est que les citoyens sont beaucoup moins désunis dans l'état despotique que dans l'état populaire, et que la démocratie est une petite guerre civile, adoucie, anodine, préférable aux autres, mais enfin une petite guerre civile, assez vive, en permanence. La monarchie autoritaire, c'est : « Obéissons et aidons-nous les uns les autres sous le joug » ; la guerre civile, c'est : « Battons-nous » ; la démocratie c'est : « Comptons-nous au lieu de nous battre », ce qui est très raisonnable ; mais avant de se compter, en se comptant et après s'être comptés, on ne laisse pas de s'en vouloir.

Cette partie flatteuse de la peinture de la démocratie par Tocqueville n'en est pas moins très intéressante, et dans son ensemble assez vraie. Surtout elle avait, quand elle paraissait, le piquant du paradoxe appuyé sur des faits. Venir dire : la démocratie est pacifique, la démocratie est conservatrice, la démocratie est douce en ses mœurs, à des hommes à qui le mot démocratie rappelait invinciblement la Révolution française et qui ne pouvaient guère se représenter la démocratie sous une autre forme que celle de la Révolution, c'était, en excitant la contradiction, exciter l'intérêt. Il y fallait un certain courage. Le paradoxe n'est qu'un jeu pour les simples hommes de lettres ; mais, dans le monde dont M. de Tocqueville était, il est fort mal porté et disqualifié. C'est ici qu'il faut reconnaître la principale vertu de Tocqueville, qui était d'avoir le courage de ses idées. Il revenait d'Amérique ; il y avait vu la démocratie avec certains caractères qu'elle n'avait jamais eus en France ; au risque d'être accusé de dire des énormités pour attirer l'attention, il rapportait tout franc ce qu'il avait vu, et n'hésitait pas à ajouter que la démocratie aurait ces mêmes caractères partout où elle s'établirait d'une façon solide. Sauf quelques points, il avait raison, jusqu'à être, même pour la France, très bon prophète. Voici un demi-siècle que la démocratie est établie en France, soit sous sa forme césarienne, soit sous sa forme républicaine. Pendant ces quarante-six ans elle a été conservatrice : elle n'a pas fait une révolution, pas une, l'Empire s'étant écroulé de lui-même sans coup subir à l'intérieur ; elle a étouffé les révolutions que les minorités ont voulu faire, avec une décision, une volonté et une force coercitive inattendues ; elle est même trop rebelle peut-être aux progrès, aux tentatives un peu pénibles de changement ; il n'y a pas d'instrument conservateur plus solide et plus formidable que le suffrage universel. Elle a été pacifique extrêmement, et on ne l'a rendue belliqueuse qu'en la trompant, ou plutôt on a été belliqueux pour son compte sans qu'elle le voulût, et quand elle disait qu'elle ne le voulait point être, et en profitant pour la guerre de l'approbation qu'elle donnait à son gouvernement en vue de la paix. Après un autocrate pacifique il n'y a pas de gouvernement plus naturellement pacifique qu'un gouvernement démocratique.

Tocqueville ne dissimulait pas plus les inconvénients qu'il avait cru découvrir dans la démocratie que ses avantages. Il est bien, je crois, le premier qui ait dit que la démocratie abaisse le niveau intellectuel des gouvernants. Très répandue de nos jours, cette idée l'était infiniment peu à cette époque. Montesquieu, peu démocrate, à tout prendre, avait dit : « Le peuple est admirable pour choisir ses magistrats » ; et il était assez naturel qu'on fût de son avis. L'intérêt d'une coterie à choisir seulement des serviteurs dévoués est si évident, et si évident aussi l'intérêt de tout un peuple à ne choisir que les hommes les plus intelligents, qu'il semblait qu'il tombât sous le sens que la démocratie ne dût porter au pouvoir que l'élite intellectuelle du pays. — Ce n'est pas du tout cela, mais à peu près le contraire, que Tocqueville avait vu en Amérique : « Je fus frappé de surprise en découvrant à quel point le mérite était commun parmi les gouvernés et combien il l'était peu chez les gouvernants ».

Les raisons qu'il a trouvées de ce fait sont diverses, toutes assez justes, à mon gré, toutes très originales et prophétiques, elles aussi, au temps où elles furent émises. D'abord la démocratie est jalouse de la supériorité intellectuelle et surtout de l'affectation de cette supériorité. Comme a très joliment dit Stendhal, « différence engendre haine ». Ce n'est pas tout à fait vrai. Différence engendre respect étonné et quasi religieux, — ou engendre haine. Or l'avènement démocratique supprime le respect, et laisse place au reste. N'oubliez jamais que les classes à proprement parler ne disparaissent pas. Les castes disparaissent, les classes demeurent. Une classe, en l'état démocratique, c'est une caste désarmée, ayant perdu tout ce qui la faisait respecter, gardé tout ce qui la faisait différente, partant tout ce qui la fait haïr. Il y a donc au moins un premier mouvement de répulsion que l'homme cultivé rencontre chez les électeurs qui ne le sont pas. Il est, relativement à eux, d'un autre ordre et pour ainsi dire d'une autre nature. A la vérité, si l'électeur populaire a peu de goût pour le candidat cultivé, il n'en a presque aucun pour le candidat appartenant à sa propre classe. L'électeur populaire ne nomme presque jamais ses pairs. Le : « pourquoi lui plutôt que moi » intervient alors, et est d'un poids énorme. Mais il reste alors, et c'est le plus grave, qu'entre le désir de ne pas nommer les hommes d'une classe supérieure et le désir de ne pas nommer les hommes de la classe obscure, l'électeur des démocraties nomme des déclassés. Il nomme très volontiers l'homme de classe supérieure repoussé par sa classe, ou qui n'a pas trouvé à se frayer sa voie chez elle. Il l'aime un peu pour l'aversion que cette classe suspecte lui a témoignée. Cette sorte de *métis* est la plaie des démocraties. Il est pauvre sans avoir la fierté, très fréquente chez le plébéien, par conséquent toujours ambitieux, souvent vénal. Il est intrigant, impudent et charlatan. Il est beaucoup moins conservateur que ceux qui le nomment, novateur très volontiers, n'ayant rien à perdre, exclusivement homme de parti, n'ayant point d'idées personnelles ni de principes fixes, très dangereux, rarement utile, et quelquefois, car tout arrive, homme de génie momentanément dévoyé, capable de s'élever très haut et de devenir, tant il est hors classe, un grand homme d'État inattendu. Mais il est essentiellement aléatoire. C'est lui qui donne aux démocraties, extérieurement et superficiellement, le caractère agité et tumultuaire qu'elles n'ont nullement en leur fond. De ces masses tranquilles et pacifiques s'élève ainsi, sous le nom de représentation nationale, un pays politique fiévreux, batailleur, traversé de mille intrigues, convulsé de mille passions, changeant de ministère tous les six mois, qui ne représente nullement le pays vrai, et dans lequel le pays vrai est stupéfait de ne point se reconnaître. La jalousie démocratique est le vice le plus grave dont les démocraties aient à se garantir.

Ajoutez à cela qu'il ne faut guère en vouloir aux démocraties de leur prétendu goût pour les médiocrités. Ce n'est pas tant qu'elles aiment la médiocrité que ce n'est qu'il leur est assez difficile de reconnaître le mérite vrai. Montesquieu a tort : le peuple n'est pas admirable pour connaître les hommes, parce que connaître les hommes est la chose du monde la plus malaisée. Ce sont des qualités de psychologue et de moraliste que vous demandez là, ou que vous supposez à la multitude : « Quelle longue étude, que de notions diverses sont nécessaires pour se faire une idée exacte du caractère d'un seul homme ! Les plus grands génies s'y égarent, et la multitude y réussirait! Le peuple ne trouve jamais le temps ni les moyens de se livrer à ce travail. Il lui faut toujours juger à la hâte et s'attacher au plus saillant des objets. De là vient que les charlatans de tout genre savent si bien le secret de lui plaire, tandis que le plus souvent ses véritables amis y échouent. »

C'est même, ajouterai-je, c'est même ici que cesse cette similitude si amusante, cent fois observée, entre la démocratie et la monarchie absolue. Comme le despotisme la démocratie est despotique ; comme le despotisme elle est capricieuse (non pas, comme lui, dans ses idées, mais, comme lui, dans ses choix) ; comme le despotisme, la démocratie est injuste, orgueilleuse et ingrate ; comme le despotisme, elle n'aime que ses flatteurs ; — mais elle a ce désavantage d'aimer ses flatteurs sans les connaître. Le despote est un, la démocratie est composée de quelques millions de têtes ; donc le despote connaît son favori et a le loisir de l'étudier ; la démocratie a des favoris qu'elle choisit avant de les juger, garde sans les étudier, et abandonne avant de les avoir connus. Il n'en faut pas conclure que cela fasse une grande différence ; car si le despotisme et la démocratie ont un goût égal pour les incapables, et le despotisme cet avantage apparent de se rendre compte de l'incapacité du favori, il faut observer que le prince, pour avoir percé la médiocrité de son favori, ne l'en garde pas moins, tandis que la démocratie, sans avoir eu le loisir de s'apercevoir de la médiocrité du sien, ne l'en garde pas davantage, et rejette l'insuffisant pour en prendre un autre.

Enfin Tocqueville n'a pas manqué d'observer qu'une des causes de l'invasion des gouvernements démocratiques par les médiocrités est que les gens de mérite ont une répugnance extrême (et excessive et parfaitement blâmable) à solliciter la démocratie. Ils connaissent et s'exagèrent ses défauts. Ils perdent contact avec elle fort volontiers. Ils s'habituent très bien à être gouvernés par elle comme par la température, en consultant le thermomètre, le baromètre et la girouette, sans avoir la prétention d'exercer une influence sur ces instruments. « C'est cette pensée qui est fort naïvement exprimée par le chevalier Kent. L'auteur célèbre dont je parle, après avoir donné de grands éloges à cette portion de la Constitution qui accorde au pouvoir exécutif la nomination des juges, ajoute : « Il est probable en effet que les hommes les plus propres à remplir ces places auraient trop de réserves dans les manières et trop de sévérité dans les principes pour pouvoir jamais réunir la majorité des suffrages à une élection qui reposerait sur le vote universel. » Voilà ce qu'on imprimait sans contradiction en Amérique en 1830. »

Telles sont les principales idées sur la démocratie que Tocqueville, sous le Gouvernement de Juillet, exposait dans son bel ouvrage de la *Démocratie en Amérique*, avec une véritable et profonde impartialité. Ce livre, qui fit beaucoup penser et qui est très digne de sa réputation, n'a que le défaut d'être trop touffu et trop compréhensif. Tocqueville est tellement occupé et comme obsédé de l'idée de la démocratie qu'il y fait rentrer tout ce qu'il a observé aux Etats-Unis, et attribue à l'existence de la démocratie sur le sol américain tout ce qui existe de caractéristique et de saillant et même d'ordinaire de Boston à la Nouvelle-Orléans. Le tour d'esprit, le tour d'éloquence, l'éducation, les mœurs de famille, les caractères, les goûts artistiques, bien d'autres choses moins importantes, tout cela est donné par Tocqueville comme autant d'effets du gouvernement démocratique et comme phénomènes devant se reproduire, ou de peu s'en faudrait, partout où le gouvernement démocratique s'établira. Il n'a tenu compte que d'une cause, et y a rattaché comme effet tout ce qu'il avait vu. Il aurait dû s'affranchir un peu de son horreur pour les théories sur la race et le climat, surtout tenir compte du caractère national indépendamment des institutions et des habitudes et traditions antérieures à la constitution démocratique, étrangers à elle, sans du reste y être hostiles, et subsistant à côté d'elle sans qu'il soit nécessaire qu'elles lui doivent la vie. On s'étonne et l'on sourit un peu de trouver dans un livre destiné à montrer ce que la démocratie fait d'un peuple, des chapitres sur « les idées générales et pourquoi les Américains y montrent plus d'aptitude que les Anglais » ; — « la susceptibilité des Américains petite dans leur pays et grande dans le nôtre » ; — « la démocratie modifiant les rapports du serviteur et du maître » ; — « les institutions démocratiques tendant à raccourcir la durée des baux », etc. En vérité le lien est faible entre le gouvernement démocratique et ces différentes choses. Tocqueville avait beaucoup de notes, et il a voulu les faire rentrer toutes dans le cadre d'une étude sur la démocratie. Il avait deux ouvrages dans ses notes, l'un sur la vie américaine, l'autre sur la démocratie en Amérique. Il aurait dû écrire l'un et l'autre séparément. Je me suis précisément appliqué ci-dessus à démêler de son œuvre le livre purement politique et à l'exposer sommairement. Il reste très fort, très pénétrant, plein de vues jusqu'alors nouvelles, depuis presque toutes vérifiées avec une exactitude qui fait réfléchir.

IV

L'*Ancien Régime* est la contre-partie et comme la contre-épreuve de la *Démocratie en Amérique*. La *Démocratie* est une analyse de l'état démocratique, l'*Ancien Régime* est une enquête sur la manière dont les Français ont passé de l'état monarchique à la démocratie. Ce second livre, Tocqueville l'a fait comme le premier, par observation directe. Il avait voyagé en Amérique : il voyagea dans l'ancien régime. Il ne lut strictement que des archives. Il se mit en face de la Normandie, de la Touraine, du Languedoc vivants, au cours du XVIII° siècle, et il les regarda vivre.

Il fut surpris. On part toujours d'une idée préconçue ; seulement, quand on est un faible esprit, on s'y tient ; quand on est un esprit à la fois vigoureux et probe, ou l'on s'y tient ou on y renonce, selon ce qu'on découvre. Il était parti de cette idée, très répandue, je ne dis pas dans son parti, car il ne fut jamais d'aucun parti, mais dans sa classe, vers 1830, que c'était la Révolution française qui avait centralisé la France, et par conséquent fondé ou rendu facile le despotisme dans ce pays ; qu'avant la Révolution il y avait sur la surface du pays une foule de libertés, tant locales que corporatives, qui étaient à la volonté centrale des limites et des digues, et que l'œuvre de la Révolution n'avait été que de détruire toutes ces franchises. — Il ne tarda pas, en présence des faits bien étudiés, à rectifier ces notions où il y avait beaucoup de vrai et beaucoup de faux, et il a donné de l'œuvre révolutionnaire en ses grandes lignes le tableau le plus vrai et le plus précis que je sache, encore qu'il n'ait pas eu le temps d'entrer dans l'histoire proprement dite de la Révolution.

Avant la Révolution il y avait en France trois gouvernements : 1° un gouvernement central, le roi et son conseil, menant la France par les ministres et les intendants, l'administrant jusque dans le plus petit détail, la réglementant, la faisant servir et la faisant payer, bref un gouvernement moderne, centralisant, attractif et absorbant ; — 2° un gouvernement féodal, s'exerçant plus ou moins fortement ici ou là, imposant des servitudes locales, des taxes ou des obligations particulières, des gênes et des humiliations plutôt que des sujétions, très peu fort, mais embarrassant, encombrant et irritant ; — 3° des institutions provinciales libres, survivant sur un certain nombre de points, mais, d'une façon étendue, seulement en Bretagne et en Languedoc.

Ces trois gouvernements, l'un produit à la fois et agent de la centralisation moderne, les deux autres débris du passé, se gênaient et s'entravaient les uns les autres ; mais le premier était incomparablement le plus puissant. La centralisation française existait depuis deux siècles, plus solide qu'en aucun pays du monde, quand la Révolution, qu'on accuse de l'avoir faite, est survenue. Seulement elle était, elle peut être encore, comme voilée aux yeux par ces restes et de gouvernement féodal et d'institutions provinciales libres qui y étaient comme engagés et entrelacés ; et selon le point de vue où l'on se place et le parti dont on est, on a pu dire et même croire : ou que la France de 1789 était encore affreusement féodale ; ou que la France de 1789 était décentralisée, autonome, fortement retranchée dans ses libertés provinciales, et que c'est chez nous la liberté qui est ancienne et le despotisme qui est nouveau.

La vérité est qu'avant 1789 il y a déjà en France un Napoléon, qui rencontre, sans être beaucoup entravé par eux, soit des droits seigneuriaux de peu d'étendue, soit des libertés provinciales de peu de force ; un gouvernement qui rencontre sur son passage les débris de deux gouvernements qui s'écroulent et qu'il achève de ruiner. Il n'en est pas moins vrai qu'on peut encore en compter trois.

La Révolution arrive, qui, des trois gouvernements en présence, s'applique à détruire les deux qui n'avaient aucune force et à renforcer celui qui était déjà presque tout-puissant. Elle mit ses soins à renverser le gouvernement féodal et les institutions provinciales, à constituer un gouvernement central décidément sans entraves et sans limites. Ses tendances furent si bien celles-ci que son premier rêve fut la « démocratie royale »; son second le gouvernement d'une Chambre unique, son troisième l'Empire.

Sa conception de la liberté n'alla pas plus loin qu'à placer auprès du pouvoir central omnipotent une Chambre élue qui le surveille et le contrôle, précaution excellente au point de vue de l'administration des finances, garantie de la liberté des citoyens; mais de l'initiative personnelle, municipale, provinciale, non pas; garantie des droits et des intérêts des minorités, ce qui est précisément la liberté, non pas, et presque au contraire, la majorité parlementaire, seul représentant du pays, donnant aux violences du pouvoir contre les minorités une sanction légale et l'apparence du droit. La Révolution n'a pas fait autre chose dans l'ordre purement politique. De trois gouvernements, dont l'un seulement était oppresseur, elle a abattu les deux qui ne l'étaient pas.

Pour expliquer ce singulier libéralisme, Tocqueville a inventé une théorie ingénieuse, spécieuse, où il y a du vrai, peut-être un peu trop spirituelle, qui est celle-ci : un joug paraît toujours d'autant plus insupportable qu'il est plus léger; ce n'est pas ce qui écrase qui irrite, c'est ce qui gêne; ce n'est pas une oppression qui révolte, c'est une humiliation. Les Français de 1789 étaient exaspérés contre les nobles parce qu'ils étaient *presque* les égaux des nobles; c'est la différence légère qui se mesure, et c'est ce qui se mesure qui compte. La bourgeoisie du xviii° siècle était riche, *presque* en passe de tous les emplois, *presque* aussi puissante que la noblesse. C'est ce « presque » qui l'irritait, et la proximité du but qui l'aiguillonnait; c'est le dernier pas à faire qui échauffe toutes les impatiences.

Sans mépriser ce point de vue, il faut dire surtout que la Révolution n'a pas été libérale parce qu'il est plus facile de descendre une pente que de la remonter, et d'aggraver un état que de le guérir. La France était de plus en plus centralisée depuis deux siècles, il y avait toutes les chances du monde que toute secousse la fît entrer davantage dans l'état où elle tendait. Continuer l'œuvre de la royauté était plus facile que d'essayer de la réparer. La Révolution a été plus égalitaire que libérale parce que le travail égalitaire était fait aux trois quarts et que le travail libéral était tout à faire. Ajoutez que le travail libéral ne se fait jamais que de bas en haut, et que la Révolution, centralisée elle-même en son assemblée et en sa capitale, travaillait de haut en bas; et enfin que le travail libéral se fait par progrès sensible et lent, et jamais par révolution.

Quoi qu'il en soit, la Révolution a été purement égalitaire. Sa vraie devise a été : régularité, uniformité ; plus de douanes intérieures, plus de législations différentes, plus de pays d'État d'un côté et pays d'élection de l'autre, plus de justices particulières, plus de droits particuliers ou locaux. Tout cela revient à : égalité. L'uniformité, la régularité, l'unité de procédés et d'administration, c'est l'égalité parfaite entre les citoyens. Cela n'empêche point le despotisme, et même peut le favoriser; mais cela permet à chaque homme dans un pays de dire : « Personne au moins n'est plus libre que moi », ce qu'il ne faut pas considérer comme une consolation misérable ; c'est peut-être la plus réelle que les hommes aient trouvée dans leur éternelle misère.

Remarquez de plus, car les choses ne sont jamais aussi tranchées qu'elles paraissent à première vue, que la Révolution a pu avoir, quand elle travaillait pour l'égalité, l'illusion qu'elle faisait quelque chose pour la liberté. Ce que l'égalité, la régularité, l'uniformité, et en un mot la centralisation assurent dans un pays, c'est une espèce de liberté individuelle, au fond un peu illusoire, mais réelle encore, et dont, du reste, l'illusion est douce. Le citoyen, dans un pays centralisé, rencontre partout les mêmes lois, dures peut-être, mais les mêmes, la même administration, oppressive peut-être, mais la même; cela rend la vie plus aisée, « l'aller et le venir » plus commodes, met dans l'existence une plus grande facilité, un moindre souci, une sorte de sécurité et de tranquillité. Cela encore est de la liberté d'une certaine espèce. Ce n'est pas la vraie; la vraie consiste à être propriétaire; oui, à avoir à soi certains droits tellement consacrés, tellement défendus par la classe, corporation, ville, province, groupe humain quelconque auquel on appartient, que nul pouvoir central, nulle loi votée par la majorité d'une assemblée centrale ne vous les peuvent arracher ; mais enfin cette manière de liberté, assurée par l'égalité et la centralisation, ne laisse pas d'avoir dans la pratique, et jusqu'à accident, une réalité assez savoureuse.

Comptez que le citoyen romain de Marseille ou de Carthagène qui traverse tout l'empire en trouvant partout le même code et les mêmes formes de procédure, et des agents administratifs obéissant au même esprit, peut passer toute sa vie en se croyant un citoyen suffisamment libre. Le genre de liberté que l'uniformité assure, la Révolution française l'a fondée, et c'était un bienfait, et le besoin qu'on en sentait en 1788 était tel qu'elle a pu croire que c'était la liberté véritable qu'elle avait établie. Au vrai, ce qu'elle a établi, c'est l'ancien régime. L'ancien régime c'était le roi-Etat, contenu quand il était faible, laissé omnipotent quand il était fort, par des Chambres de surveillance et de contrôle qu'on appelle législatives ; l'ancien régime c'est le roi-Etat, tantôt subissant les parlements, tantôt faisant contre eux des coups d'Etat ; le nouveau régime c'est l'Etat-roi, tantôt subissant les Chambres, tantôt faisant des coups d'Etat contre elles. La Révolution a établi l'ancien régime régularisé, concentré et rendu plus uniforme, ce qui du reste est une amélioration matérielle.

Le peuple français, qui n'a jamais souhaité la liberté, mais qui s'est passionné pour l'égalité et pour l'unité, l'a parfaitement compris. On s'est étonné qu'en 1799, ne tenant plus à la liberté, il tînt encore à la Révolution, que, demandant un maître, et aussi despotique que possible, il ne demandât pas l'ancien et le repoussât même avec vigueur. C'est précisément, comme l'a très fortement démontré Tocqueville dans son fragment sur le 18 Brumaire, que la Révolution est une chose et la liberté en est une autre. La Révolution avait donné aux Français, sans compter les biens du clergé et des émigrés, l'égalité civile et l'uniformité administrative ; les Français tenaient à conserver ces avantages, sans tenir à conserver la liberté qu'ils n'avaient pas et n'avaient jamais eue. A l'Empire ils ne perdaient que les *Cinq Cents*. On ne peut pas imaginer à quel point un peuple tient peu à ses *Cinq Cents* et les considère peu comme une source ou une garantie de liberté nationale, encore que dans une certaine mesure ils le soient. Ils sont trop loin ; ils sont trop, eux-mêmes, puissance centrale ; ils sont trop incapables d'assurer aux citoyens des droits particuliers et des franchises qui soient des propriétés ; ils sont trop, eux-mêmes, gouvernement centralisateur, attractif à soi et absorbant. Quand une révolution n'assure à un peuple que l'unité nationale, l'égalité et l'uniformité administrative, elle n'est pas mauvaise et l'on y tient ; seulement un homme peut la remplacer ; à maintenir ces avantages il suffit tout aussi bien qu'elle.

L'œuvre de la Révolution, la voilà donc. Elle a achevé la centralisation, poussée déjà très loin par l'ancien régime ; elle a amené l'ancien régime à sa perfection ; elle a créé une démocratie centralisée, qui peut être, sans perdre son caractère, une démocratie royale, une démocratie impériale, ou une démocratie républicaine. Quel que soit le tour qu'elle prenne, dans tous les cas c'est la liberté qu'elle n'assure pas, et que, presque, elle n'admet point. Et si cet état social avait été fondé, comme le croient quelques-uns, par la Révolution, il y aurait quelque chance qu'une œuvre si récente fût caduque ; mais puisqu'il est prouvé que la Révolution n'a été en cela que l'héritière et l'exécutrice testamentaire de la Monarchie française, ne nous y trompons point, c'est deux siècles et tout à l'heure trois de notre histoire dont nous avons l'œuvre sous nos yeux, et c'est quelque chose qu'il faut accepter, où il faut entrer résolument pour y rester, et qu'il ne faut songer qu'à corriger.

Avant d'examiner comment Tocqueville a pensé à corriger cet état de choses, voyons à quelles causes il l'attribue et à quelles origines il le fait remonter ; car ce n'est que sur l'idée qu'on se fait des causes qu'on imagine les remèdes, et ce n'est qu'en sachant l'idée que quelqu'un se fait des causes qu'on peut juger si les remèdes qu'il propose sont bien imaginés.

V

Tocqueville a trop peu porté ses regards sur les causes qui ont engagé les peuples modernes dans l'état démocratique, et c'est le principal défaut de l'un et de l'autre de ses deux ouvrages. Il considère, en général, la démocratie comme une grande force *en soi* et par elle-même qui pousse et entraîne les peuples modernes vers un but inconnu ou obscur, et il ne remonte guère plus haut. Il sait dire, sans doute, que le développement de la richesse immobilière, produit par la facilité des communications, a créé chez les peuples européens une classe bourgeoise qui s'est trouvée un jour l'égale de la noblesse, étant donné du reste que, surtout en France, la noblesse ne s'appliquait qu'à s'appauvrir et à se diminuer. Il sait dire qu'en Amérique il s'est trouvé, récemment implantée sur un sol vierge, une race d'égaux, ne contenant en elle aucun germe d'aristocratie, et du reste, maintenue par sa religion dans des sentiments d'égalité fraternelle. Mais je ne vois pas qu'il aille beaucoup plus loin dans son étiologie. En général du reste, l'étiologie de Tocqueville, non seulement est prudente, dont il faut le louer, mais est assez bornée. Il est curieux, par exemple, que voulant expliquer, en passant, l'anticléricalisme français du XIXe siècle, il le rattache uniquement à la philosophie du XVIIIe, sans songer que cette philosophie n'a pas été tout entière antireligieuse, n'a pas eu sur la Révolution française une influence très grande ; car, si elle l'avait eue, la Révolution eût été très différente de ce qu'elle a été ; et surtout a relativement peu pénétré l'esprit public et particulièrement l'esprit populaire au XIXe siècle. Il ne songe pas à dire que le clergé était populaire au XVIIIe siècle, que les cahiers du clergé (il le sait pourtant) sont les plus libéraux des cahiers de 1789, que jusqu'au commencement de la Révolution, bourgeoisie et clergé marchent ensemble ; mais que, dans son cours, la Révolution ayant voulu réformer l'Église et en étant venue à la persécuter, de ce jour le clergé s'est rattaché à l'ancien régime, qu'il a été à la fois son auxiliaire et son protégé sous la Restauration, et que c'est de l'époque de la Restauration que date l'animadversion populaire en France contre le clergé, laquelle s'est tournée peu à peu en sentiment antireligieux.

Ce sont là des causes historiques, et ce sont celles que Tocqueville considère naturellement moins que les autres. Il est beaucoup plus observateur sociologue qu'historien et envisage plutôt l'état d'un temps que la suite des temps.

Pour ce qui est de la démocratie en Europe, il aurait pu, ce me semble, lui qui la confond sans cesse, non sans raison, avec la centralisation, se dire qu'elle a été produite surtout par le besoin que les peuples ont eu de se centraliser de plus en plus dans la lutte qu'ils ont eu à soutenir les uns contre les autres. L'Europe est en guerre continuelle depuis trois cents ans. Il n'est pas de peuple, en cet état de choses, qui n'ait eu besoin de la dictature, besoin, par conséquent, de détruire ces pouvoirs particuliers et ces libertés locales, chers à Tocqueville, qui au dedans sont des libertés, et, relativement à l'action extérieure, des faiblesses. C'est pour eux-mêmes, certes, mais c'est pour la France aussi que

Richelieu, Mazarin, Louis XIV, Louis XV et Napoléon font en leurs mains la concentration des forces françaises. C'est pour la défense nationale que les petites patries se sont, à regret, confondues dans les grandes agglomérations nationales ; par un phénomène pareil, c'est pour la défense nationale que les libertés locales, dans chaque pays, ont abdiqué entre les mains de la patrie commune. Dans une Europe en guerre, il ne peut y avoir que des despotismes purs et simples ou des démocraties centralisées, et autoritaires, et si ceci ressemble à cela, les considérations précédentes montrent que rien n'est plus naturel. L'Europe marche vers le despotisme organisé autocratiquement ou démocratiquement ; tout ce qui ressemble au fédéralisme doit attendre la paix pour essayer de se faire place. Et ne voit-on pas que la nation européenne chère à Tocqueville, restée la plus décentralisée et la plus aristocratique, et qui peut se permettre même un demi-essai, très honorable, de fédéralisme libéral, c'est la nation qui, à l'ancre au milieu des mers, a moins à craindre qu'une autre de la guerre perpétuelle qui pèse, ou en acte, ou menaçante, sur l'Europe entière ?

L'histoire moderne, c'est l'histoire des grandes agglomérations et des fortes concentrations pour la défense, et aussi pour la conquête, qui elle-même est une défense, puisqu'il faut être forts pour être maîtres chez soi. Dans cette évolution, la liberté a reçu de rudes atteintes et elle en recevra encore. La cause principale en est simplement qu'il y a dans certain coin du monde trop de grandes nations tassées en un petit espace. Et maintenant que l'acte, comme il arrive en toute choses, ne soit pas toujours proportionné au besoin, et dépasse ce qui est nécessaire ; que la concentration, par suite du mouvement général, atteigne des choses où il n'est pas nécessaire, pour la défense et l'intégralité du pays, qu'elle s'applique ; c'est ce qui arrive, c'est ce qui s'est produit souvent, en France et ailleurs, et c'est ce que nous aurons à considérer quand nous examinerons les remèdes que Tocqueville propose d'apporter au mal.

VI

Le dessein continuel de Tocqueville a été de sauver la démocratie de la centralisation. Il avait vu en Amérique la démocratie pure dans un gouvernement non centralisé. Il lui avait semblé que dans un tel état tout était sauvé, et tout concilié, la démocratie et la liberté. Il a poursuivi en Europe le but qui lui paraissait atteint en Amérique : « Tout ce que tu me dis, écrivait-il à un ami, sur la tendance centralisante, réglementaire de la démocratie européenne, me semble parfait. Mais après avoir développé tout cela très bien, tu ajoutes que nous sommes à peu près d'accord. Ce n'est pas assez dire. Les pensées que tu exprimes là sont les plus vitales de toutes mes pensées. *Indiquer aux hommes ce qu'il faut faire pour échapper à la tyrannie et à l'abâtardissement, en demeurant démocratiques*, telle est l'idée générale dans laquelle peut se résumer mon livre (*la Démocratie*) et qui apparaîtra à toutes les pages de celui que j'écris en ce moment (*l'Ancien régime*). Travailler dans ce sens, c'est à mes yeux une occupation sainte, et pour laquelle il ne faut épargner ni son argent, ni son temps, ni sa vie. »

Pour décentraliser la démocratie, il a cherché plusieurs moyens de différentes sortes. Il a d'abord inventé la distinction, si souvent exposée depuis lui, de la centralisation politique et de la centralisation administrative. A l'État tout ce qui lui est nécessaire pour exister et pour se défendre ; à la province, à la commune tout le reste : son administration financière, son exploitation de ses ressources, sa police, sans contrôle et sans « tutelle » de l'État. L'État légifère, arme, juge et reçoit des citoyens ce qui lui faut pour cela ; la province, le canton, la commune, chacun pour lui, chacun chez lui, s'administre, s'aménage, se maintient dans l'ordre, s'instruit, se canalise, se boise et se déboise, vit d'une vie autonome et par conséquent active.

Cette distinction, très séduisante au premier regard, est à peu près illusoire. Administration et politique se touchent par tant de points et s'entrelacent par tant de liens qu'il n'est pas si facile de les séparer. Je n'insisterai pas beaucoup sur la disparité singulière qu'un pareil système établirait, rétablirait dans un pays comme la France et sur les différences d'éducations, de mœurs locales et d'esprit public qu'on trouverait, avec lui, en passant d'une province à l'autre. Après tout, cette disparité n'aurait rien de très dangereux, et pourvu que le système judiciaire fût unique et que le citoyen fût jugé partout par les mêmes lois, il n'aurait pas à se plaindre de trouver quand il voyage des états d'esprit différents. Mais la province ou le canton s'administrant eux-mêmes, c'est la province ou le canton dépensant pour lui, s'endettant pour lui sans songer aux autres, sans songer à la patrie. C'est un pays pauvre, dépensant peu, et un pays riche dépensant trop ; c'est la vie nationale dispensée inégalement, — elle l'est toujours, — disons dispensée avec de trop grandes inégalités, et par conséquent souffrante et languissante en son ensemble.

Aucun péril à cela dans un pays comme l'Amérique, qui n'a pas à faire de guerre extérieure, qui n'a pas, par conséquent, *besoin d'une vie nationale intense ;* immense danger dans un pays dont, quoi qu'il veuille, l'objectif perpétuel est et doit être la guerre possible ; et tous les peuples d'Europe en sont là. L'argent des communes, l'argent des provinces, c'est le trésor de guerre, qu'il ne faut pas qu'elles épuisent, ou dissipent, ou compromettent. — Mais pourquoi les supposer prodigues ? — Elles ne le sont pas ; elles dépensent dans la mesure de leurs ressources ; mais elles ne songent et ne peuvent songer qu'à leurs ressources et à leurs besoins. L'État seul est l'État, et peut songer aux besoins généraux, aux périls futurs, aux complications internationales, et, dans cette considération, obliger les provinces à être économes, non dans la mesure de leur utilité, mais de la sienne.

C'est ainsi que l'administration la plus locale est déjà de la politique, et de la politique la plus grave, la plus mêlée à l'intérêt général, et que la distinction entre centralisation administrative et centralisation politique est vaine dans les pays européens. Tocqueville, qui connaît l'objection, ou la prévoit, ou est capable de la faire lui-même, nous répond par l'exemple du Languedoc, pays d'État, c'est-à-dire administrativement autonome, sous l'ancien régime. Il dépensait beaucoup pour lui, étant très riche, et le pouvoir central, le conseil du roi, s'en effrayait, faisait des représentations. Dans ses réponses, le Languedoc prouvait que la grande majorité de ses dépenses, et les plus grosses, avaient été faites autant et plus dans un intérêt général, dans un intérêt français, que dans un intérêt languedocien. C'était vrai ; mais cela prouve peu. Cela prouve pour une grande province, qui, dans ce cas, est comme une alliée intime de la France, comme une Hongrie dans un empire d'Autriche. Dans ce cas, — et encore ne faudrait-il pas s'y fier trop, — le sentiment national et le sentiment provincial peuvent s'unir. Mais la petite province, le canton, la commune, sont incapables de cette généralité et de cette compréhension dans leurs desseins. Si la Révolution, en créant les 80 départements, a voulu rendre nécessaire la centralisation qu'elle chérissait, elle en a pris le très bon moyen. — Dira-t-on qu'alors c'est la France divisée en cinq ou six grandes provinces administrativement autonomes qu'il faut rêver, et arriver à faire ? Si elle était faite ainsi, il faudrait la garder telle ; mais les provinces, toutes sauf deux, ayant déjà en 1789 perdu depuis près de deux siècles ce caractère d'États administrativement autonomes, ce serait une œuvre tout à fait factice que d'essayer de le leur rendre, et pour en revenir au département, au canton, à la commune, tels qu'ils sont maintenant, ce sont des agglomérations trop petites pour qu'elles aient, dans leur *administration*, l'esprit *politique* nécessaire à la bien mener sans tutelle (1).

Remarquez, d'ailleurs, un fait curieux. Démocratie et centralisation sont tellement connexes que la démocratie rend nécessaire la centralisation par cela seul qu'elle est. Une ville administrée par ses notables pourrait, à la rigueur, s'administrer non seulement sagement, mais *politiquement*, c'est-à-dire en considération des intérêts généraux de la nation ; mais, comme l'a très bien reconnu Tocqueville, la démocratie n'a aucun

---

(1) Voir mes *Questions politiques*, où j'entre dans un plus grand détail.

goût pour les notabilités, et dans la ville que je suppose ce ne sont pas les notables que le suffrage universel chargera d'administrer. Force est donc bien que cette ville soit pourvue du droit d'initiative et de première délibération, mais que ses résolutions soient soumises au pouvoir central, et que la décision et le dernier mot appartiennent à celui-ci. La démocratie, en général, aime l'état autoritaire ; mais elle va plus loin qu'à l'aimer : elle le nécessite.

Il faut donc tenir pour plus ingénieuse que solide cette distinction entre la centralisation politique et la centralisation administrative dont on a fait beaucoup d'état. Quoi qu'on fasse, et plus on étudie cette question, plus on s'en persuade, une décentralisation, quelle qu'elle soit, est toujours un fédéralisme et à elle s'appliquent comme à lui ces paroles si justes de Tocqueville : « Le peuple qui, en présence des grandes monarchies militaires de l'Europe, viendrait à fractionner sa souveraineté me semblerait abdiquer par ce seul fait son pouvoir, et peut-être son existence et son nom ».

Y a-t-il d'autres moyens d'obvier aux défauts de la démocratie ? A la vérité il n'y en a pas d'autres que ceux qui consistent à conserver dans la démocratie les éléments aristocratiques à peu près conciliables avec elle, et dès que Tocqueville cesse d'être décentralisateur, il devient plus ou moins aristocrate. D'abord il est parlementaire, ce qui est commun à tous les libéraux, mais ce qui est, sans qu'ils s'en doutent toujours, tandis que la démocratie ne s'y trompe pas, une dernière forme d'aristocratisme. La vraie démocratie c'est le gouvernement direct. L'élection et la représentation drainent, — car il serait impertinent de dire : épurent, — la pensée, le sentiment ou le vœu populaire avant de les convertir en lois. La représentation nationale est une aristocratie, non seulement ouverte, mais mobile, mais c'est une aristocratie encore. Une fois constituée, elle seule délibère régulièrement dans le pays, et elle seule gouverne. Elle est un pays légal établi pour quatre ou cinq ans au centre du pays. Aussi, quoiqu'elle n'ait aucun des caractères ordinaires des aristocraties, hérédité, traditions, perpétuité, reste-t-elle encore comme entachée de la note aristocratique aux yeux de la foule. Celle-ci cherche, par différents moyens, mandat impératif, comptes à rendre périodiquement, *referendum*, à diminuer son autorité, et la lutte du plébéianisme contre l'aristocratie va se continuer désormais entre la démocratie et le parlementarisme.

Tout naturellement Tocqueville est donc parlementaire. Il l'est avec cette aggravation, si l'on veut, qu'il souhaite le suffrage universel à deux degrés. Très opposé au suffrage restreint qui crée « une petite oligarchie bourgeoise préoccupée de ses seuls intérêts et totalement séparée du peuple », il ne craint pas de faire passer la volonté populaire à travers une première sélection, avant qu'elle arrive à se personnifier dans l'Assemblée nationale. Il ne s'est pas expliqué, ce me semble, sur ses raisons. Il est probable que, s'il opine ainsi, c'est qu'il a prévu ce que l'on tient d'expérience aujourd'hui, à savoir que toute élection est une élection à deux degrés. L'élection directe est à deux degrés. Les électeurs sont trop nombreux pour s'entendre entre eux tous sur les choix à faire. En conséquence, de deux choses l'une, et l'une se pratique à côté de l'autre dans les mêmes départements, d'arrondissement à arrondissement, sur toute la surface du territoire : ou, sur un appel central, des délégués sont nommés qui choisissent un candidat du parti, et l'imposent, à peu près, à leurs coreligionnaires politiques ; ou des comités à peu près permanents, là où le parti est fortement organisé, sans se préoccuper de convoquer des délégués, choisissent un candidat, le consacrent et l'imposent comme ferait une délégation. Dans les deux cas, délégation ou comité est le véritable électeur ; l'élection est à deux degrés. Ne vaudrait-il pas mieux régulariser l'institution des délégués, supprimer l'institution des comités, lesquels, n'étant pas même désignés par les électeurs, sont de purs usurpateurs, et faire nommer par tout le monde des gens chargés de s'entendre sur le choix à faire ? L'élection à deux degrés n'est que *ce qui se passe*, se passant plus régulièrement, et par conséquent donnant des résultats meilleurs, supprimant les surprises, écartant les cartes forcées et évitant les escamotages. Dans un pays où il y aurait une Chambre nommée par le suffrage direct et une autre par le suffrage à deux degrés, on pourrait affirmer à coup sûr que c'est la Chambre issue du suffrage à deux degrés régulièrement organisé qui représenterait le plus précisément le pays.

Tocqueville voudrait également sauver de l'omnipotence démocratique l'indépendance du pouvoir judiciaire. Il n'a pas eu de peine à s'apercevoir que l'indépendance du juge est la clef de voûte d'un système libéral, plus que le parlement lui-même, et que peu s'en faut qu'il ne soit la liberté elle-même.

La démocratie étant l'État-roi, comment l'individu pourra-t-il se défendre contre un empiétement injuste de l'État et soutenir contre lui un de ses droits lésé par lui ? Uniquement par une justice absolument indépendante de l'État, absolument décidée à lui donner tort, s'il a tort, et assez forte pour lui donner tort en effet. —

C'est assez dire que le problème est insoluble. Il avait été résolu sous l'ancienne monarchie d'une façon accidentelle et par un accident honteux, qui, comme il arrive en notre pauvre monde, avait eu d'excellents résultats. En un temps où la propriété était chose très respectée, la magistrature était devenue une propriété. L'État, par besoin d'argent, avait vendu le droit de juger. Les acquéreurs de ce droit étaient devenus une classe, à peu près héréditaire, très indépendante par sa fortune, possédant hérédité, traditions, perpétuité, esprit de corps : bref, une aristocratie. Elle formait, entre l'État et l'individu, un pouvoir intermédiaire, qui était une garantie, insuffisante, bien entendu, mais très réelle, de liberté. Rien ne prouve mieux que la liberté n'est garantie que par des pouvoirs intermédiaires, c'est-à-dire par des aristocraties. — Dans l'état démocratique pur, le problème se présente sans solution. Si la magistrature est nommée par l'État, elle lui appartient ; si elle est élective, elle appartient aux électeurs, c'est-à-dire à un parti. Dans les deux cas, elle est incapable de protéger les minorités ou les individualités ; elle a le caractère ou d'un tribunal administratif ou d'un comité politique ; ni tribunal administratif, ni comité politique ne peuvent passer pour des sanctuaires d'impartialité. Ce n'en est pas fait de la magistrature éclairée, prudente, respectueuse de soi-même et de la loi, bien intentionnée ; mais c'en est fait de la magistrature absolument indépendante. Une magistrature n'est indépendante que dans deux cas : si elle a un caractère sacré dans un pays très religieux, si elle est assez forte par sa richesse pour n'avoir rien ni à espérer ni à craindre de personne ; dans les deux cas, si elle est indépendante, c'est qu'elle est ou une caste ou une classe, c'est-à-dire un pouvoir, dans le sens précis du mot, une force autonome.

Une démocratie soucieuse de ses intérêts plus que de ses passions pourrait peut-être faire dans son propre sein de la magistrature une sorte de classe factice. Il suffirait que la magistrature ne fût nommée ni par le pouvoir ni par les électeurs, mais par elle-même, tous les magistrats, par exemple, nommant la Cour de cassation, et la Cour de cassation tous les magistrats, et les choses continuant ainsi indéfiniment. Voilà une classe constituée. Elle ne demande rien ni au pouvoir central ni au suffrage universel ; elle vit par elle-même, elle est assez nombreuse pour n'être pas une coterie ; elle a ses traditions et sa perpétuité, elle doit être indépendante, impartiale et ferme. Je n'ai pas besoin de dire que cette organisation n'a aucune chance d'être essayée chez un peuple qui trouve corps trop aristocratiques et détonnant dans l'ensemble des institutions démocratiques l'Institut et l'Ordre des avocats. Le mieux que l'on puisse espérer, c'est que la magistrature continue à être nommée par le pouvoir central. Le pouvoir central est un parti, mais c'est un parti un peu moins animé qu'un autre : cela suffit pour que la magistrature soit un peu moins dépendante nommée par le pouvoir que nommée par les électeurs. A vrai dire, il n'y a de remèdes aux dangers de la démocratie que la démocratie se modérant elle-même, s'imposant des freins, et ces freins ne peuvent être que des corps ayant plus ou moins un caractère aristocratique, et ce sont ceux-là qu'elle ne s'imposera point, et nous voilà au rouet, comme dit Montaigne.

Cependant, de l'état démocratique lui-même ne peut-il point sortir des organismes aristocratiques qui seront les classes et les castes de l'avenir ? Assurément, et il ne peut même pas en être autrement. Les anciennes classes, les anciens corps aristocratiques, ne sont pas sortis des mains de Dieu et n'ont pas figuré dans la création. Ils se sont faits eux-mêmes, ils se sont dégagés de la multitude et peu à peu organisés et constitués. Est corps aristocratique dans la nation, tout ce qui de force diffuse est devenu force concentrée, unie et articulée ; en un mot, est corps aristocratique dans la nation tout ce qui y fait corps. Des agrégations de ce genre sont-elles en voie de formation, des corps aristocratiques ou destinés à le devenir sont-ils en train de s'organiser au sein de l'État démocratique ? Tocqueville en a vu deux, et les a indiqués. Il est regrettable qu'il n'ait fait presque que les mentionner, et n'ait pas poussé loin son étude sur ces points. C'eût été la partie la plus intéressante de son ouvrage.

La première de ces aristocraties nouvelles, c'est, tout le monde y a songé, la ploutocratie. La seule manière que les hommes aient de se distinguer les uns des autres dans les sociétés modernes, c'est la fortune. Déjà, au commencement du XVIIIe siècle, Voltaire disait qu'il y a une telle différence entre l'homme qui peut vivre de ses rentes et celui qui ne le peut pas, qu'ils semblent n'être pas de la même nature. La haine sourde ou déclarée de la démocratie contre tous ceux qui possèdent est une forme encore de la lutte du plébéianisme contre l'aristocratie, et celle, probablement, qui sera la plus obstinée et la plus violente.

Il faut pourtant remarquer, — et Tocqueville l'a fait, quoique trop sommairement, — que la ploutocratie n'a de l'aristocratie que quelques caractères superficiels, et presque que l'apparence. Elle est très peu héréditaire, les fortunes ne s'augmentant, et même ne se conservant, que par le travail, et toutes choses, bravoure militaire, mœurs traditionnelles, dignité et austérité magistrales, étant plus facilement héréditaires que le travail continu ; les fortunes, par conséquent, se faisant et se défaisant avec une extrême facilité d'une génération à l'autre.

Elle n'a pas, non plus, une grande prise sur le peuple, parce qu'elle n'est pas ou n'est que très peu territoriale. Les grandes fortunes modernes sont surtout mobilières : à ce titre elles sont personnelles ; elles assurent à ceux qui les possèdent certaines jouissances et une certaine indépendance ; de puissance, non pas. Le riche n'est pas le noble. Il a des domestiques, des protégés, des solliciteurs, non point des vassaux ni même des clients. Il ne tient pas le pauvre par le fait de l'avoir chez lui, sur sa terre, de père en fils. Il n'a avec lui que des rapports d'acheteur à vendeur, et d'employeur à employé, rapports intermittents, changeants et rapides. Les sociétés modernes n'ont pas supprimé l'aristocratie, que rien ne supprime ; elles l'ont *mobilisée*, et par suite désarmée, à très peu près.

Enfin l'aristocratie de l'argent n'a aucune raison de s'entendre, de se concentrer, de s'organiser, et de devenir ainsi une véritable classe. Elle n'a ni sentiments communs, ni but commun, et à peine des manières communes. Le riche, tantôt riche d'hier, tantôt riche héréditaire, tantôt bien élevé, tantôt moins bien, tantôt terrien, tantôt urbain, n'est d'intelligence avec le riche que pour prendre les mêmes places au théâtre, et il n'est de la même classe qu'en chemin de fer. Cela ne constitue pas une caste, ni même ne la prépare. La richesse n'est pas une classe, ce n'est qu'une catégorie sociale. En cela elle est démocratique elle-même, étant individuelle et individualiste. Il y a des riches, comme il y avait des nobles; mais il y avait des nobles et une noblesse; il y a des riches, et il n'y a pas une... le mot manque; rien ne prouve mieux que les riches ne forment pas une collectivité.

C'est peut-être même ce qui les sauvera. La richesse est de toutes les aristocraties la plus ouverte, la plus mobile et aussi la moins liée; pour ces raisons, quoique peu aimée, elle est la moins lourde; le peuple espère y entrer, la voit rentrer dans son sein; distingue malaisément ses limites, qui, de fait, n'existent pas, ne saura jamais très exactement, quand il voudra la détruire, où frapper. En tout cas, qu'elle survive ou qu'elle périsse, elle n'aura jamais ni les vrais caractères, ni la puissance, ni la suite, ni les effets ordinaires, bons ou mauvais, d'une aristocratie véritable.

Il en est une autre, qui se forme, qui croît, qui s'augmente en nombre, en puissance tous les jours, à laquelle on ne pense pas très souvent, et que Tocqueville a signalée en passant, c'est l'administration. « En France, dit-il, l'administration forme dans l'État et en quelque sorte en dehors du souverain un corps particulier qui a ses habitudes spéciales, ses règles propres, ses agents qui n'appartiennent qu'à elle, de telle façon qu'elle peut pendant un certain temps présenter le phénomène d'un corps qui marche après que la tête s'en est séparée. » Rien de plus vrai et rien de plus considérable comme conséquence. L'administration, en effet, en France et dans la plupart des pays européens, est un corps à peu près autonome et que les habitudes démocratiques rendront autonome de plus en plus. Il n'est pas électif, il se recrute lui-même, il ne laisse pas d'être un peu héréditaire, du moins il se tire toujours de la même classe sociale, qui est la bourgeoisie moyenne ; il a des traditions, des habitudes, des mœurs spéciales, un esprit de corps, un certain esprit général qui ne change jamais ; des vertus professionnelles assez fortes, une grande estime de soi, de la tenue, de la dignité ; il tient le secret du maniement des affaires, et l'on ne peut pas se passer de lui : il a de grandes analogies avec l'ancienne magistrature. Il augmente sans cesse en nombre et en importance, parce que, dans les sociétés centralisées, tout devient gouvernemental, et tout ce qui devient gouvernemental tombe dans le domaine de l'administration. C'est l'aristocratie moderne. A la vérité, son autonomie n'est nullement constitutionnelle et légale. Elle n'est qu'une collection d'agents entre les mains du pouvoir central. Mais la démocratie, en renforçant le pouvoir central, et en le rendant très mobile, ne fait que renforcer l'administration qu'elle ne nomme pas. La démocratie ne veut pas de roi, c'est-à-dire de chef éternel des fonctionnaires ; d'autre part, par l'intermédiaire de son parlement, elle nomme des ministres qui ne font que passer aux affaires, c'est-à-dire qui ont le temps de prendre en main l'administration, mais n'ont pas celui d'agir sur elle, de la faire agir ou de la modifier. Il s'ensuit qu'elle reste seule stable, seule traditionnelle, en vérité seule constituée, et seule indépendante et seule forte. La démocratie, sans le vouloir, par le jeu seul de son mécanisme, crée ici une aristocratie et la conserve.

Comme toute aristocratie, l'administration est conservatrice, et maintient l'ordre de choses existant à travers les variations de la politique. Comme Tocqueville le dit très bien, « elle rend les révolutions tout à la fois plus faciles à faire et moins destructives ». En

France, par exemple, il est assez facile de s'emparer du pouvoir central; mais comme il est plus difficile de créer de pied en cap une administration nouvelle, on garde à peu près l'ancienne, et l'on s'aperçoit que ce qu'on a pris, en s'emparant du pouvoir central, n'est presque rien. C'est bien là le caractère même et le rôle d'une aristocratie, pouvoir intermédiaire, et au fond pouvoir réel, qui permet que le général change sans que les cadres de l'armée soient ébranlés et sans que l'armée, par conséquent, se désagrège. Cette aristocratie se maintiendra sans doute très longtemps, et, comme les parlements d'autrefois, sera forte sous les gouvernements faibles, réservée et timide sous les gouvernements accidentellement forts, toujours prépondérante dans la nation, jusqu'au jour où la démocratie, sentant que c'est là encore une aristocratie, c'est-à-dire un pouvoir qui ne dépend de rien, exigera le fonctionnaire électif. Que ce temps soit proche ou lointain, d'ici à lui, les seules aristocraties qu'on voie se former et vivre sont la richesse et l'administration, l'une d'action assez faible, l'autre d'influence et de prise assez puissantes. Elles fourniront l'évolution que toutes les aristocraties fournissent, sans qu'on puisse savoir ni combien de temps elles dureront, ni encore moins quel est l'état social qui succédera à leur disparition.

VII

Telles sont les idées que Tocqueville a répandues dans le public avec une grande lucidité, beaucoup de bonne grâce d'exposition, une probité intellectuelle absolue, un peu de longueurs et de digressions. Ce fut un bon observateur; ce fut surtout un *analyste* très pénétrant et très délié. Quoique très bon logicien, ce n'est pas au point de vue dialectique qu'il se place et de l'instrument logique qu'il aime à user. Une institution pour lui est un être vivant, qu'il observe dans ses allures, dans ses démarches, pour ainsi dire dans sa physionomie, et dont il découvre ainsi l'esprit et l'humeur. Il a raison; car les institutions ne sont que des hommes qui se sont disposés dans tel ou tel état pour s'être rencontrés dans tels sentiments qui étaient communs au plus grand nombre d'entre eux. Tocqueville s'est rendu, par une application très énergique, assez familier à ces êtres collectifs qu'on appelle les nations, et assez habile à démêler les sentiments principaux qui les mènent. Il a eu, plus que personne, l'intuition du monde moderne, de ce qu'il était et de ce qu'il allait devenir, et il est un des hommes dont les prévisions ont été le moins démenties par les faits. C'était une très belle intelligence, non pas très vaste, mais très vive et qui portait loin dans le sens où elle s'était une fois pour toutes dirigée, surtout aussi à l'abri que possible d'être obscurcie ou détournée par les passions. Il a donné quelques leçons excellentes sur l'avènement de la démocratie dans les temps modernes, et quelques bons conseils sur les précautions à prendre au cours de ce grand changement. C'est un professeur de politique très exact, très lumineux, très bien renseigné et de grande allure.

PROUDHON

I

C'était un homme de faible santé, frêle et grêle, sinon chétif, dans sa jeunesse, « petit blondin fluet », comme il dit lui-même ; plus tard, un peu grossi et alourdi d'une mauvaise graisse, blafard, aux cheveux rares, pâles et fins, avec un grand front méditatif et d'admirables yeux clairs. Sa démarche était hésitante et un peu lourde, ses manières embarrassées et timides. Il sentait le paysan plus que l'ouvrier, quoique fils d'artisan, surtout le solitaire et le rêveur. « Eh bien ? disais-je à quelqu'un, dans ce temps-là, qui venait de l'interviewer, comme on ne disait pas alors. — Eh bien ! il a l'air d'un pêcheur à la ligne. » Je ne sais pas pour qui furent faits ces vers de Victor Hugo :

> Quand vous vous assemblez, bruyante multitude,
> Pour aller le traquer jusqu'en sa solitude...

vous ne trouvez

> Que cet homme pensif, mystérieux et doux.

Très probablement pour Lamennais ; mais ils s'appliquent aussi bien à Proudhon, et mieux encore. Il était homme d'intérieur et de silence. L'idée d'aller dans le monde l'exaspérait : « J'éprouve de la fatigue en toute compagnie... J'aime mes semblables, et pourtant ils me lassent et m'ennuient... Tel homme a besoin de l'excitation continuelle d'une grande ville, du monde, des salons. Tel autre doit chercher le recueillement dans la solitude. Voltaire (c'est une erreur) et Beaumarchais se trouvaient bien du premier genre de vie ; Rousseau et Saint-Pierre n'ont été ce qu'ils furent que par le second... Je déteste la civilisation parisienne. Je n'aurai de repos, je ne retrouverai l'usage de mon esprit et de mes facultés que sur les bords du Doubs. C'est trop pour moi que d'habiter ce pays de maîtres, de valets, de voleurs et de prostituées... »

Il avait eu de très bonne heure le sentiment profond de la nature, signe très caractéristique, qui n'indique pas nécessairement l'homme d'imagination, mais qui révèle l'homme qui ne sera jamais psychologue, observateur, ni non plus politique, dirigeant, chef de parti, et qui sera très probablement songeur, enclin aux longues méditations, et, s'il a l'esprit dialectique, aux systèmes. Il aime se rappeler son enfance qui fut moitié de petit ouvrier, moitié de petit paysan : « J'ai vu ma mère faire tout cela. Elle pétrissait, faisait la lessive, repassait, cuisinait, trayait la vache, allait aux champs lui chercher de l'herbe, tricotait pour cinq personnes, raccommodait le linge... » — « Depuis, il a bien fallu me civiliser. Mais, l'avouerai-je ? le peu que j'en ai pris me dégoûte. Je hais les maisons à plus d'un étage... Quel plaisir autrefois de me rouler dans les hautes herbes que j'aurais voulu brouter comme mes vaches, de courir pieds nus sur les sentiers unis, le long des haies, d'enfoncer mes jambes en rechaussant les verts *turquies* dans la terre profonde et fraîche !... Le paysan n'effleure pas la nature d'un œil d'artiste ; il l'aime pour ses puissantes mamelles, pour la vie dont elle regorge ; il la caresse à pleins bras, comme l'amoureux du Cantique des cantiques : *Veni et inebriemur uberibus.* »

Cette ivresse, il en conserva toujours le souvenir et le regret. Il vécut, au moins, de la vie la plus simple, la plus naturelle, et la plus rapprochée qu'il put de cet idéal rustique. Il fut homme de famille, mari d'une femme pauvre, adorant ses filles, reclus et confiné, tout pénétré d'un profond sentiment domestique, d'une moralité absolue et, pour tout dire d'un mot que je n'emploie presque jamais, vertueux. Il s'en vante un peu, n'ayant pas de tact, ou, si l'on veut, pas d'élégance, mais d'une façon simple encore, et avec l'expression d'un étonnement naïf qui fait sourire et devrait faire pleurer : « Ne suis-je pas, dès ma naissance, disgracié de la nature et de l'humanité ? Et cependant mon père était un brave homme, ma mère une digne femme, mes aïeux d'honnêtes paysans ; moi, je n'ai jamais trompé un enfant, fait tort à une jeune fille, manqué à un vieillard, ni calomnié un adversaire. J'ai bien travaillé, je me suis sacrifié ; j'ai travaillé tant que j'ai pu, et tout cela pour recueillir ce triste jugement : « bon garçon « au fond, mai fou d'orgueil et dangereux, gibier de « Cayenne. » — Est-ce pas touchant ; et cette surprise de ce que la société compte pour rien la probité, la loyauté et l'intransigeance morale et de ce que la vertu ne soit pas un élément de succès, ne trahit-elle pas une âme restée d'une ingénuité charmante ?

Il était tel, bienfaisant du reste et serviable, quoique ombrageux. Il prodiguait son temps de travailleur, sa seule richesse, si précieuse pour lui, en indications, renseignements, explications envoyées à peu près à tous ceux qui les lui demandaient. C'était même chez lui le commencement d'un travers. Il aimait à être directeur de conscience, tendance assez générale chez les hommes vertueux qui ont conscience de leur vertu. Sa correspondance est pleine de « lettres de direction ». Telle d'entre elles, comme celle à M. Penet (31 décembre 1863), est admirable et ferait honneur à un orateur sacré. On sait que les aimables plaisants du temps, connaissant cette respectable manie, inventèrent une Madeleine cherchant le salut, et lui écrivirent une « lettre de femme » pleine d'angoisse, d'aspiration au relèvement, et de confiance. Ils eurent raison ; car la réponse de Proudhon est une des plus belles et hautes pages de toute la littérature morale. Il aima le bien et le pratiqua de tout son cœur, à travers les excitations de son orgueil, qui était plus grand qu'il ne croyait, de ses colères qui n'étaient pas médiocres, de ses rancunes qui ne laissaient pas d'être assez tenaces, et de son instinct taquin, qui était, il l'a reconnu lui-même, assez vif. Personne au monde n'a été plus désintéressé, jusque-là que l'idée de la « propriété littéraire » lui faisait horreur, et qu'il avait à cet égard, lui écrivain, une répulsion qui paraîtrait peut-être plus naturelle chez un éditeur. Il est un exemplaire curieux de ces hommes, assez nombreux, qui ont été des vertueux et qui n'ont pas été des sages. Il est malheureux que la vertu ne mène pas toujours à la sagesse ; mais la chose est trop vraie. La sagesse se compose de vertu et de sens du réel. C'est pour cela que Marc-Aurèle est un des noms dont on la nomme. Proudhon a eu presque pleinement l'une de ces deux parties et a manqué presque pleinement de l'autre. Mais ce n'est pas peu que d'être la moitié d'un sage, surtout quand de ces deux moitiés c'est encore la plus noble et la plus vénérable que l'on a.

II

L'éducation de son esprit, quoique absolument aventureuse, ne me paraît pas avoir été composite. Quoique s'étant instruit tout seul, il a su assez vite quelle était la pâture de son esprit. Il a lu un très petit nombre des classiques anciens, les plus grands, Homère, Virgile, Tacite ; la Bible très bien, et, on le voit, à plusieurs reprises ; quelques auteurs du XVIIe siècle, qu'il a toujours aimés, et puis Voltaire, Rousseau ; et, en fait d'études littéraires, il semble que ce soit à peu près tout. Mais les philosophes et les économistes l'ont attiré de bonne heure et retenu. Hegel, Kant, Feuerbach, Marx, Engels, Smith, Say et Malthus sont sans cesse entre ses mains, surtout ces derniers, et toujours dans sa mémoire. Il a été toute sa vie un étudiant en philosophie et en économie politique. Il est à remarquer qu'il s'occupe peu d'histoire proprement dite, et qu'en vérité il la sait mal. Il y a dans le livre de *La Justice dans la Révolution et dans l'Église* une espèce d'*Essai sur les Mœurs* qui est très étrange, et où l'imagination a plus de part que le savoir. Proudhon, quoique à chaque instant il institue une Philosophie de l'histoire, n'aime point, paraît-il, voir se dérouler sous ses yeux les faits historiques. Peut-être, et j'en suis quasi assuré, trouve-t-il que l'histoire telle qu'elle a été toujours faite lui cache les faits, j'entends les seuls qui l'intéressent, les faits économiques ; qu'elle nous donne la façon dont les peuples se sont agités, ont tué et ont péri, mais non celle dont ils ont vécu, ou, si l'on veut, la façon dont ils ont été organisés politiquement, mais non celle dont ils ont travaillé, produit, échangé, épargné et souffert. Et cela seul, à proprement parler, lui est important. Proudhon est comme un médecin sensible, un médecin par vocation. C'est sur l'humanité souffrante qu'il se penche avec intérêt, et c'est la pathologie seule et la thérapeutique, s'il est possible, qu'il veut apprendre ; et comme il y a deux thérapeutiques possibles, la sociologie et la morale, il n'a été et n'a voulu être que sociologue et moraliste.

On le voit bien quand il se trouve par aventure en face d'un pur artiste. Ou il le nie et le condamne, ou, comme le tirant à soi, bon gré mal gré, il le force, pour ainsi dire, à être moraliste et sociologue quoi qu'il en ait. On apprend dans Proudhon que Virgile a voulu brûler l'*Énéide*, parce qu'elle était déjà, mais n'était pas assez, un livre de morale sociale qui aurait renouvelé le monde et rendu inutile le christianisme. Il y suffisait de deux cents vers de plus que Virgile aurait écrits, que tout le poème annonce, que l'auteur n'a pas eu le temps de composer, ce pourquoi il a commandé de détruire l'ouvrage. D'autre part, Delacroix est méprisable parce qu'il peint indifféremment histoire ancienne, histoire du moyen âge ou histoire moderne : et « que m'importe dès lors que M. Delacroix se soit fait une autre manière de peindre que M. Ingres ? » Peut-on souffrir un artiste qui, peignant Boissy d'Anglas, « n'a pas vu que l'insurrection de Prairial fut provoquée par la réaction thermidorienne » ? Cela veut dire que Proudhon n'attache d'importance qu'aux faits, idées et œuvres qui ont une signification sociologique ou peuvent en avoir une. Littérature, beaux-arts et histoire même telle qu'elle a été faite jusqu'à nos jours, n'ont point cette signification ou cette portée. L'histoire en particulier a été éminemment superficielle et décorative. Elle a étalé le drame extérieur de l'humanité, ne nous a pas renseignés sur la manière dont les acteurs, rentrés chez eux, se tiraient d'affaire. A l'histoire tout entière s'appliquerait le mot dédaigneux et très joli de Proudhon sur les historiens de la Révolution française qu'il a connus : « Ils ont donné le scénario de la Révolution française. » — De là, les lacunes de l'éducation de Proudhon. Il a négligé, parce qu'il les méprisait un peu, histoire proprement dite et littérature.

Il a eu tort, quoiqu'il eût ses raisons, même à son point de vue particulier de sociologue. Littérature et histoire, même anecdotique, lui eussent peut-être donné ce qui lui a manqué le plus, un peu d'esprit de finesse. Le moraliste brutal qui était en lui en eût été affiné, adouci peut-être aussi, ce qui est moins important, mais bon encore. Le logicien intransigeant qui était en lui en eût été assoupli, et Renan n'aurait pas pu dire sur lui ce mot si juste : « M. Proudhon, bien qu'ouvert à toute idée, grâce à l'extrême souplesse *de son esprit,* et capable de comprendre tour à tour les aspects les plus divers des choses, ne me semble pas avoir conçu la science d'une manière assez large... Sa science est trop exclusivement abstraite et logique. Il n'est pas encore assez dégagé de la scolastique du séminaire ; il raisonne beaucoup ; il ne semble pas avoir compris suffisamment que, dans les sciences de l'humanité, l'argumentation logique n'est rien et que la finesse d'esprit est tout. »

Très savant, cependant, il ne faut pas croire que Proudhon, en tant que logicien enragé, ait eu le mépris des faits. Nul n'en a réuni un plus grand nombre, nul ne les a aimés plus que lui. Mais c'était toujours faits uniquement économiques, ou ayant avec la science économique un certain rapport, et envisagés par lui à ce titre et dans cet objet, et c'est ainsi que cet homme passionné pour le bonheur des hommes, mais peu sociable, peu répandu, peu observateur et, d'autre part, se souciant peu des écrivains et des artistes qui n'ont songé qu'à peindre l'homme, s'est placé très peu dans cette condition nécessaire pour améliorer la nature humaine, qui est de la connaître. — Mais n'insistons pas à signaler les lacunes et, après les avoir indiquées seulement pour définir, ne demandons à notre homme que ce qu'il a voulu nous donner.

III

La première impression générale que l'on garde des livres de Proudhon est extrêmement confuse. Ils semblent un amas énorme de contradictions. Ils semblent avoir été conçus par un sceptique redoutable qui a voulu, en montrant successivement toutes les différentes faces de toutes les idées, nous laisser dans l'incertitude absolue de ce que nous devons croire vrai ou probable, ou possible, ou pratique ou impraticable. Cet esprit affirmatif et tranchant, et même arrogant, produit le même effet que les esprits fuyants qui glissent sur les idées sans vouloir jamais les saisir. Il est dissolvant, lui si décisif, autant que le serait un indécis. On voit les idées fondre, pour ainsi dire, dans sa main, et se réduire en quelque chose d'impalpable et de poudreux qui s'évanouit. On le voit donner successivement un corps aux théories les plus contraires, puis le leur retirer. Il est démocrate, et personne n'a dit plus de mal du suffrage universel ; son idéal est la justice, et il a magnifiquement affirmé et comme chanté le droit de la force ; il est individualiste de toute son âme, et la liberté sous forme de concurrence lui paraît un leurre et comme un perpétuel assassinat ; il adore la Révolution française, et exècre et méprise un à un exactement tous les révolutionnaires ; il est socialiste, et tous les systèmes socialistes sont ruinés par lui avec une puissance et une perfection de clarté et de logique à laquelle on ne souhaite rien. Sauf sur la morale proprement dite, et sur la morale restreinte encore, pour ainsi parler, sur la morale privée et domestique, il est sur toutes choses comme un magicien subtil et un prestidigitateur alerte qui les fait voir sous les aspects les plus différents et les transforme et les déforme à les toucher. C'est un Protée qui communique sa nature à tout ce qu'il touche, et qui rend Protées eux-mêmes tous les objets qu'il regarde.

À l'en croire c'est une méthode, et non pas autre chose. Il a pris la manière d'Hegel. Il pose la thèse, il pose l'antithèse et il cherche la synthèse. Il montre de toute institution humaine qu'elle est vraie, qu'elle est fausse et qu'elle redevient vraie prise d'une façon nouvelle et purgée de ce qui faisait qu'elle était fausse ; et qu'elle est juste, qu'elle est injuste et qu'elle sera justifiée à nouveau par une nouvelle manière de la pratiquer.

Il y a du vrai dans cette explication de lui-même qu'il a donnée souvent ; mais il faut bien, quand on l'a beaucoup relu, arriver à cette conviction que cette méthode était surtout chez lui et un instinct élevé à la dignité d'une méthode et un prétexte se déguisant sous les belles apparences d'un système. Un instinct, d'abord, un tour d'esprit inné : l'aveu lui en est échappé à lui-même dans un *post-scriptum,* et l'on dit que c'est le *post-scriptum* qui révèle la pensée de derrière la tête : « Vous savez que mon tempérament est de me moquer un peu de tout, même de ce que je crois, et que cela fait le fond de ma conscience ». Singulière conscience ! Il ne faudrait pas abuser d'une boutade de ce genre, si l'on ne voyait bien, à le connaître, qu'en effet il avait un fond de moquerie taquine qui s'appliquait fort bien même *à ce qu'il croyait.* Le premier mouvement de Proudhon est de nier en haussant les épaules dès qu'il est en présence d'une idée, fût-elle de lui, quoique moins souvent, moins vite et moins complaisamment dans ce dernier cas. Il est de ceux qui aiment à nier. Il y a des esprits pour qui cette première période pendant laquelle nous examinons quelque chose est un moment, ou un temps, d'intérêt sympathique : « C'est curieux, cela, attachant, probablement juste. Serait-ce la vérité ? » ; et ils souhaitent que ce soit la vérité. Les doutes viennent plus tard. Il y a des esprits pour qui cette même période est toujours de défiance et de mauvaise humeur : « Qu'est-ce encore que ceci ? Encore une sottise humaine, une déclamation, un sophisme, un lieu commun vide » ; et ils souhaitent que ce ne soit pas autre chose. Un peu d'indulgence vient plus tard, quelquefois. En son fond, Proudhon était certainement de ce second groupe d'esprits.

Surtout, sans précisément avoir l'amour du paradoxe, car il n'était pas charlatan, il avait une horreur instinctive de ce qui était croyance générale. Beaucoup d'hommes, même distingués d'esprit sont persuadés que la foule ne peut pas se tromper absolument, et le *consensus generis humani* leur impose toujours. Ils estiment au moins qu'il y a une vérité intime, enveloppée de beaucoup d'ombres, mais enfin une vérité comme centrale dans ce que la majorité des hommes croit vrai, ou qu'il y a dans ce que la majorité embrasse une vérité relative, une vérité pour le moment et selon le moment, quelque chose qui pour le temps où l'on est doit faire office de vérité. Proudhon n'était pas du tout de ces hommes-là, et sans qu'il s'y appliquât, je crois, sans qu'il y songeât peut-être, du fait de son instinct, il suffisait qu'une idée fût répandue dans la foule, ou fût celle d'un groupe considérable de ses contemporains, pour qu'il fût très porté à conclure de cela même qu'elle était une sottise. Ce démocrate a eu un esprit extrêmement aristocratique.

J'ai dit, de plus, de cette fameuse méthode, qu'elle lui fut souvent un prétexte et un faux-fuyant. Je le crois fort, en ajoutant, car je l'estime, que c'était prétexte et échappatoire inconscients sans aucun doute, et dont il était dupe le premier. Écrivant beaucoup, discutant et argumentant tous les jours et toute la journée, il tombait, comme il arrive nécessairement, dans des contradictions qui sautaient aux yeux. Sa méthode, ou invoquer sa méthode, lui était un moyen merveilleux de les sauver. Il disait : « Quand je soutenais cela, j'étais dans la thèse ; maintenant je suis dans l'antithèse et la synthèse viendra plus tard. Je ne puis pas tout dire à la fois. » Ainsi procèdent tous ceux que l'on prend à se contredire. Ainsi procédait, dans le même temps, son ami Émile de Girardin, avec une désinvolture beaucoup plus cavalière et qui décidément chez lui est suspecte.

La méthode hegelienne est chez les polémistes une admirable et un peu trop facile méthode de stratégie.

A la vérité, en même temps qu'un tour de son tempérament intellectuel et une ressource de polémique, elle était bien chez Proudhon une habitude rationnelle où il était très à l'aise. Sa souplesse incroyable de dialecticien s'en accommodait tout naturellement ; son grand goût pour les masses de faits s'en accommodait aussi, parce que, avec ce procédé, il pouvait disposer ses faits en deux ordres de bataille, ou des mêmes faits tirer et établir en deux longues files deux séries de conséquences contradictoires, et c'est dans ces dispositions, j'ai presque dit dans ces figurations, que, très habile metteur en scène, il prenait un plaisir intellectuel infini. La méthode hegelienne consiste surtout, chez les polémistes, à avoir sur une même question une idée, une autre idée, qui est en opposition avec la première, et une troisième qui n'est pas forcée d'être d'accord ni avec la première ni avec la seconde, et les esprits qui ont beaucoup d'idées sont enchantés naturellement de cette méthode-là. Or Proudhon abonde en idées et les aime toutes, quand elles sont de lui. C'est une des *imaginations intellectuelles* les plus fécondes qui aient été ; c'est un artiste en idées et raisonnements.

En cet ordre de choses, sa création, un peu incohérente et mal réglée, mal surveillée, est indéfinie. Il croit qu'il va écrire une brochure, à propos d'un incident, et il écrit un volume. L'aventure lui est arrivée toutes les fois qu'il a pris la plume. Une fois même, au lieu de la brochure projetée, c'est trois volumes, c'est quinze cents pages (*Justice dans la Révolution et dans l'Église*) qu'il a écrites. A des esprits de cette nature la méthode antinomique est une tentation presque inévitable, comme la forme dialoguée, qui n'est pas très différente. Elle leur permet de déployer toutes leurs idées, et tout le pour et tout le contre, et tout l'entre-deux et tout l'accessoire ; et moins que la forme dialoguée elle éveille l'idée d'un scepticisme possible de la part de l'auteur, et plus que la forme dialoguée elle a un air philosophique ; et à ce qui paraîtrait abandonné sous la forme de dialogue elle donne au contraire une apparence et aussi un appareil et aussi un apparat de beau dogmatisme. Or un homme qui n'était pas sceptique, mais qui avait en lui de quoi l'être et qui se croyait dogmatique, un homme qui de chaque question apercevait immédiatement le pour et le contre et croyait apercevoir la solution, c'était précisément Proudhon. Il est allé tout droit au procédé d'exposition qui était l'image même, sans qu'il le sût bien, et comme le moulage de son esprit.

IV

Un esprit de cette sorte et ainsi armé devait être surtout un critique ; et c'est en effet ainsi qu'on se le figure et qu'on le définit couramment ; c'est le souvenir le plus net qu'il ait laissé dans la mémoire des hommes. « Proudhon ? Un écrivain qui a démonté tous les systèmes politiques de son temps et qui en a répandu les débris sur le sol. Aucun ne lui a résisté. » Il fut autre chose, mais il fut avant tout un esprit critique.

Il était merveilleux pour partir d'un axiome, comme il le dit souvent, et pour aller ensuite de conséquence en conséquence jusqu'au dernier terme ; mais inversement il était expert, à propos de chaque doctrine, à remonter jusqu'au principe premier qui en était bien la vraie source, quelquefois cachée, et dès lors il tenait la doctrine tout entière et l'avait à sa merci ; car des doctrines politiques et morales ce sont les axiomes qui sont le plus discutable et ce qui plie le mieux sous les assauts de la logique.

Et ce fut précisément son art même que de faire avec les doctrines politiques et sociales des systèmes logiques, que de transformer les idées, quelles qu'elles fussent, de ses contemporains, en chaînes de déductions, pour, dès lors, avoir prise sur elles et les disloquer logiquement d'une manière souvent magistrale.

Les croyances et théories sur lesquelles s'est exercée principalement son incisive critique sont : la souveraineté du peuple, — le principe des nationalités, — l'instinct religieux.

— La souveraineté du peuple est un pur « sophisme » et une véritable « utopie ». — « Ceux qui nous ont conduits où nous sommes (en 1853) sont ces prétendus logiciens qui, surfaisant le projet électoral de M. Duvergier de Hauranne, nous ont donné d'un coup dix millions d'électeurs dont les idées, pour les trois quarts, étaient juste au niveau de l'ancienne plèbe de Rome. En deux mots, nous sommes victimes d'une *utopie*. Au lieu de faire du progrès, nous avons fait de l'absolu : nous avons pris au pied de la lettre et comme étant d'une vérité immédiate, *a priori*, sans conditions, le dogme de la souveraineté du peuple, et nous sommes arrivés juste, avec cette souveraineté, au même résultat où parvinrent jadis les cités grecques et romaines, à la tyrannie. » — « Le dogme de la souveraineté du peuple est une parfaite niaiserie. »

C'est que, pour Proudhon, qui, à certains égards, est un idéaliste effréné, en ce sens qu'il ne croit qu'aux idées pures qui sont les siennes et à la logique particulière qui est la sienne, le nombre n'est rien et les tendances et aspirations du plus grand nombre, qui sont des idées confuses et des sentiments vagues, doivent n'être comptées pour rien. Le souverain, c'est la *raison*, c'est la loi rationnelle. « Il n'y a pas d'autre souveraineté que celle de la raison et de la loi », et « la découverte de la loi est en politique comme en physique le prix d'une observation et d'une étude opiniâtre, et la volonté du peuple ni celle de personne n'a rien à y faire ». Autrement dit, la politique est une science. Elle se fait, comme toutes les sciences, d'observations et de raisonnements, d'observations qui portent sur la nature et sur les démarches de toute l'humanité depuis qu'elle existe, de raisonnements coordonnant toutes ces observations et en tirant une loi générale; et qui fait ces observations? et qui tire cette loi? c'est le savant, et il n'y a pas d'autres souverains de la société que la loi (au sens scientifique) et le savant qui l'interprète. Leur opposer, leur substituer les intuitions confuses et contradictoires d'une multitude qui ne sait pas l'histoire et qui ne sait pas raisonner est une monstrueuse absurdité. — Un despotisme intelligent informé et scientifique est la conclusion naturelle et nécessaire de cette considération.

Notez qu'en absolu il a parfaitement raison. Seulement il y a très longtemps qu'on s'est aperçu que cette information complète de la nature de l'humanité, personne ne l'a, que cette « loi » tirée de cette complète information, personne ne la tient, et que ce savant, possesseur de la loi, tout un chacun croit l'être et personne ne l'est. Dès lors, on tâtonne, parce que l'humanité n'a jamais fait autre chose et ne peut pas faire autrement, et toutes les « souverainetés » successivement essayées selon les différents temps sont parfaitement des expédients, et celle du peuple comme les autres ; mais en attendant le savant suprême, le savant infaillible, le dieu de la sociologie, on ne peut avoir recours qu'à des expédients. La souveraineté monarchique en est un, comme aussi la souveraineté aristocratique, la souveraineté parlementaire, mélange plus ou moins bien ménagé de souveraineté aristocratique et de souveraineté populaire ; comme enfin la souveraineté du peuple. Chacun a ses mérites, et la combinaison de ces expédients divers est un expédient encore qui a son mérite aussi.

Et lequel choisir de ces expédients multiples ? Ce serait une erreur de croire qu'on a le choix. Ce sont les circonstances qui nous imposent ou l'un ou l'autre, ou la combinaison des uns avec les autres. « La fatalité nous mâche », et nous ne pouvons pas être mâchés par autre chose. L'art du politique n'est que de comprendre les formes successives que prend cette fatalité et d'y accommoder les mesures de détail, les seules dont il soit, jusqu'à un certain point, le maître, champ très vaste encore et domaine qui peut suffire à son activité et à son intelligence, et qui les dépasse.

On peut observer encore sur ce point, pour taquiner Proudhon, et pour faire plaisir aux partisans du suffrage universel, et surtout parce que c'est vrai, que la souveraineté du peuple, quelque irrationnelle qu'on puisse l'estimer, *en fait* est d'abord un de ces expédients nécessaires dont nous parlions tout à l'heure, et ensuite a toujours existé, au fond, et s'est toujours fait sentir, quelle que fût la forme apparente et comme la disposition extérieure du gouvernement. Un gouvernement a deux sortes de pouvoir, un pouvoir positif, actif, et un pouvoir négatif. Il fait et il empêche de faire. Il a le *jubeo* et le *veto*. De ces deux pouvoirs, le plus grand, le plus fort, c'est le second. Celui qui a le *veto* a la souveraineté. Les tribuns du peuple, encore que leur *veto* fût incomplet, le savaient bien. Or la foule a toujours eu le *veto*. Les gouvernements les plus autocratiques n'ont jamais fait tout ce qu'ils voulaient. Ils n'ont fait ce qu'ils voulaient que quand la foule, d'une façon générale, le voulait aussi ; ils n'ont fait que ce qu'elle voulait, à peu près, puisqu'ils n'ont jamais fait ce qu'elle ne voulait absolument pas. La volonté nationale, au moins sous forme d'acquiescement national, est donc précisément cette « loi » que le savant tire de l'observation de l'humanité tout entière, et à laquelle Proudhon veut qu'on obéisse. Seulement cette volonté populaire s'exerçait autrefois d'une façon très générale, très lente, très lointaine et très indirecte, d'une façon, à vrai dire, si générale, si lente, si lointaine et si indirecte qu'il était assez facile de l'éluder, non pas complètement, non pas toujours, et elle finissait toujours, au contraire, par avoir raison, mais dans un très grand nombre de mesures législatives et de décisions particulières. Elle était informée trop tard et se manifestait elle-même trop lentement pour peser immédiatement sur les résolutions quotidiennes du pouvoir central; elle arrivait presque toujours après coup et rencontrait devant elle le fait accompli. — Mais à mesure que la facilité et la rapidité de l'information et des communications sont devenues plus grandes, elle a été mise en jeu plus rapide, en action plus continue, et elle a touché les dépositaires du pouvoir comme de plein contact. C'est la rapidité des communications qui a transformé la volonté nationale de force latente en force toujours sentie, ou de force à action lente en force à action rapide et instantanée. Dès lors la volonté nationale est une loi qui dérive d'un fait universel, d'un fait permanent et d'un fait qui, déjà immense, ne fait et ne fera de jour en jour que se confirmer et s'accuser davantage. Il faut donc l'accepter, en attendant le règne de la science accomplie et absolue. Que ce règne arrive ; mais tout porte à croire qu'il se fera attendre.

— Le principe des nationalités a eu en Proudhon un critique très vigoureux encore et très puissant. Il était assez nouveau en son temps et très populaire. Il flattait extrêmement par sa simplicité les intelligences d'alors, toutes enchantées d'idées générales ; et que la France n'eût rien à y gagner, ce n'était qu'une raison de plus au peuple chevaleresque de s'en engouer avec une espèce d'ardeur religieuse. — Proudhon, guidé ici moins par son patriotisme, qui ne me semble pas avoir été jamais très impérieux, moins par son bon sens même, que par son humeur contredisante et par son horreur pour les idées, fussent-elles justes, qu'il voyait adoptées d'emblée par un grand nombre d'imbéciles, s'est attaqué à celles-ci avec une vivacité et une verve singulières. Pour ne pas employer, à quoi je ne saurais me résoudre, le mot de « pure blague », dont il use sans embarras, je dirais que ce principe paraît à ses yeux appartenir à l'ordre oratoire et non à l'ordre scientifique. C'est qu'il ne croit pas à cet « être collectif » dont on a tant parlé et qui s'appelle une nation. Je sais bien qu'il affirme y croire dans une lettre à Michelet ; mais ailleurs, — et que cela fasse une contradiction, je dirai qu'avec Proudhon il ne faut pas en être à les compter, — il se moque âprement de cette « analogie si facile à faire entre la vie de l'individu et le développement des nations ». Qu'il y ait enfance, adolescence, maturité et décadence d'un peuple, c'est ce qu'il « nie formellement contre Montesquieu, Bossuet, etc. » C'est une idée puérile ; « ... ce mot décadence », par exemple, « appliqué à une société par comparaison avec les phénomènes de la vie individuelle, est plus qu'impropre : il est faux, il énonce une chose impossible, absurde. »

Autant dire, et si ce n'est pas ma pensée, c'est bien, ce me semble, celle de Proudhon, qu'un peuple n'existe pas. Il n'est pas un organisme, ni même une organisation ; il n'est qu'une association pour la sauvegarde et la défense, comme il y a des associations commerciales ou des associations industrielles. Dès lors les nationalités, soit en puissance, soit en pleine maîtrise et en plein exercice d'elles-mêmes, soit étouffées par un vainqueur, n'ont rien qui les rende respectables et sur quoi elles appuient leur droit. Au contraire même, une simple association pour la sauvegarde et la défense étant plus sûre si elle est plus vaste, c'est à être embrassée dans une association plus étendue et plus redoutable qu'une petite nationalité devrait aspirer et tendre de toutes ses forces, ou plutôt, car ce serait ici le cas, de tout son affaiblissement volontaire.

Sans aller jusque-là, Proudhon se contente de dire, ce qui est assez vrai après tant de bouleversements, de pénétrations réciproques et de fusions plus ou moins volontaires ou plus ou moins consenties qui rendent inextricables les « questions de races », que la nationalité est « indéfinissable », et que c'est le principe de liberté constitutionnelle qui doit être substitué partout au principe de nationalité. Un peuple est libre et n'a rien à demander ou à souhaiter quand il est une association discutant librement ses moyens d'existence, de défense et d'amélioration, ou même quand il fait partie d'une association plus vaste qui l'embrasse, où il peut discuter librement ces mêmes moyens.

C'est cette façon de concevoir les choses qui a amené sans doute Proudhon à reconnaître le droit de la force. Il y est arrivé par un autre chemin, comme nous le verrons plus loin, mais il a pu y être également dirigé par celui-ci. C'est, en effet, à propos des nationalités qu'il dit que le principe qui les proclame sacrées « eût arrêté le cours de la civilisation. » C'est-à-dire que la civilisation ayant une première fois, dans l'antiquité, tendu à la constitution de vastes agglomérations sociales et y ayant sacrifié les nationalités particulières ; ayant une seconde fois, depuis le moyen âge, semblé tendre constamment au même but ; et cette tendance n'ayant été transformée en effets que par la violence ; la violence est justifiée par ses résultats et doit être tenue pour légitime. Nous retrouverons cette théorie en son lieu. Pour le moment, nous n'avons qu'à faire remarquer comment Proudhon dissout, en quelque manière, la théorie des nationalités dans les difficultés qu'il y a à les définir ; et, parce qu'il ne peut pas ou ne veut pas voir en quoi consiste une nation, n'aperçoit pas le droit des nations, *le droit des gens ;* et enfin, niant le droit des gens, est bien amené à ne rencontrer devant lui, comme principe international, que la force, et à s'incliner devant elle.

Un troisième objet de l'analyse dissolvante de Proudhon, c'est l'instinct religieux. Il est presque étonnant que Proudhon ait été antireligieux, tant la passion antireligieuse était une passion de son temps. En général, ce n'était pas ce qu'on pensait autour de lui qu'il aimait à penser lui-même. Le « libéralisme » et la « démocratie » de son temps, j'entends le parti qui s'intitulait libéral et le parti qui se donnait le nom de démocrate, étant d'accord pour attaquer l'instinct religieux, il est surprenant que Proudhon ne l'ait pas défendu. Mais il y avait, du reste, assez d'esprits religieux en France pour que Proudhon, en attaquant les religions, pût déplaire à beaucoup de monde, et cela a dû lui suffire. Seulement, c'était encore à la condition qu'il fût si radical et si violent dans cette attaque qu'il pût déplaire même aux antireligieux ; et c'est précisément ce qu'il a fait. La bourgeoisie « libérale » et le peuple « démocrate » de 1830 à 1850 étaient anticléricaux et confusément antireligieux ; mais ils étaient déistes, très complaisamment, et même avec assez d'ardeur, véritable ou affectée. Se montrer l'ennemi non seulement des religions mais de l'idée de Dieu, c'était déplaire aux esprits religieux d'abord, et ensuite, et peut-être plus encore, comme les compromettant, aux bourgeois libéraux et aux « jacobins » restés déistes, qui étaient les deux groupes auxquels Proudhon tenait particulièrement à être odieux. Décidément, ici encore, il était très fidèle aux habitudes de son caractère.

Mais ceci n'est qu'une tendance de tempérament. Comment s'est-elle transformée en idée ? L'idée la plus saisissable de Proudhon en cette affaire est celle-ci. L'homme est fait pour penser plus loin et plus haut que le réel. Il est fait pour penser l'absolu. Seulement, tout en obéissant à ce penchant de sa nature, il s'égare. Il prend l'*idéal* pour l'*absolu*. Ce sont choses très différentes et même contraires. L'absolu est rationnel ; l'idéal, ou du moins ce que j'appelle toujours ainsi, est sentimental. C'est un rêve de perfection, de bonté, de beauté qui ne répond à rien dans la nature et qui dans l'homme ne répond qu'à certaines facultés d'imagination et d'exaltation dont il y a lieu qu'il se défie, puisque dans la vie pratique elles lui sont toujours funestes. C'est un rêve de poète, si l'on veut, d'artiste, si cela vous fait plaisir, et d'illuminé à mon avis. Il vient d'une imperfection et d'une défaillance de notre esprit, qui cherchant l'absolu et n'ayant pas assez de force pour le découvrir, et en sentant le besoin, le remplace par un vague idéalisme, l'imagination ayant pris la place et rempli l'office de la raison trop faible encore et pour un temps impuissante. Il n'y a pas lieu d'en vouloir aux hommes des temps anciens de cette erreur, de cette sorte de substitution. Ils voulaient échapper au réel et ils y échappaient comme ils pouvaient. Ils avaient raison de chercher au delà de lui, tort, sans que ce fût leur faute, de prendre une chimère poétique pour une conception rationnelle. Il y a une métaphysique vraie et une métaphysique fausse. La vraie est faite avec des concepts de la raison, la fausse avec des amusements de l'imagination. La vraie a pour objet l'absolu et réalise son objet; la fausse a pour fin l'idéal et n'atteint pas son but. Or le terme suprême de la métaphysique d'imagination, c'est l'idée de Dieu, et la preuve, c'est qu'il n'y a pas de Dieu preuve sérieuse, et que les déistes réfléchis et sincères reconnaissent que Dieu ne se prouve pas.

Dieu n'existe donc point; mais, non seulement il n'existe pas, mais il est funeste à l'humanité qui croit en lui. « L'idéal est source de tout péché », il est « l'origine du mal », il corrompt et pervertit l'homme. Pourquoi ? Parce qu'il le rend idolâtre. L'idolâtrie consiste à adorer comme une personne, comme un être, et comme un être à qui, immédiatement et forcément, nous donnons des penchants, passions, etc., semblables aux nôtres, un absolu, un principe qui ne devrait être qu'un pur axiome, qu'une pure et froide loi. En faisant entrer l'absolu dans une personne, parce que nous faisions entrer un principe rationnel dans l'atelier de notre imagination, nous avons défiguré et dénaturé l'absolu et n'avons plus eu au-dessus de nous qu'une idole. Idolâtrie, c'est « idéalâtrie » et réciproquement.

Dès lors, tout est compromis. Dès que l'humanité a cette conception erronée, parce qu'elle est hybride, non seulement elle ne progresse plus, mais elle recule. Elle a mis de ses propres mains un obstacle entre elle et la réalisation de son œuvre, entre elle et son but ; jusqu'à ce qu'elle s'aperçoive que c'est à sa raison seule de travailler au concept supérieur qui doit la guider, l'éclairer et la soutenir. L'idéalisme poétique, et le déisme qui en est l'expression accomplie, est un long détour par lequel l'humanité cherchant l'absolu s'est égarée, avant de se rendre compte du véritable objet de ses recherches et du véritable et unique moyen d'y atteindre. Combattons donc ce qui reste d'idéalisme dans l'homme comme un poison subtil de son intellect, une ivresse de son esprit et un leurre de sa raison.

Voilà, si j'ai bien compris, ce dont je ne réponds nullement, les raisons que donne Proudhon de son horreur pour le déisme, un peu partout dans ses œuvres, et principalement dans la *neuvième étude* de la *Justice dans la Révolution et dans l'Eglise*.

D'une part, cette distinction entre l'absolu et l'idéal est un peu subtile, et d'autre part, cette perversion de l'homme par l'idéalisme est très peu prouvée. Ce que les hommes ont mis dans l'idée de Dieu, c'est bien tout autant l'absolu que l'idéal, en donnant à ce dernier mot le sens que lui donne Proudhon. Ils ont considéré Dieu comme souveraine justice, comme souveraine intelligence et comme souveraine raison, tout autant que comme suprême beauté, suprême puissance, suprême majesté. Ils ont même une conception beaucoup plus nette de Dieu comme absolu que comme idéal. Pour le bon déiste du commun, point subtil, point théologien, à quelque religion qu'il appartienne, Dieu est un être très intelligent, qui sait tout et qui commande le bien, qui commande l'ordre et le maintient et le répare et punit ceux qui le troublent ; et la réalisation de l'ordre dans l'humanité, c'est précisément ce que recherche Proudhon, et cet ordre réalisé c'est ce qu'il appelle l'absolu.

Mais en général les hommes ont fait entrer dans l'idée de Dieu tout ce qu'il y a de supérieur en eux et aussi bien les beautés d'imagination que les beautés de raison. Il est vrai. Est-ce une raison pour croire que ces beautés d'imagination qu'ils ont mises dans l'idée de Dieu les puissent pervertir ? Il y a lieu d'en douter. Sans doute les hommes n'ont pas pu s'empêcher de faire de Dieu un homme, un homme supérieur, en lui donnant, porté à l'infini, aussi bien tout ce qu'ils trouvaient en eux de beau que ce qu'ils y trouvaient de bien. Ils ont voulu l'adorer, non seulement avec leurs facultés rationnelles, mais avec leur imagination. C'est ce dernier point qui, selon vous, est mauvais. Mais il faudrait prouver que la contemplation du beau est pervertissante, et c'est ce qu'il n'est pas facile de démontrer, ni d'accorder. Sans croire que le beau ait nécessairement une vertu moralisante, il est très malaisé de concevoir qu'il soit corrupteur par lui-même. C'est à le croire que Proudhon a toujours penché, et à le prouver qu'il s'est essayé quelquefois. C'est vaguement le fond de sa pensée. Elle est extrêmement contestable. Le beau, à en parler le moins complaisamment possible, à tout le moins apporte à l'âme une certaine sérénité qui n'est pas un mauvais état, qui est un état plutôt favorable à l'éclosion de l'idée du bien qu'il ne lui est contraire. Qu'entre le beau et le bien il n'y ait pas accord nécessaire, concert, concours, ni surtout production réciproque, je le veux très bien ; mais qu'il y ait antagonisme, je ne le vois pas. C'est cet antagonisme que Proudhon croit voir, et c'est pourquoi le Dieu beau, le Dieu touchant et le Dieu aimable lui est odieux, et lui semble corrupteur.

Inutile d'ajouter que ce qu'il poursuit ainsi de sa haine, ou, si l'on veut, de sa défiance, c'est en dernière analyse le Dieu personnel. Si les hommes ont mis dans l'idée de Dieu tout ce qu'ils avaient dans l'âme dont ils étaient fiers, c'était pour le rendre aussi personnel que possible. S'ils ne se sont pas contentés du Dieu tout raison, s'ils ont voulu le Dieu tout beauté, tout charme et tout amour, c'est pour enrichir, achever et confirmer à leurs yeux sa personnalité ; c'est, usons du mot sacré, si caractéristique, pour avoir un Dieu vivant. Dieu n'est jamais assez vivant pour celui qui aime à y croire ; et si les hommes se sont figuré leur Dieu si personnel, c'est pour pouvoir l'aimer mieux ; c'est pour pouvoir l'aimer. On n'aime pas une loi, on la reconnaît et l'on s'y soumet ; on n'aime pas la raison, on l'admire ; on n'aimerait pas un être doué seulement d'une raison souveraine, on l'admirerait froidement. C'est pour pouvoir aimer Dieu que les hommes l'ont imaginé si précisément personnel, au risque, je le reconnais, de le faire trop semblable à eux. La question, comme tout à l'heure elle revenait à se demander si la contemplation du beau était corruptrice, revient donc maintenant à se demander si l'amour de Dieu est corrupteur.

Cela peut se soutenir, et les longues considérations de Proudhon sur les méfaits du mysticisme prouvent que cela peut se soutenir avec talent. Mais c'est trop facilement triompher que de prendre les choses ainsi. L'amour de Dieu est un sentiment ; c'est la transformation d'une croyance en un sentiment, d'une idée en une émotion. Sitôt qu'il y aura sentiment quelque part, il y aura chance d'être amené à tous les beaux efforts, à tous les actes sublimes, à tous les héroïsmes où la passion entraîne ; et péril de tomber dans tous les excès où la passion pousse. Cela prouve tout simplement qu'il n'y a que la passion qui soit une force. L'idée de loi, l'idée d'ordre, pure et simple, non personnifiée, certes ne poussera à aucun excès ; elle n'entraînera non plus à aucun héroïsme, elle ne donnera même jamais le désir d'accomplir aucun acte ; elle n'inspirera rien du tout, si ce n'est résignation et tranquillité. Les hommes ne sont mus que par les passions. Si vous voulez donc un principe d'action parmi les hommes, consentez à ce qu'ils se laissent conduire à un sentiment. Parmi les sentiments, ceux-là ne vaudront-ils pas mieux, qui auront d'abord été des idées, au lieu d'avoir été de simples suggestions de l'instinct ? Ceux-là ne vaudront-ils pas mieux qui seront des idées transformées en sentiments ? Et parmi ces idées transformées en sentiments, parmi ces sentiments issus des idées, celui-là ne sera-t-il pas le plus pur ou le moins impur, le plus sain, ou le moins malsain, qui sera sorti de cette idée que l'homme n'a formée qu'en y accumulant et y ramassant tout ce qu'il y avait de meilleur en lui ? Cette idée, c'est l'idée de Dieu; ce sentiment c'est l'amour de Dieu. Il y a au moins des chances pour qu'il pousse généralement à des actes assez moraux, et si je veux bien convenir qu'il n'est pas impossible qu'il ait ses dangers, je ne puis nullement comprendre qu'on le considère comme l'élément essentiellement corrupteur du cœur humain.

Mais quoi ? A l'égard de tout ce qui est sentiment Proudhon a une défiance invincible. Il a tant aimé les lois et les axiomes qu'il croit que l'homme peut être mû et transporté, pour le plus grand bien de l'humanité, par la contemplation d'une formule. C'est peu probable.

Une dernière réflexion seulement sur Proudhon considéré comme critique. Au fond de ses idées sur les nationalités, sur ce que c'est qu'un peuple, sur la souveraineté nationale, sur l'instinct religieux, il nous semble qu'on peut saisir un trait commun : la répulsion à l'égard de tout ce qui unit les hommes et les attache les uns aux autres. Un peuple tenu pour un être collectif, c'est l'idée d'une étroite dépendance réciproque entre les différents membres de ce peuple ; et Proudhon n'aime pas cette idée-là. Une « nationalité », c'est l'idée d'une race considérée comme une personne vivant indéfiniment dans le temps et ayant à ce titre des droits respectables, et, donc, c'est l'idée d'une étroite dépendance entre les ancêtres et les descendants ; et Proudhon n'aime pas cette idée-là. La souveraineté du peuple, c'est l'idée que ma volonté ne peut pas être indépendante de la volonté de mes concitoyens, doit plier sous le joug de la leur, et que mes goûts, mes penchants, mes conceptions, ma pensée, mon âme, ma personne doivent se conformer aux tendances générales, à l'âme générale, si je puis ainsi dire, de mes concitoyens ; et c'est encore là une idée que Proudhon n'aime point du tout. Enfin l'instinct religieux peut être personnel ; mais il a toujours donné naissance à des religions, et les religions sont le lien le plus fort que les hommes aient trouvé pour s'attacher les uns aux autres ; elles sont ou elles veulent être une communion tellement intime que chacun de nous vive uniquement du sentiment commun à tous, que tout ce qui n'est pas ce sentiment soit méprisé par nous comme n'étant rien et que, par conséquent, notre personnalité soit abolie autant qu'il est possible qu'elle le soit ; et de toutes les conceptions c'est cette conception-là qui est à Proudhon la plus étrangère et la plus antipathique.

Ce que Proudhon aime donc le moins, c'est ce qui nous joint et nous engrène à nos semblables, de quelque manière que ce puisse être. Il est fortement, passionnément individualiste. Il voudrait que l'homme fût une liberté ; il ne voudrait entre les hommes que des contrats toujours libres, et toujours révocables, très courts au moins, et qui ne les enchaînassent point. « C'est un individualisme affolé, » comme M. Hyndman a dit de conceptions analogues à la sienne. C'est aussi un libéralisme exigeant et intraitable. Son mot d'*anarchie* qu'il a lancé, puis retiré, ou confirmé en l'expliquant d'une manière qui équivalait à le retirer tout en s'en applaudissant, comme il a fait à peu près de tous ses mots à effet, exprime bien la tendance dernière de son esprit. Il ne voudrait pas de gouvernement, par quoi il faut entendre en donnant à ce mot tout son sens, qu'il ne voudrait rien, non seulement de ce qui lie l'homme et le fait obéir, mais de ce qui lui trace sa route, et le dirige vers un but qu'il n'a pas lui-même choisi. — Quand nous aurons, non plus examiné ce que Proudhon attaqua et voulut détruire, mais essayé de reconstruire en système ce qu'il a voulu persuader, recommander et établir, nous verrons que cet individualisme intransigeant est bien en effet l'aspiration et l'inspiration de tout son esprit.

V

En effet, à considérer Proudhon, non plus comme critique, mais comme dogmatique, ce que l'on voit de plus précis et de plus permanent au fond et comme au centre de son esprit, son idée maîtresse, c'est l'idée de justice. La justice doit être réalisée sur la terre d'une manière absolue : « La vraie constitution de la société a pour fondement la justice considérée tout à la fois comme puissance de l'âme et notion de l'entendement ; ce principe animique et intelligible est immanent à la nature humaine… » Car « l'humanité, Rousseau l'a dit, est vertueuse par nature ; il lui suffit, pour produire les actes de sa vertu, d'être libre ». Elle va d'elle-même, « spontanément », à la « création de l'ordre », c'est-à-dire à la réalisation de la justice. Ne dites point que beaucoup d'hommes, que la plupart des hommes, en la plupart de leurs actes, sont très étrangers à l'esprit de justice et semblent n'en avoir aucune notion. Encore que vrai comme fait, cela ne vaut pas comme argument. Il n'y a pas, non plus, cinq personnes sur mille qui soient saines ; cela n'empêche pas que la santé ne soit l'état naturel de l'homme. Ainsi le veut l'idéalisme tenace, ou, s'il l'aime mieux, le sens de l'absolu dans Proudhon.

Réaliser la justice, c'est donc le but naturel de l'homme, sa loi morale, comme sa loi physique est de se bien porter. La justice, c'est la santé de l'âme. L'histoire de l'humanité, c'est l'humanité cherchant à créer l'ordre dans son sein, à tirer la justice du chaos. Toutes les grandes convulsions historiques sont des efforts pour substituer par la force la justice à la force ; et le moyen l'emportant toujours, momentanément, sur le but, il est bien vrai que c'est toujours une force simplement qui s'est substituée à une autre force ; mais c'est toujours aussi la justice qui était la pensée inspiratrice du mouvement, et c'est elle qui, en quelque mesure, a fait le vrai profit ; et de tous ces profits partiels se constituera enfin un bénéfice définitif, une réalisation presque complète, puis complète enfin, de la justice sur la terre.

Ne voit-on pas que, même quand elle se trompe, l'humanité, à chaque grand mouvement qu'elle fait, marche vers la justice, alors même qu'elle semble chercher autre chose ? Le christianisme s'est égaré dans la conception et la création de je ne sais quel idéal. Mais, à travers l'*idéal* chimérique, l'*absolu*, c'est-à-dire la loi de justice, faisait son chemin, et, un jour, l'idéal se dissipant, l'échauffement mystique se calmant, il n'est resté que l'idée d'un meilleur ordre et d'un plus grand ordre, d'une justice plus rigoureuse à maintenir et à soutenir parmi les hommes. Le fond de la Révolution française, et c'est pour cela que si les hommes en sont petits, l'idée en est immense et immortelle (Renan a plusieurs fois émis le même jugement), le fond de la Révolution française, c'est l'idée de justice. Ce qui a passé à cette époque par l'esprit des hommes, c'est que au *commandement* on pouvait substituer la *résolution*, c'est qu'il pouvait y avoir une société où le programme des choses à faire dans l'année ou dans le décennat sortît, non de la tête d'un homme, non de la tête de plusieurs hommes, mais de la tête de tous, régulièrement et périodiquement consultés. Et ceci, politiquement, est peut-être une erreur, comme moralement le christianisme en fut une ; mais c'est un effort encore, et plus grand, et surtout plus net, pour réaliser la justice, pour que disparaisse la plus grande sans doute et la plus blessante et la plus indigne différence établie entre les hommes, celle qui met d'un côté un ou plusieurs qui commandent et de l'autre des millions qui obéissent. Il n'y a dans le fond, et au risque d'immenses déboires au point de vue pratique, qu'un impérieux besoin de justice et une vaste idée de justice en cette affaire.

Et si j'oppose sans cesse l'idée de justice dans la Révolution à l'idée d'injustice dans l'Eglise, c'est, on le voit bien en me lisant complètement et d'un peu près, parce que l'Eglise avait donné le modèle même du gouvernement, et que la Révolution, par son principe, en détruisait l'idée, encore que dans la pratique elle en construisit un qui était formidable.

La Révolution tend à l'*an-archie*. Elle l'est, en essence. Elle dit : il n'y a pas de souveraineté; il n'y a pas de commandement; il y a des résolutions. En cela elle est *juste*. Le commandement, le droit de commander est une injustice. Entre justice et commandement il y a antinomie. La justice absolue c'est l'*an-archie*. Il y faut tendre pratiquement, c'est-à-dire progressivement. Il faut arriver à ce que personne ne commande et à ce que tous obéissent : tous obéissant d'abord à tous, c'est le premier pas, c'est la première constitution, imparfaite d'ailleurs, et grossière, de la justice ; tous obéissant à la loi pure, à la loi froide, stricte, précise, invariable, exprimant la justice éternelle, à la formule même, enfin trouvée, de la justice absolue; et ce sera le dernier pas et la constitution définitive. Et toujours est-il que la Révolution est un pas vers le but, et un progrès, surtout une intuition, une vision, une *prévision*, et comme un avant-goût de la justice.

Voilà, ce me semble, l'idée maîtresse de Proudhon; tout doit tendre à la justice absolue, tout doit être ramené à la réaliser; rien n'a de valeur que relativement à la justice, et qu'en tant que moyen de l'établir ou voie qui y achemine.

Mais qu'est-ce que c'est précisément que la justice, et tâchons donc de ne pas nous payer encore une fois de mots vagues. Avec Proudhon, malgré ses sophismes de discussion, on peut être sûr de ne pas rester dans les régions oratoires et d'aller jusqu'au terme extrême et net de l'idée. Pour Proudhon comme pour tous ceux qui ne sont pas arrêtés aux surfaces, la justice n'est pas autre chose que l'égalité entre les hommes. Justice et équité sont synonymes dans le langage et équité n'a pas d'autre sens qu'égalité. Si la justice n'est pas un vain mot, si l'instinct de justice ne se trompe pas, si la passion de la justice est la conscience même de l'humanité, il faut que les hommes soient égaux; ou plutôt ceci n'est pas une conséquence de cela, c'est la même chose : en désirant la justice, les hommes ne désirent que l'égalité; et en cherchant à réaliser celle-là, ils ne songent qu'à conquérir et établir celle-ci. Ce sont ou les naïfs ou les hypocrites qui, pour se complaire à un mot plus noble, ou pour déguiser le mot cru et dur sous le mot pompeux, disent justice au lieu de dire égalité. L'égalité est le nom précis dont la justice se nomme. Pour qu'il y ait justice il faut que les hommes soient égaux.

Mais ils ne le sont pas de par leur nature même et de par la nature. Ils ne le sont ni en force, ni en intelligence, ni en quoi que ce soit. Et non seulement ils ne le sont pas, mais il serait extraordinaire et étrangement anormal qu'ils le fussent ; car il n'y a aucune égalité dans la nature. La nature est l'inégalité et l'iniquité et l'injustice même. Elle veut que le fort étouffe le faible, et elle n'a établi, comme pour cela, que des forts et des faibles. Elle n'a mis aucune égalité entre ses créatures, comme pour se donner le spectacle de ce jeu : les forts écrasant les faibles ; les faibles se défendant par la ruse ou la fuite et constatant par cela même leur infériorité et l'inégalité dont ils sont victimes ; ou par la coalition, et alors, aliénant leur autonomie individuelle, leur personne, se supprimant comme *moi*, confirment ainsi d'une façon plus éclatante leur infériorité et l'inégalité ; puisque, pour vivre comme corporation, il faut qu'ils périssent individuellement ; puisque, en vérité, pour subsister de je ne sais quelle vie apparente, il faut qu'ils se tuent. — Voilà la leçon de la nature et voilà son ordre, dans tous les sens du mot ; c'est ainsi qu'elle est ordonnée, et c'est le commandement qu'elle fait à l'univers.

Conformément à l'idéalisme d'un genre particulier que j'ai signalé chez lui, Proudhon pourrait répondre que cela ne fait rien ; qu'encore que la plupart des hommes soient des malades, la santé n'en est pas moins l'état naturel de l'homme ; qu'encore que toute la nature ne soit qu'injustice, la justice n'en est pas moins la loi ; et à ces intrépidités d'affirmation il y a peu de chose à répondre ; mais il va plus loin : il affirme que l'égalité existe même dans la nature, et que la nature nous la montre comme notre cœur nous la fait aimer et comme notre esprit nous la fait concevoir. Ne voyez-vous pas l'égalité qui règne dans les lois naturelles ? « Les jours de l'année sont égaux, les années égales, les révolutions de la lune, variables dans une certaine limite, se ramènent toujours à l'égalité. La législation des mondes est une législation égalitaire. Descendons sur notre globe : est-ce que la quantité de pluie qui tombe chaque année en tout pays n'est pas sensiblement égale ? Quoi de plus variable que la température ? Et cependant, en hiver, en été, de jour, de nuit, l'égalité est encore sa loi. L'égalité gouverne l'océan, dont le flux et le reflux, dans leurs moyennes, marchent avec la régularité du pendule. »

Donner pour preuve de l'égalité entre les êtres la régularité des lois astronomiques n'est pas très convaincant. La nature a des uniformités. Cela est certain ; mais une de ces uniformités est précisément l'inégalité entre les êtres vivants : elle a des lois, cela est incontestable ; mais une de ces lois est précisément la loi du plus fort. C'est de quoi Proudhon ne convient pas. Non seulement les hommes, pour en venir à eux, doivent être égaux, mais ils le sont. S'il n'y paraît pas, s'ils ne le sont pas tout à fait, c'est par accident : « L'homme par essence est égal à l'homme, et si, à l'épreuve, il s'en trouve qui restent en arrière, c'est qu'ils n'ont pas voulu ou su tirer parti de leurs moyens... Si quelque différence se manifeste entre eux, elle provient, non de la pensée créatrice qui leur a donné l'être et la forme, mais des circonstances extérieures sous lesquelles les individualités naissent et se développent (1). » Ainsi l'égalité

---

(1) Cette idée folle l'avait été, comme on le sait, très sérieusement enseignée par Helvétius.

est fondée non seulement « en droit, mais en fait », non seulement en absolu, mais en belle et bonne réalité.

Rien n'est plus faux. En fait il n'y a pas un atome d'égalité ni même de justice dans la nature. Les êtres sont ce qu'ils peuvent. La nature les jette dans la mêlée et semble leur souhaiter bonne chance en les lâchant, sans plus vouloir s'occuper d'eux. Elle crée sans relâche pour la mort, et non seulement pour la mort, ce que nous acceptons, encore qu'il dût paraître étrange de créer si vainement, et de souffler ainsi des bulles de savon, mais elle crée pour la lutte et pour le carnage ; et non seulement pour la lutte et le carnage, mais pour la continuité du massacre, s'ingéniant à donner aux espèces faibles une énorme puissance de génération et de rapide multiplication, afin qu'elles ne s'éteignent point par leur faiblesse et que le massacre puisse durer indéfiniment. Il n'y a rien au monde de plus inégal, de plus *inéquitable* et de plus injuste que le monde.

Et, en droit, qu'est-ce au fond que ce droit à la justice, que ce droit à l'égalité, sinon le désir que vous en avez ? Où est le droit qu'un homme a d'être l'égal d'un autre homme ? C'est ce que vous n'établissez nullement. On voit bien qu'il est désagréable pour un homme de sentir au-dessus de soi un être qui lui ressemble fort et qui appartient évidemment à la même espèce. Mais ceci n'est qu'un sentiment, louable peut-être, naturel sans doute ; mais un simple sentiment. On voit bien aussi, peut-être, que l'égalité établie entre les hommes aurait quelque chose de satisfaisant pour le coup d'œil, qu'il n'y aurait point de dissonances fâcheuses et de choquantes disparates et de déconcertantes disproportions ;

mais ceci n'est qu'une conception esthétique, contestable du reste, et ne fonde point un droit. Toute l'argumentation de Proudhon repose ou sur un fait qui est faux, ou sur un axiome qui n'est qu'une affirmation, et l'affirmation de quoi? Du désir qu'a l'homme faible que tous les hommes soient aussi faibles que lui. Cela constitue une théorie en l'air, qui n'est même pas un système.

C'est précisément la fragilité de son système, quelque brillant qu'il le rendît par ses développements et surtout par ses digressions, qui l'a amené à le transformer d'une manière assez inattendue, quelques-uns ont même dit scandaleuse, à un moment donné. Le théoricien de la justice est devenu le théoricien du droit de la force. Comme il arrive souvent, le système, en se développant, a fini par se retourner contre ses prémisses et par se réfuter lui-même, tout en assurant qu'il restait fidèle à son principe, et peut-être y restant conforme en effet. Dans *la Guerre et la Paix*, Proudhon a soutenu que la guerre était un facteur essentiel de la civilisation, et la force une justice, un élément, au moins, de la justice, et un moyen, le plus puissant et le plus décisif, par lequel elle se réalise.

Comment? Il l'avait déjà indiqué dans le livre même où il faisait la théorie de la Justice et de l'Égalité, dans *la Justice dans la Révolution et dans l'Église*. Là, déjà, à ceux qui lui faisaient remarquer que l'égalité n'était pas en fait entre les hommes, que, par exemple, certaines races humaines étaient manifestement inférieures à d'autres races, il répondait nettement que, s'il était vrai, les races inférieures seraient absorbées par les autres et finiraient par s'éteindre, et qu'ainsi l'égalité aurait bien pour elle le dernier mot et s'établirait. Et il ajoutait : « La justice ou la mort ! Telle est la loi de la Révolution. »

Ce n'était point une simple boutade, et remarquez qu'à creuser lui-même sa théorie, Proudhon était bien forcé d'en arriver là. La suite des idées est celle-ci :

L'inégalité est monstrueuse, elle est contre la raison. — Du reste je la nie en fait ; elle n'existe pas ; elle n'est qu'une apparence. — Elle existe pourtant, et sachons reconnaître que si elle n'existait point, je ne serais pas là à la combattre ; elle existe et est plus qu'une apparence ; je ne me bats pas contre des fantômes ; elle est plus qu'une apparence ; elle est un *accident*.—Cet accident doit disparaître.—Comment ? Par la disparition des forts. Ce sont eux qui constituent l'inégalité et qui la perpétuent... — Mais aussi, peut-être, mais tout aussi bien par la disparition des faibles Si c'est l'égalité que je cherche et uniquement l'égalité, elle se constituera aussi bien par la disparition des inférieurs que par celle des supérieurs ; car ce qui constitue l'infériorité c'est la supériorité ; mais ce qui constitue la supériorité c'est aussi l'existence des inférieurs. Que les uns ou les autres soient supprimés, l'égalité règne. Or ce qui supprime les inférieurs et ce qui par conséquent égale et nivelle l'humanité, c'est la force, c'est la guerre. La guerre est moyen d'égalité, donc moyen de justice. Pour qui (et c'est moi) ne voit dans la justice que l'égalité et ne met dans l'idée de justice que la notion d'égalité, il n'y a rien comme la force qui soit juste, il n'y a rien comme la guerre qui ait office de justicier, et même il n'y a que la force qui soit juste et il n'y a que la guerre qui soit justicière.

Conclusion un peu suffocante, tour de logique un peu ébouriffant au premier choc. Voilà l'idée de justice, partie sans doute de la considération des misères imméritées des faibles, qui aboutit à la suppression des faibles et à l'écrasement des inférieurs; voilà l'idée du droit qui arrive à rejoindre l'idée de la force et à s'y confondre. Démarche très intelligible pourtant, très explicable, et je crois sincère, de la pensée de Proudhon. Sans avoir à tenir compte de son esprit taquin et de son humeur paradoxale, ni même, quoique ici il y ait lieu d'y songer, des emportements et entraînements de sa passion dialectique, on comprend bien que Proudhon soit arrivé à ce dernier terme, quoique partant de l'idée de justice. Cela tient à la manière dont il en partait. Dans l'idée de justice, nous, hommes du commun, nous mettons toujours une idée de pitié. Quand nous disons : « Ce n'est pas juste », nous voulons toujours dire surtout qu'il y a là une grande misère, une calamité dont l'énormité nous révolte en même temps qu'elle nous navre. Ces deux sentiments sont connexes en nous et ne se séparent point, et ne se démêlent point précisément l'un de l'autre. Proudhon, sans doute, lui aussi, est pitoyable, comme un autre; mais c'est beaucoup plus son instinct logique que son cœur qui est choqué du spectacle de l'injustice. Cette pitié pour le faible est certainement une partie de son horreur pour l'injustice; elle n'en est pas la source. C'est vraiment l'égalité en elle-même qu'il aime, et pour elle-même. Nous avons une certaine complaisance pour l'égalité, parce qu'elle est une forme de la justice; et lui n'aime la justice qu'en tant qu'elle est l'égalité, et après s'être aperçu qu'elle n'est, à la bien prendre, que l'égalité elle-même. Dès lors, et dépouillée, ou presque dépouillée, du sentiment qui s'y joint d'ordinaire, ramenée à elle-même à l'état pur, l'idée de justice devient l'idée de niveau, et, que le nivellement se fasse d'une façon ou d'une autre, par en haut ou par en bas, par la suppression des faibles ou par la suppression des forts, je ne dirai pas peu importe à l'égalitaire, mais du moins il accepte l'une des deux solutions à défaut de l'autre, et n'est pas trop blessé que des deux ce soit la pire qui se présente, tant la passion de l'égalité le possède et le domine.

Et il a raison ! De l'idée de justice pure on ne peut tirer en effet que l'idée d'égalité. L'idée toute sèche de justice se ramène à l'idée d'égalité, et s'y confond.

C'est que l'idée toute sèche de justice est une idée fausse, tout simplement.

Elle est fondée sur l'idée de droit. Or qu'est-ce qu'un droit ? Rien de plus clair entre contractants. Si l'on m'a promis telle rémunération à condition que je fisse tel ouvrage ; cet ouvrage fait, la promesse de l'autre devient mon droit. J'ai droit à la rémunération parce que j'ai été loyal et que, si l'autre me la refusait, il ne le serait pas. J'ai droit à la rémunération, parce que, si vous me la refusez, vous avez menti, vous m'avez trompé, vous m'avez dérobé par tromperie mon temps et mes forces, vous m'avez volé. J'ai droit contre vous comme contre un voleur de ma maison, de mon jardin ou de mes meubles. Entre contractants il y a droit évident, palpable et hors de tout conteste. Et la justice consiste à ce que le droit soit respecté. Entre contractants il y a justice. On peut l'invoquer, la réclamer, se la faire rendre, son contrat en main.

Là où il n'y a pas contrat y a-t-il droit ? Nullement. C'est par un abus de mots qu'on prétend qu'il peut y en avoir et qu'il y en a. C'est par une sorte d'extension abusive de l'idée de droit. Comme, en société, nous sommes entourés, enserrés d'un réseau de mille droits et devoirs réciproques, on s'habitue à voir des droits partout, même où il n'y en a aucunement. Comme, sans cesse, presque du berceau à la tombe, nous sommes employés, en vertu d'un contrat écrit ou d'un contrat verbal, à quelque ouvrage, et qu'à chaque instant nous revendiquons le droit qui en résulte, nous croyons avoir toujours un droit dans notre main ; nous ne pouvons pas nous imaginer que nous soyons sans droit ; nous croyons être nés avec un droit, ou avec plusieurs. De là ces idées de droit à la vie, de droit à la liberté, de droit au travail, ces idées de droits *à priori*, ces idées de droits antérieurs à toute convention et à tout contrat, qui ne reposent sur rien, qui ne sont pas autre chose que des idées fausses.

C'est précisément pour cela que ceux qui ont cru à ces sortes de droits, mais qui, esprits vigoureux et logiques, ont voulu les fonder sur quelque chose et en ont voulu trouver la base solide, en sont venus tout naturellement à supposer un contrat à l'origine des sociétés, ont inventé un contrat social, obligeant la société envers les individus et les individus envers la société. Ils sentaient bien que les droits sans contrat ne sont rien du tout, et, pour qu'il y eût droit, c'est le contrat qu'ils ont inventé.

Mais c'est leur invention même qui se retourne contre eux. Elle montre que pour que les « droits naturels » soient autre chose qu'une chimère ou une déclamation, il faut supposer une chose qui n'a jamais existé, un traité social primitif qui n'a jamais été signé, et qui, du reste, eût-il existé, n'engagerait pas les générations successives. Elle montre que les droits *à priori* ne sont qu'une illusion qu'on ne peut appuyer que d'une hypothèse. Elle montre mieux que toute argumentation qu'il n'y a droit que là où il y a contrat, et que le droit entre non contractants n'est rien.

Et donc la justice entre non contractants n'est rien, elle non plus ; ou elle est simplement l'égalité ; et qui prouve que l'égalité doive exister entre les hommes ? Pourquoi doit-elle exister ? Parce que c'est juste. Mais qu'est-ce que la justice où il n'y a pas droit, et quel droit peut-il y avoir là où il n'y a pas contrat ?

Non, l'idée de justice, en dehors des contrats, est simplement une idée fausse. Ne dites point : il faut que les hommes soient heureux parce que c'est juste. Dites : il faut que les hommes soient aussi heureux que possible parce que c'est bon. Dites : il faut abolir tant qu'on pourra la misère parce que la misère fait pitié ; il faut soulager les faibles de leurs fardeaux le plus possible parce qu'ils sont nos frères. Fondez les rapports sociaux, en dehors des contrats authentiques, non sur la justice, mais sur l'altruisme. Croyez-vous obligés, certes, mais non pas par la justice, mais oui bien par la bonté. Car l'esprit de justice non uni à l'esprit de bonté est si sec et si froid, il n'est si bien qu'une sorte de manie d'égalité, qu'il peut mener, nous venons de le voir, aussi bien au dessein de supprimer les faibles qu'à la volonté de les secourir. Le coup de génie du christianisme, en son enseignement le plus ancien, et le plus profond et le plus sacré, est d'avoir franchi, comme la dédaignant, l'idée de justice pour arriver à l'idée de charité, et s'y tenir. La justice n'est pas dans l'Évangile. Elle y est omise, oubliée, peut-être méprisée ; il semble parfois qu'elle y est raillée. Elle a semblé au fondateur du christianisme quelque chose de froid, d'exact, de correct et de pharisaïque. C'est de la charité seule qu'il nous parle, parce qu'elle est généreuse au contraire, et féconde et *illimitée*. — C'est là une vue profonde. La société s'organise et reste organisée, engrenée, liée par une foule de contrats, depuis celui qui oblige réciproquement le maître ouvrier et son compagnon, jusqu'à celui qui oblige la société tout entière à me protéger parce que je me suis engagé à lui payer l'impôt ; et tous ces contrats sont garantis par une convention supérieure qui s'appelle la loi ; et dans tous ces contrats et conventions, c'est la justice qui doit régner, c'est-à-dire la loyauté réciproque à tenir ses engagements, et voilà pourquoi on a pu dire que la société est fondée sur la justice. Mais quand on se demande non plus ce qui la maintient, mais ce qui doit l'améliorer, ne songez plus à la justice, ne cherchez plus de ce côté ; vous ne trouveriez que des idées fausses, que des conceptions sans fondement, et qui même peuvent vous mener, pour peu, à la vérité, que vous ayez l'esprit paradoxal, jusqu'à des conséquences don. votre humanité même s'accommoderait assez mal ; songez à la charité, à l'esprit de dévouement, à l'esprit de fraternité ; sachez que ce sont là les vrais devoirs, et non seulement pour l'individu, mais pour la société elle-même ; et que ce sont là des principes qui, dans leurs conséquences les plus lointaines, ne risquent point de devenir le contraire de ce qu'ils étaient.

VI

Les idées économiques de Proudhon sont toutes fondées, comme ses idées politiques, sur l'idée de justice ramenée à l'idée d'égalité. Seulement, en même temps que passionnément égalitaire, Proudhon est passionnément libéral. Il est individualiste, j'ai dit à quel point. Il veut que l'individu soit aussi libre, aussi autonome que possible, ne soit pas gêné sous prétexte d'être protégé, ne soit pas opprimé par sa sauvegarde. Et cela fait une antinomie dans laquelle Proudhon s'est débattu, sans pouvoir en sortir très facilement, toutes les fois qu'il a exposé ses idées économiques. Car il est très difficile, en pareille matière, d'établir l'égalité sans renoncer à la liberté, et de laisser agir la liberté sans renoncer à l'égalité, comme nous allons, je crois, le reconnaître ; et il me semble que le manque de portée, l'inachevé et *l'inconclu*, l'avortement perpétuel des déductions économiques de Proudhon tient à ce qu'il ne s'est jamais résigné à renoncer à l'un ou à l'autre de ces deux principes.

Ainsi, pour commencer par la question où Proudhon s'est jeté tout d'abord et qu'il a traitée avec la véhémence la plus retentissante, Proudhon rencontre ce grand fait social, universel depuis les temps les plus reculés, la propriété. L'égalitaire proteste contre ce fait, le libéral, l'individualiste ne peut pas s'empêcher de le défendre.

L'égalitaire dit : « la propriété c'est le vol (1) » ; il est contre toute justice (égalité) que celui-ci ait comme une personnalité plus large, plus vaste que celui-là, qu'il étende sa personnalité dans et sur des objets matériels qui le constituent plus grand, plus fort et plus lourd,

(1) Le mot, comme on sait, avant d'être de Proudhon, est de Brissot. Il est aussi de Henri de Saint-Simon : « Fainéants, c'est-à-dire voleurs. » On peut remonter ; il est aussi dans Morelly (1756). Il a toujours été dans le cœur de ceux qui ne possédaient pas.

plus gros sur la terre que son semblable, lequel ainsi n'est plus son semblable le moins du monde. Il y a là empiètement, conquête, invasion de la part de celui qui possède ; réduction, rétrécissement, sujétion et en définitive esclavage pour celui qui ne possède pas.

Et sur quoi celui qui possède fonde-t-il son droit ? Sur le fait de premier occupant, disent les uns. Mais vous n'êtes pas le premier occupant de la chose que vous possédez. C'est par hérédité que vous occupez la place d'un premier occupant disparu depuis des siècles. En quoi et pourquoi la préoccupation est-elle transmissible ? Il faudrait prouver non pas la légitimité de la première occupation, mais la légitimité de l'hérédité. Or l'hérédité n'est pas légitime, elle est légale. Elle n'est fondée que sur la loi, sur une loi actuelle, qu'on peut remplacer par une autre. Et cette loi est contraire au principe d'égalité inscrit si fastueusement dans vos constitutions.

Sur le travail, disent les autres ; on est propriétaire de la chose qu'on a tellement modifiée par son travail qu'en vérité on l'a créée. Aussitôt, je tire « cette irréfragable conséquence que celui qui ne travaille plus et qui fait travailler un autre à sa place perd son droit, au bénéfice de celui-ci ; et dès lors plus de propriété. »

Qu'on prenne la question comme l'on voudra, on en viendra toujours à voir que la propriété est une supériorité d'un homme sur les autres hommes qui n'est pas consentie par ces autres hommes. Une supériorité non consentie par les inférieurs est contraire au principe démocratique ; elle est une inégalité, cela va de soi, mais une inégalité anormale, irrégulière et comme inconstitutionnelle ; elle n'est pas l'inégalité qui existe entre le chef élu et ceux qui l'ont nommé ; elle est une inégalité de naissance, de hasard, de providence, si vous voulez, qui prend son droit en dehors du droit tel que nous l'entendons au temps moderne ; elle est féodale ; elle est une anomalie dans l'époque actuelle. Elle doit disparaître, comme ont disparu ces autres institutions qui lui ressemblent : féodalité et monarchie.

Remarquez-vous que, comme elles, elle a le caractère d'expédient et de mesure transitoire ? Les hommes ont très probablement commencé politiquement par une manière de république confuse, économiquement par une manière de vague communisme. Les chefs sont nés de l'ambition naturelle à l'homme et qui réussissait chez ceux qui étaient les mieux doués ; mais cette ambition et la supériorité naturelle des mieux doués n'aurait nullement suffi, si la nécessité, ou l'extrême utilité, du chef, ne se fût pas fait sentir et ne l'eût pas fait accepter. Cette nécessité, elle est venue, même sans supposer attaques et incursions des tribus voisines ou attaques et incursions contre les tribus voisines, du désir, de l'impatience de progrès, si naturelle à tous les hommes en tous les temps. Le chef, roi, duc, baron, est un homme, non de délibération lente, interrompue, reprise, à solution tardive et tempérée, utile seulement pour la conservation et le maintien du *statu quo*, mais un homme de décision, de hardis desseins, d'entreprises ; il est une initiative. C'est par lui que se fait le progrès, le changement du moins, que les hommes confondent souvent avec le progrès, et qui n'est peut-être pas un bien, mais dont il faut reconnaître que les hommes ont besoin. Les chefs sont nés parmi les nations de ce besoin-là, ou du moins ce besoin a très puissamment aidé les chefs à naître et à faire accepter leur domination, parfaitement illégitime.

Il en est tout de même de la propriété. Les propriétaires, les capitalistes, les hommes possédant beaucoup plus que les autres ont été une condition du changement, du progrès, de toutes les nouveautés économiques. « Toute évolution industrielle exigeant une certaine mise de fonds, une consommation de valeurs et de temps, il fallut créer des loisirs et fournir des avances à certains hommes devenus pour ainsi dire les *éclaireurs de la production* [ou plutôt se trouvèrent naturellement éclaireurs de la production les hommes qui, d'une part, avaient su par l'épargne se créer des loisirs et des avances, et d'autre part avaient le goût des entreprises]... En général les perfectionnements mécaniques, les applications de la science à l'industrie, les réformes agricoles, l'esprit d'innovation et de découverte, viennent, non des pauvres, mais des riches ; et non de l'initiative sociale, mais de la spontanéité individuelle. » Voilà ce qu'ont été les propriétaires et capitalistes. Ils ont été des chefs du travail, comme rois et ducs étaient chefs de la vie politique et militaire. Mais ils doivent disparaître comme eux, pour mêmes raisons ou pour raisons analogues. Le chef politique est remplacé dans les sociétés modernes par un mandataire chargé d'exécuter la volonté de tous et non la sienne, parce que, l'information étant plus grande et les communications plus faciles et constantes, l'initiative peut venir de tous ; le chef du travail disparaîtra de même parce que, l'association étant devenue plus facile, le travail n'a plus besoin de chef, et l'esprit d'initiative et d'entreprise peut appartenir à une association comme il ne pouvait appartenir autrefois qu'à un homme.

Notez en même temps que ce qui légitimait le propriétaire ou capitaliste, à savoir cet esprit d'initiative et d'innovation, propriétaires et capitalistes ne l'ont plus. Ils sont devenus, tout au contraire, des timides, des misonéistes, des conservateurs, des immobiles, ne songeant qu'à garder les situations acquises. Comme les féodaux politiques avaient cessé d'être chefs politiques et même chefs militaires, les féodaux économiques ont cessé d'être chefs du travail. Comme ceux-là ont disparu parce qu'ils avaient perdu ce qui les justifiait, ceux-ci, ayant perdu ce qui les justifiait, doivent disparaître. Le rôle historique du propriétaire est fini.

Ainsi raisonne le Proudhon égalitaire.

Et le Proudhon libéral, le Proudhon individualiste répond :

La propriété individuelle, c'est l'individualité ; c'est dans un commencement au moins de propriété individuelle que l'individu se sent lui-même et prend conscience de lui. La misère la plus profonde du prolétariat et de l'esclavage, ce qu'ils ont de plus horrible, c'est l'absence absolue de propriété, parce qu'à ne posséder rien l'homme ne saisit plus sa personnalité, se sent comme un enfant ou un animal, n'est pas sûr d'être quelqu'un. On ne saisit pas sa personnalité en elle-même, ou il y a à cela quelque difficulté ; cela demande une certaine puissance d'abstraction ; on la saisit dans son extension, dans ce qui, en l'accroissant, l'encadre et la rend palpable ; c'est autour de soi qu'on se saisit, en disant comme la Galathée de la légende : « Ceci est encore moi. »

C'est si vrai que la propriété immobilière n'est plus vraiment la propriété ; ce n'est plus qu'une supériorité sur le voisin moins pourvu : « Si l'inégalité est un des attributs de la propriété, elle n'est pas toute la propriété ; car ce qui rend la propriété chose « délectable, » comme disait je ne sais plus quel philosophe, c'est la faculté de disposer à volonté, non pas seulement de la valeur de son bien, mais de sa nature spécifique, de l'exploiter selon son plaisir, de s'y fortifier et de s'y clore, d'en faire tel usage que l'intérêt, la passion et le caprice même suggèrent. Qu'est-ce qu'une jouissance en numéraire, une action sur une entreprise agricole ou industrielle, un coupon de grand livre, à côté du charme infini d'être maître dans sa maison et dans son champ, sous sa vigne et sous son figuier ? » — Ainsi la propriété, non seulement est une tendance naturelle de l'homme, elle est une de ses facultés. Elle est une des choses qui le distinguent des autres hôtes de l'univers. « Je le sais aussi bien que personne, la propriété a sa racine dans la nature de l'homme et dans la nécessité des choses. »

Ainsi proteste contre lui-même Proudhon quand l'individualiste énergique et même intransigeant prend en lui le dessus.

Surtout quand il rencontre les systèmes nettement destructeurs de la propriété, communisme ou collectivisme, sa répulsion devient extrême. On voyait bien tout à l'heure que déjà il trouvait une manière de communisme *inégalitaire*, mais de communisme cependant, dans la propriété immobilière. Dans la propriété collective, il trouve une disparition encore plus fâcheuse de l'individualité : « Si le travail, l'échange et la consommation s'effectuent dans une parfaite indépendance, la condition est jugée la meilleure possible ; si le travail est exécuté en commun et que la consommation reste privée, la condition paraît déjà moins bonne, mais encore supportable : c'est celle de la plupart des ouvriers et fonctionnaires subalternes ; si tout est rendu commun.

travail, ménage, recette et dépense, la vie devient insipide, fatigante, odieuse. Tel est le préjugé anticommuniste, préjugé qu'aucune éducation n'ébranle, qui se fortifie même par l'éducation sans qu'on puisse découvrir comment cette éducation pourrait changer de principe, préjugé enfin dont les communistes paraissent tout aussi imbus que les propriétaires. » — C'est que l'homme sent s'évanouir sa dignité et sa personne même dans l'organisation communautaire à quelque degré qu'elle soit poussée et pour ainsi dire dès qu'elle commence : « *La communauté des choses rend ma personne commune*, dit-il, trouvant là une admirable formule ; je suis d'autant plus pur, plus libre, plus inviolé que je suis avec mes semblables en communauté plus éloignée, comme, par exemple, en communauté de soleil, en communauté de pays ou de langue. Au contraire, je me sens d'autant plus profane et moins digne qu'ils sont avec moi en communauté plus prochaine, à la manière de Platon. »

Ainsi parle le Proudhon individualiste, et jamais peut-être l'amour jaloux de la personnalité, de la liberté, de la possession de soi-même ne s'est exprimé avec plus de force ni avec plus de précision pénétrante.

Et entre ces tendances contraires, entre ces besoins contraires et ces protestations contradictoires, que peut conclure Proudhon ? Il ne conclut vraiment point. On voit bien que ce qu'il voudrait qui disparût c'est la trop grande, l'excessive et l'abusive propriété ; et que ce qu'il voudrait qui subsistât, c'est la petite propriété, le jardin, la vigne et le figuier. Ce qu'il voudrait qui subsistât, et il est très logique en ceci, c'est la propriété qui étend seulement la personnalité et la satisfait et la confirme ; ce qu'il voudrait qui disparût c'est la propriété où la personnalité au contraire se noie, se disperse et ne se reconnaît plus. — Ceci est exact. Le grand seigneur, possesseur d'immenses domaines, ne se saisit pas plus lui-même dans ces royaumes qui portent son nom, mais où il n'a mis nulle part sa marque et son empreinte, n'y pouvant mettre son affection prochaine et intime, que le pauvre hère ne peut se saisir et se reconnaître dans quoi que ce soit au monde, ne possédant rien. Et l'on voit bien que c'est à la propriété en tant seulement qu'elle est une extension de la personnalité, c'est-à-dire à la propriété restreinte, que Proudhon reste attaché.

Mais où fixer la limite et où trouver le droit qui fixera la limite, c'est ce qui sans doute n'est pas très facile, et c'est ce que Proudhon n'a pas trouvé. Il se contente, c'est ce que je trouve de plus net, je ne dis pas comme conclusion, mais comme dernier mot en cette affaire, de dire qu'il faudrait des freins et des contrepoids : « ... La propriété sans *contrepoids*, sans engrenage, aboutit droit où je dis, et devient vol et brigandage. Notre société en est là aujourd'hui. C'est pour cela que je cherche dans la création de garanties sociales et mutuelles un contrepoids... » — Mais ce contrepoids fait de garanties sociales et mutuelles, il ne l'a pas trouvé, et toutes ses considérations sur ce sujet amènent seulement à cette vue générale que la propriété la meilleure, la plus salutaire à l'humanité, c'est la plus divisée, axiome économique assez contestable du reste, et en tout cas peu original.

Nous trouverons la même lutte de Proudhon contre lui-même dans ses études sur le travail et sur l'échange. J'ai peut-être tort de dire *lutte*. L'esprit de Proudhon est si vif et le jeu des idées est pour lui si captivant que l'antinomie lui est un plaisir, une joie violente et un peu âpre, une ivresse de prestidigitateur passionné.

Disons, si l'on veut, que les deux Proudhon vont se jouer en exerçant leur adresse et leur force l'un contre l'autre dans cette nouvelle arène, comme dans celle où nous les voyions tout à l'heure.

Ce qui frappe le plus Proudhon dans la question du travail, c'est ce qu'il a appelé, d'un nom très heureusement imaginé, *l'anarchie industrielle*.

Elle consiste, on le sait, en ceci : rien dans l'état actuel n'indique, ne règle, n'établit la quantité de chose à produire, la quantité de travail à faire utilement, ni, par conséquent, la valeur du travail. Je travaille à un ouvrage pénible et délicat. Que me rapportera-t-il ? que vaut-il ? Je n'en sais rien. Cela dépend du besoin qu'on en aura quand je l'aurai fini. A ce moment si on me le demande, il vaudra beaucoup, car il s'établira comme une enchère autour de lui, et je le donnerai au plus offrant. Si je l'offre, il vaudra peu, peut-être ne vaudra-t-il rien.

Il est vrai que je suis employé par un chef de travail, par un patron qui me promet une rémunération fixe, soit au temps, soit à la tâche ; mais cela est illusoire, car lui-même ne sait pas ce que, la semaine prochaine, vaudra l'ouvrage fait ; et par conséquent sa promesse, même s'il la tient, ne peut rester ferme que pour un avenir très peu éloigné ; et si dans quelque temps lui-même en est à offrir, il ne me promettra plus et ne me donnera plus que les deux tiers ou la moitié de ce qu'il me promet et me donne aujourd'hui.

C'est l'insécurité absolue, et c'est cette chose étrange d'un travail qui est le même en soi, qui est le même comme effort musculaire ou cérébral et comme temps employé, et qui n'est nullement le même comme rapport, comme valeur à échanger contre une autre valeur. Il n'y a là rien de régulier, de normal, ni d'équitable et de juste, ni, pour ainsi dire, de réel. On dirait que mon travail et mon temps ne sont pas des choses réelles, sont des riens, qu'on prend quelquefois seulement, selon les circonstances, pour quelque chose. Et ces ombres vaines, ces fantômes, parfois seulement doués d'existence sans qu'on sache pourquoi, c'est pourtant ce dont je vis, ce dont vivent les miens, et la seule ressource dont les miens et moi pouvons vivre. C'est épouvantable. C'est la marche dans les ténèbres, c'est un tâtonnement d'aveugles, c'est l'anarchie.

— Autre aspect de cette anarchie, non moins effrayant. Pour obvier à cet inconvénient de l'insécurité et de l'incertitude sur la valeur de ce qu'ils font, les hommes ont réduit leurs espérances pour augmenter leur certitude quotidienne. Ils se mettent à la solde d'un chef de travail qui leur promet, par exemple, pour une année tout entière un salaire fixe. Voilà un peu plus de sécurité, mais d'abord obtenue par un sacrifice, et ensuite illusoire encore.

Obtenue par un sacrifice, car le chef de travail ne paiera pas le travail ce qu'il vaut aujourd'hui ni ce qu'il suppose qu'il vaudra demain et après-demain, parce qu'il fait une avance qu'il ne veut pas faire gratuitement; parce qu'il veut se couvrir des risques qu'il encourt si ses prévisions sur la valeur qu'aura demain le travail fait se trouvent démenties ; et enfin parce qu'il profite de la situation pour faire un bénéfice.

Illusoire, parce que ce chef de travail n'est pas plus sûr que le simple travailleur de la valeur du travail, quelque bien informé qu'il puisse être, cette valeur étant toujours dans les ténèbres de l'avenir. En cette incertitude, il sera toujours comme tiré en deux sens contraires : par la crainte de ne produire pas assez et de manquer l'occasion où le travail fait aurait une grande valeur et, jeté en abondance sur le marché, l'enrichirait ; par la crainte de produire trop et de se trouver dans des circonstances où il serait forcé de livrer la marchandise à perte pour s'en débarrasser et de se ruiner.

Mais remarquez que cette seconde crainte sera toujours moins forte que la première : d'abord on a toujours plus de désir de s'enrichir que de crainte de se ruiner ; ensuite les risques ne sont pas les mêmes : si le chef de travail a produit trop, ce n'est pas sûrement la ruine qui l'attend, c'est le plus souvent un simple arrêt dans le travail ; il a trop produit, il dit aux ouvriers : « Ne travaillez plus », et il attend que la marchandise s'écoule ; c'est une perte, non une ruine ; — dans l'autre cas, c'est un enrichissement rapide et merveilleux.

Le chef de travail a donc toujours une tendance à produire trop ; c'est même une bonne règle industrielle. Beaucoup trop produire est insensé, mais produire un peu trop est nécessaire ; c'est le moyen d'être prêt non seulement aux bonnes occasions, ce qu'on ne peut guère reprocher à un producteur, mais à faire honneur à son bon renom quand la demande se multiplie ; et il y aurait une sorte d'humiliation à être pris au dépourvu. La surproduction est donc une règle en industrie.

Mais alors le chômage en est une aussi ! S'il y a toujours surproduction, il faudra bien que le moment arrive où la demande cesse, où la marchandise attend et où le travail aussi doit cesser et le travailleur attendre. C'est le chômage, c'est l'ouvrier ne mangeant pas. Ce qu'il a fait, cet ouvrier qui s'est mis à la solde d'un chef de travail pour se créer une sécurité, n'est donc pas très heureux. Il a diminué l'insécurité quotidienne pour s'assurer, à un moment donné, une certitude de misère. Il a accumulé dans la période de chômage toute la misère qui se serait disséminée, moins lourde, sur toute son année. Il a capitalisé son indigence. Et le moment où il touchera cet étrange capital, il ne le sait pas, il ne peut pas le savoir, il ne le prévoit jamais. C'est le hasard absolu, c'est l'anarchie.

Il n'y a pas seulement anarchie dans le régime industriel moderne, il y a barbarie, dans le sens précis du mot, retour à l'état barbare, ou, si l'on veut, l'état barbare s'est conservé là. La loi de division du travail est la grande cause qui produit cet état de barbarie ou qui le maintient. Comme on s'est avisé, avec beaucoup de raison, qu'il y a économie de temps et de capital à donner à chaque ouvrier une partie seulement, toujours la même, du travail que l'on entreprend, et par exemple à celui-ci la lame du couteau et à celui-là le manche, et à un autre le soin de les réunir, on est arrivé à une grande facilité et rapidité de production et à un bon marché merveilleux ; mais on a fait une classe d'hommes qui ne sont proprement que des machines, qui, industriels, ont beaucoup moins *d'industrie* que les paysans, les sauvages et même les castors.

Passe encore, quoique cette situation soit inquiétante pour l'avenir des races et qu'il ne soit jamais bon de ne demander aux générations successives d'une certaine classe sociale aucun exercice de l'intelligence et de l'invention ; mais ces hommes, en devenant des machines, ont été convertis en esclaves. Peuvent-ils exercer une industrie, personnellement, librement, à leurs risques et périls ? *Ils n'en ont pas* ; ils n'ont qu'une manipulation fragmentaire et parcellaire, susceptible d'être adaptée à une industrie, inutile et improductive toute seule. Et eussent-ils une industrie complète, *in integro*, ils n'en pourraient rien faire du tout, car la division du travail ayant précisément pour effet de produire à meilleur marché que le travail intégral isolé, ils ne pourraient pas lutter, isolés, par le travail intégral, contre la grande maison d'en face qui use du travail divisé. Ils sont donc obligés, quelque habiles qu'ils soient, d'entrer dans le travail divisé et d'y perdre leur habileté. Ils sont serfs de la grande industrie et attachés à leur rouage comme le serf d'autrefois à sa glèbe.

Tout cela « semble avoir été combiné pour l'asservissement de l'ouvrier. Après avoir, dans l'intérêt de la production, divisé et sous-divisé à l'infini le travail, on a fait de chacune de ses parcelles l'objet d'une profession particulière, de laquelle le travailleur enrouiné, hébété, ne s'échappe plus. Politiquement affranchi par la Révolution, il est refait serf en son corps, en son âme, en sa famille, en toutes ses générations, de par la distribution vicieuse, mais invétérée, du travail. »

Rien n'est plus curieux en même temps que plus attristant que cette évolution du travail parmi les hommes. La division du travail a été imaginée pour les affranchir et aboutit à les asservir davantage. Elle a été inventée pour que ce ne fût pas une nécessité pour chacun de pourvoir à tous les besoins de sa vie, d'être pour son propre service chasseur, tailleur, charpentier, maçon, cordonnier et le reste ; et l'on trouva qu'il valait mieux que celui-ci fût maçon pour tous et celui-là boulanger pour tous, etc. ; et un véritable affranchissement est résulté de cette première répartition. Mais voilà qu'en se divisant davantage et toujours de plus en plus le travail replace, non plus tous les hommes, il est vrai, mais une classe d'hommes, dans les conditions primitives ou plutôt dans des conditions pires, les réduisant à l'état de simples rouages qui n'ont pas besoin d'intelligence et qui la perdent en tournant : « Le travail, en se divisant selon la loi qui lui est propre et qui est la condition première de sa fécondité, aboutit à la négation de ses fins. » Voilà ce qu'on peut appeler la barbarie du régime industriel.

Elle va très loin. Proudhon nous prévient que ce n'est pas une déclamation que de parler d'esclavage à ce propos. Sauf (ce qu'il pourrait, cependant, faire remarquer) le droit arbitraire de vie et de mort du maître sur l'esclave, l'ouvrier moderne est aussi lié que l'esclave antique ; car de changer d'usine ou de fabrique, ce n'est pas cela qui l'affranchit guère et il est toujours le corvéable de son industrie, ici, là, ou plus loin, dans des conditions identiques, sans pouvoir jamais vivre d'une façon autonome, puisqu'il *fait partie* d'une industrie, mais n'*a pas* à lui une industrie, comme nous l'avons montré. Et d'autre part, il est peut-être plus foulé que l'esclave antique, parce que l'esclave antique, qui vous appartient, qui est un capital à vous, que vous devez ne pas laisser mourir pour ne pas perdre ce capital, vous le nourrissez et le faites travailler à force de terreur ou de coups, mais non pas par la menace de mourir de faim, ce qui fait qu'il est « une propriété chanceuse et de difficile exploitation » ; tandis que l'ouvrier moderne, sans qu'il y ait la moindre oppression, ni la moindre pression, ni même la moindre mauvaise intention de votre part, se nourrissant lui-même, subit, pour ne pas mourir, les plus terribles diminutions de salaire et va jusqu'aux dernières limites et de travail et de privations que la concurrence lui impose, précisément parce qu'il est propriétaire de sa personne, libre et triste victime de sa franchise, esclave de sa liberté.

Il est très probable, remarque ici Proudhon, que là est tout le secret de la disparition de l'esclavage. C'est leur intérêt même qui dut ouvrir les yeux aux propriétaires de l'antiquité. Ils durent comprendre que le meilleur parti à tirer de l'esclave était, en l'affranchissant, de le « constituer fermier de sa propre personne (1) ».

Et ici il faut reconnaître que Tocqueville appuie Proudhon par un exemple moderne. « La servitude, dit-il, qui abrutit l'esclave appauvrit le maître. » Regardez la rive droite, puis la rive gauche de l'Ohio. « Sur la rive gauche du fleuve la population est clairsemée..., la forêt primitive reparaît sans cesse..., l'homme semble endormi... Sur la rive droite de riches moissons couvrent les champs... » C'est que la rive gauche est pays d'esclaves et la rive droite pays de travail libre. « L'ouvrier libre est payé, mais il fait plus vite que l'esclave... Le noir n'a rien à réclamer pour prix de ses sueurs, mais on est obligé de le nourrir en tout temps ; il faut le soutenir dans sa vieillesse comme dans son âge mûr, dans sa stérile enfance comme dans les années fécondes de sa jeunesse, pendant la maladie comme en santé... » Conclusion : la production est plus grande dans le pays de travail libre ; mais l'ouvrier libre est beaucoup moins heureux dans son enfance, pendant ses maladies, dans sa vieillesse, et beaucoup plus chargé de travail quand il est valide, que le travailleur esclave. Il y a des effets de la civilisation qui sont des redoublements de barba-

---

(1) Il y a une autre raison, confirmative du reste de celle-ci, donnée par Dunoyer dans *l'Industrie et la morale dans leurs rapports avec la société* (1825), et rapportée par Auguste Comte dans le *Cours de philosophie positive*, t. V, 51e leçon.

rie; il y a des affranchissements qui sont surcroîts de chaînes : « Par requerre de trop grande franchise et liberté, chet-on en trop grand servaige. » Barbarie industrielle, le mot, décidément, est-il trop fort ? Je n'ai pas besoin de dire que pour Proudhon il est trop faible.

Et l'on s'attend, après ces sombres tableaux et ces véhéments réquisitoires, à ce que Proudhon recoure aux remèdes tant de fois offerts et qui semblent les seuls qu'il soit naturel de proposer, sans, du reste, qu'on soit sûr de leur efficacité, sans qu'on soit sûr même de pouvoir les mettre en pratique. Contre la barbarie industrielle essayons de l'organisation régulière du travail ; contre l'anarchie industrielle essayons de la réglementation du travail et des salaires. Puisque ce qui fait la différence entre les choses d'industrie libre et les choses d'État, c'est que les choses d'industrie libre sont abandonnées aux incertitudes du hasard et à l'âpreté de la concurrence, tandis que les choses d'État sont prévues, réglées, concertées, exemptes de toute témérité, calculées selon les besoins vrais, soustraites aux entraînements qu'amène la lutte, et constituent un ordre et non une bataille, donc une sécurité au lieu d'un état barbare, et un labeur paisible au lieu de « la confusion d'un incendie » ; faisons entrer l'État dans l'industrie, faisons de l'État le régulateur du travail industriel. Puisque la différence entre l'ouvrier et le fonctionnaire est que le fonctionnaire n'a à subir ni les contre-coups de l'imprévoyance des chefs de son travail, ni les effets de leur ambition téméraire, ni les résultats désastreux des batailles que la concurrence les oblige à livrer, ni les excès de labeur quand la demande se porte brusquement sur un point, ni les excès d'oisiveté et de misère quand elle cesse ; en faisant de l'industrie une chose d'État, en remplaçant la concurrence par l'information, en mesurant juste la production aux besoins, en dressant le budget industriel comme on dresse le budget de l'État, faisons de l'ouvrier un fonctionnaire. — Eh bien, c'est ce dont Proudhon ne veut pas entendre parler ; c'est cet ordre de solutions qu'il repousse absolument.

C'est qu'ici l'individualiste, le libéral se réveille. Il ne veut pas de cette ingérence de l'État, dans les choses du travail, parce que l'État, s'il est protecteur est aussi despote, et s'il est bienfaiteur est aussi tyran capricieux. Il n'a pas intérêt ou, du moins, il n'a pas un intérêt urgent, perpétuellement senti, à être servi par les meilleurs. De là ces fonctionnaires qui ne fonctionnent pas. « Il y a des fonctionnaires qui votent ; il y en a qui signent ; d'autres qui parlent, d'autres qui sont aux écoutes, qui se promènent et qui regardent faire. Telle fonction à peine suffisante pour un seul, occupe dix hommes ; tel homme reçoit les émoluments de dix fonctions... » — Vous croyez échapper à l'anarchie en passant des choses d'industrie aux choses d'État, vous la retrouvez sous une autre forme : ici c'est l'anarchie par nonchalance, par trop de sécurité et par prodigalité des faveurs ; c'est l'anarchie de la sinécure. Vous croyez échapper à la barbarie, vous la retrouvez sous une nouvelle forme : l'ouvrier fonctionnaire, c'est le travail noir opposé au travail blanc. Il est nourri, mais improductif et dégradé ; il n'a ni vaillance, ni initiative, ni dignité, ni personnalité ; il est en état de barbarie morale. Vous croyez échapper à l'absolutisme, vous ne faites qu'en remplacer un par un autre. La concurrence industrielle en était un, amenant, contraignant le travailleur à aller jusqu'au maximum d'effort et jusqu'au minimum de réfection pour pouvoir lutter contre les rivaux ; l'État patron en est un autre, seul possesseur du travail à donner, le donnant par conséquent à très haute rétribution à ses favoris, il est vrai, mais à aussi basse rétribution qu'il le veut, et pour le pain, comme un propriétaire d'esclaves, à tous les autres ; à d'autant plus basse rétribution à ceux-ci qu'il le donne à meilleures conditions à ceux-là. Et cette inégalité et cette injustice, inévitables, fatales, tant elles sont naturelles dans les habitudes d'un despote, en même temps qu'elles sont barbarie, constituent anarchie du même coup. — Despotisme abstrait, en quelque sorte, impersonnel et dont personne n'est responsable sous le régime de la concurrence ; despotisme personnel et dont le gouvernement sera responsable (mais qu'est-ce que cela fait si cette responsabilité n'a pas de sanction ? et elle n'en aura pas) sous le régime de l'État patron ; anarchie et barbarie dans les deux cas : voilà le résumé du problème économique.

C'est pour cela qu' « économistes et socialistes poursuivent également un but impossible à atteindre : les premiers, en appliquant à la société les règles de l'économie privée, » en croyant qu'il suffit de travailler et d'épargner, ce qui dans la famille amène à l'aisance et, pratiqué par tout un peuple, amène, par une concurrence effrénée, à une surproduction formidable et par la surproduction à la misère ; « les seconds, en appliquant à la société les règles de la fraternité privée, » en croyant qu'il suffit de mettre tout en commun et de compter les uns sur les autres, ce qui dans la famille, grâce à l'affection mutuelle, est quelquefois possible et alors excellent, et ce qui dans tout un peuple, cette affection mutuelle faisant défaut, est absolument chimérique, détendrait tout ressort, ferait des plus énergiques des endormis et amènerait, par une sorte de cachexie, à l'universelle misère.

Comment peut-on sortir de ces antinomies ? Proudhon l'a cherché. Il lui a semblé que le fond même de la question sociale c'était cette incertitude sur la valeur du travail, dont nous avons parlé plus haut, et que cette incertitude on pouvait la faire cesser.

Il suffirait de déterminer la valeur du travail, de lui attribuer un prix fixe, un chiffre invariable. Une heure de travail c'est tant, c'est toujours tant, et ce ne peut être ni plus ni moins. Un objet, qui coûte à l'ouvrier, travaillant selon les plus récentes méthodes et les plus perfectionnées, tant d'heures de travail, vaut tant. Sa valeur est fixée jusqu'à ce que de nouveaux perfectionnements permettent de le faire en un moindre nombre d'heures, auquel cas sa valeur baisse ; mais l'unité de valeur ne change pas ; l'unité de valeur c'est toujours l'heure de travail. Dès lors l'incertitude et l'insécurité disparaissent ; producteur, je n'en suis plus à ne pas savoir si ce que je produis vaut quelque chose ou ne vaut rien. La concurrence disparaît, ou elle n'est plus qu'une émulation pacifique pour le progrès : on cherchera à produire les objets en un plus petit nombre d'heures ; mais on ne songera pas à s'accabler ou à accabler ses ouvriers d'un nombre d'heures démesuré. On le faisait quand on ne savait pas ce que cette heure représentait de rémunération définitive, afin d'être sûr de ne pas rester en deçà d'une rémunération suffisante pour vivre ; on le faisait pour surproduire, ce qui était une nécessité, étant donnée la variabilité de la valeur des objets ; pour lutter d'avance contre la dépréciation possible de l'objet par la grande quantité qu'on jetterait sur le marché, contribuant ainsi, du reste, à cette dépréciation et tournant dans un cercle. Maintenant, rien de tout cela. On travaille le nombre d'heures nécessaires pour vivre aisément ; on sait quel est ce nombre d'heures, et l'on s'y tient.

— Tant de modération ! — Sans doute, ou à bien peu près. Il y a bien encore l'ambition, et il se trouvera des hommes pour s'accabler dans le dessein de dépasser les autres ; mais la vraie cause de la concurrence effrénée n'est pas l'ambition, c'est le besoin : il s'agit de tirer de soi-même de quoi vivre, alors que tous en faisant autant déprécient ce qu'ils produisent à force de produire, et de là des efforts douloureux de plus en plus violents ; on court après la valeur qui baisse sans cesse, et en courant après elle on la fait baisser. Il ne s'agira plus, la valeur étant fixe, que de l'atteindre ; quelques-uns voudront, pour ainsi parler, l'atteindre deux fois, gagner deux fois leur vie ; mais ce sera le très petit nombre, comme dans les carrières de l'État le petit nombre seulement tend obstinément aux grosses places, et l'immense majorité, de bonne heure, se résigne à l'honnête moyenne. En tout cas la valeur est fixée, elle est fixée par le nombre d'heures employé à fabriquer l'objet, elle est rémunératrice ; tout homme qui travaille est sûr de son lendemain.

Je ne trouve que cette conclusion nette dans tout Proudhon. C'est toujours à cela qu'il revient, et c'est ainsi qu'il croit se placer entre les économistes et les socialistes de son temps, repoussant les uns et les autres, n'ayant besoin ni de l'État patron ou du communisme d'une part, ni de la concurrence d'autre part, et apportant une solution originale et qui suffit.

On sait que ce n'est pas une solution. Cette valeur qu'il faut fixer, qui la fixera ? C'est ce que ne dit jamais

Proudhon. « Il faut fixer la valeur... quand la valeur sera fixe... » : voilà ce qu'on lit tout le long des *Contradictions économiques*, en s'attendant toujours à voir Proudhon arriver au *comment* et au *par qui* ; et c'est à quoi il n'arrive jamais.

C'est qu'il ne veut ni de la concurrence ni de l'État despote économique, et que, précisément, pour « fixer la valeur », *il aurait besoin soit de l'une, soit de l'autre*.

La valeur, mais c'est la concurrence qui la fixe ! La valeur d'un objet est déterminée par le besoin qu'on en a et ne peut pas être déterminée par autre chose. Un objet n'est pas une chose en soi, qui mérite rien que pour elle qu'on emploie des forces et du temps à la fabriquer : un objet est la réponse à un besoin à satisfaire ; et, si ce besoin existe, l'objet a de la valeur ; s'il n'existe pas, l'objet est un pur rien. Les fluctuations de l'offre et de la demande sont donc la seule mesure de la valeur de l'objet ; sa valeur vraie n'est pas autre chose que la moyenne entre les points extrêmes de cette fluctuation. Vous avez donc besoin, pour savoir et s'il faut fabriquer cet objet et comment et à quelles conditions, de consulter l'offre et la demande, lesquelles ne peuvent exister que s'il y a concurrence ; car, s'il y a monopole, la demande existe mais non l'offre, et notre étiage nous manque. Offre, demande, concurrence : voilà donc tout ce dont vous avez besoin pour *connaître* la valeur. Quand vous voudrez la *fixer*, tout cela vous manquant, comment ferez-vous ?

— Le nombre d'heures ! Je consulterai le nombre d'heures nécessaires à fabriquer l'objet. — Mais le nombre d'heures mesure l'effort et non la valeur. On peut consacrer un nombre d'heures considérable à un objet dont personne n'a le besoin ni le désir. Pour savoir si l'effort est utile, il faut savoir si ce à quoi il s'applique est désiré. L'effort inutile est honorable si l'on veut, mais ne saurait être payé ; il n'a pas de *valeur* sociale. La mesure, même de la valeur de l'effort, est donc encore donnée par la demande, et nous voilà revenus au jeu de l'offre, de la demande et de la concurrence. C'est l'offre et la demande dans la concurrence qui *fixent pour chaque jour* la valeur de l'objet d'échange, ce qui revient à dire qu'elle restera variable.

Vous voulez qu'elle soit fixe ? Alors tournez-vous du côté de l'État et acceptez l'État patron et unique patron. Lui, monopoleur, pourra établir une valeur fixe. Il pourra même l'établir arbitraire, comme il fait pour les cigares qu'il vend. Il pourra, s'il veut, l'établir en la fondant sur le nombre d'heures de travail. Il pourra tout ce qu'il voudra. Mais c'est l'État patron, dont vous ne voulez pas, l'État patron avec tous les vices que vous lui trouvez et que vous avez signalés en lui.

Ne dites pas : « Non ! c'est l'État législateur : l'État fixant la valeur des objets par mesure législative! » Mais l'État légiférant sur la valeur revient à être l'État patron. Fixera-t-il la valeur d'après les indications de l'offre et de la demande? Il faudra qu'il laisse aller la concurrence et qu'il la suive. Dès lors, simple enregistreur des résultats de la concurrence, il ne sert à rien et devrait laisser la concurrence fixer la valeur elle-même. Fixera-t-il la valeur d'après son goût, son humanité, son intérêt ou son caprice ? Dès lors, l'incertitude du travailleur, que vous voulez faire cesser, devient plus grande que jamais. L'industrie ne voudra rien entreprendre, sachant moins que jamais la valeur qu'aura demain ce qu'elle fait aujourd'hui ; elle disparaîtra peu à peu, et l'État, forcé de prendre peu à peu les places qu'elle laissera vides, deviendra peu à peu, et très vite, universel patron. Proudhon, et c'est ce qu'il n'a jamais voulu s'avouer, dès qu'il proscrit le régime de la concurrence, est acculé au socialisme d'État et, malgré qu'il en ait, forcé d'y entrer.

— Mais vous oubliez mon principe même : le nombre d'heures employées, l'heure unité de la valeur. Ce n'est ni la concurrence ni l'État qui fixent la valeur ; c'est le travail, c'est le temps de travail employé à faire l'objet. C'est pour cela que je n'ai besoin ni de l'État ni de la concurrence et que je me tiens entre eux deux. — Mais l'heure, l'heure est variable, à le bien prendre, comme tout le reste. Comme quantité de travail qu'elle contient, elle est élastique. Tel ouvrier en une heure produira dix objets de telle nature, tel autre vingt. Vous vous fonderez, je suppose, pour fixer la valeur de cet objet, sur le travail de ce dernier ouvrier, et vous direz que cet objet a pour valeur un vingtième d'heure. Cette fixation décrétée, il se trouvera un ouvrier demain qui fera en une heure vingt-cinq de ces objets pour que son heure lui soit comptée une heure et quart, et voilà la concurrence qui recommence. La suivrez-vous ? Alors à quoi bon ? Elle sera la même, aussi véhémente et aussi écrasante que sous le régime actuel. Ne la suivrez-vous pas ? Direz-vous : « Non, il est raisonnable de ne faire que vingt de ces objets en une heure ; je compte toujours cet objet vingtième d'heure » ? Alors le progrès s'arrête, plus de perfectionnement, ou personnel, ou d'outillage, ou d'organisation. Encore une fois, ou vous suivez la concurrence ou vous ne la suivez pas. Si vous la suivez, il n'importe que vous évaluiez l'objet lui-même ou le temps consacré à le faire ; la concurrence s'appliquera dans un cas comme dans l'autre. Si vous ne la suivez pas, l'argumentation de tout à l'heure revient sous une autre forme, vous devenez l'État patron ; vous êtes l'État fixant selon son bon plaisir non plus la valeur de l'objet, mais la valeur de l'heure de travail ; mais encore c'est la même chose ; et l'industrie s'abandonne, se renonce, vous laisse la place, et l'État patron reparaît.

En dernière analyse, c'est toujours entre la concurrence et l'État patron qu'il faut choisir ; les tendances individualistes et les tendances égalitaires de Proudhon se combattant ne lui ont pas permis ce choix, et c'est pour cela qu'il s'est arrêté à une solution intermédiaire qui n'est qu'apparente.

Cette dualité de sa nature peut expliquer, je crois, même dans tout le détail, toutes ses considérations économiques et expliquer pourquoi il n'est jamais arrivé à aucune conclusion satisfaisante. Elle explique aussi pourquoi on trouve dans ses ouvrages des arguments si multiples, si ingénieux et si pénétrants tant dans un sens que dans un autre. Outre qu'il a infiniment d'esprit et de ressources de dialectique, il avait en lui, très enracinés, les deux principes contraires et contradictoires et n'avait, selon qu'il écoutait l'un ou l'autre, qu'à en tirer les conséquences pour fournir d'excellentes armes à l'un ou l'autre parti. C'est pour cela qu'il a paru être un sophiste. Il l'est quelquefois dans la polémique ; il ne l'est pas au fond. Il est *double*, sans rien du sens défavorable qui s'applique à ce mot, il est double foncièrement. Il a deux pôles. C'est un économiste qui a horreur des effets de la concurrence, et un socialiste qui a horreur de l'omnipotence et même de l'ingérence de l'État. C'est — il est surtout cela — un économiste qui se révolte contre lui-même, un homme qui connaît admirablement le jeu des forces économiques, qui sait jusqu'où elles mènent, et qui recule devant ces conséquences terribles sans jamais vouloir aller jusqu'au remède, pire que le mal ou égal au mal, de la tyrannie de l'État et du fonctionnarisme universel ; d'où il suit qu'il n'a pas donné de solution.

Mais ce qui le distingue le plus de tous les socialistes français qui l'ont précédé, c'est que, comme il s'en est souvent loué, il n'a pas un atome de mysticisme, ni même d'idéalisme au sens courant du mot. Il n'a pas songé un moment à changer la nature humaine, ce que tous les socialistes précédents, plus ou moins consciemment, ont voulu faire, ou ce que leurs systèmes les obligeaient préalablement à faire pour pouvoir être appliqués. Lui est très positiviste. Il ne fait appel ni à la fraternité, ni au sacrifice, ni à l'amour, ni même à l'altruisme ; il ne compte pas sur eux et se vante de n'en pas avoir besoin ; et c'est même contre ceux qui fondent leur système sur la fraternité qu'il a les railleries les plus aiguës et les plus superbes. Il n'a cherché qu'une loi mathématique, dont l'application établit dans le domaine économique l'égalité et la justice. — Il est douteux qu'il l'ait trouvée.

VI

Proudhon est un des plus grands remueurs d'idées que le siècle qui finit ait produits, et l'un des plus suggestifs ou, pour parler français, l'un des plus inspirateurs. Son influence a été grande, à titre du moins d'éveilleur, d'excitateur et pour ainsi dire de ferment. On sentait en lui une si grande information, d'abord, encore que souvent confuse ; une telle puissance, ensuite, d'argumentation et de dialectique, qu'il était impossible de ne pas ou le suivre ou essayer de le réfuter, qu'il était impossible de n'en pas tenir compte et ridicule de le dédaigner. Aussi de tous les sociologues français il a été certainement le plus lu. Ses digressions même, énormes quelquefois et comme monstrueuses, si elles n'avaient pas été l'effet de sa fougue, de sa « suite enragée », comme dit Saint-Simon, eussent été une habileté. Elles délassaient le lecteur, comme Proudhon peut délasser, par un changement d'exercice violent, mais enfin elles délassaient et amusaient l'esprit. Ses attaques, ses charges et assauts furibonds, qui scandalisaient par leur brutalité, n'étaient pas sans beauté, étant la manifestation d'une force rare et extraordinaire.

Comme rapporteur et critique des différents systèmes, il demeure très précieux, à la condition de le contrôler, et son œuvre demeure à ce titre une bibliothèque et un arsenal.

Comme dogmatique, il reste de lui très peu de chose, et, non pas ses conclusions, mais celles qu'on tire de ses livres après les avoir lus sont tristement négatives. Scherer a fait sur lui un article qu'il a intitulé « la Banqueroute du socialisme » ; et ce n'est pas seulement la banqueroute du socialisme qui semble résulter de cette grande enquête et de ces mille discussions, c'est la banqueroute et du socialisme et de l'économie politique, la démonstration de leur impuissance à tous deux à faire disparaître ou même à atténuer la misère humaine : ce qui peut tendre à faire croire que ce ne sont peut-être pas des remèdes matériels qui la guériront jamais.

Cependant deux grandes idées restent, qui, sans être précisément de Proudhon ni l'une ni l'autre, peuvent être légitimement attachées à son nom : cette idée que la Révolution française c'est la justice, ou qu'elle n'est rien ; — et cette idée que toutes les révolutions sont des révolutions économiques.

Et ces deux idées ne sont peut-être pas bien d'accord entre elles, mais il n'importe. Il était bon, au temps où la Révolution française était encore l'objet d'une espèce de fétichisme, de lui trouver un nom glorieux, d'y attacher une série d'idées saines et généreuses, et de persuader à ses adorateurs que le culte à lui rendre devait être le respect superstitieux de la justice.

D'autre part, que toutes les révolutions soient des révolutions économiques, « *des dégagements de capitaux* (1) », et que par conséquent l'histoire vraie soit l'histoire de l'économie politique, et que la philosophie de l'histoire soit la connaissance des conditions économiques aux différents temps... c'est une idée fausse ; il y a des forces morales indépendantes des besoins ; il y a des secousses nationales ou humaines indépendantes de la répartition des richesses ; il y a des révolutions religieuses, c'est-à-dire morales, et presque purement morales ; mais il y a cependant une très grande part de vérité dans l'axiome de Proudhon, et, dans tous les temps où les religions n'ont pas été fortes et où l'instinct religieux a été rare et *individuel*, les révolutions ont été purement économiques. C'est ce qu'elles ont été dans l'antiquité, je veux dire dans la courte période de l'antiquité que nous connaissons ; c'est ce qu'elles ont été et ce qu'elles sont dans les temps modernes ; c'est

(1) Saint-Simon disait déjà en 1814 : « Il n'y a point de changement dans l'ordre social sans un changement dans la propriété. »

ce qu'elles seront de plus en plus, de l'avis de ceux qui croient, qu'ils s'en louent, du reste, ou qu'ils s'en plaignent, que nous revenons, à bien des égards, à l'état moral et même social de l'antiquité. En tout cas, c'est bien le caractère qu'elles ont de nos jours et qu'il est probable qu'elles garderont ; ce qui prouve au moins, sans aller jusqu'à dire comme Proudhon que « la politique n'est rien du tout », que l'étude des questions sociales est la plus importante qui puisse être à l'heure actuelle, dût-on, à les étudier, ne trouver, au lieu de solutions, que des expédients et, au lieu de remèdes, que des palliatifs.

SAINTE-BEUVE

I

C'était un homme laid, sensuel, très curieux et extrêmement intelligent. Il ne tient pas tout entier dans cette définition ; mais ces quatre traits sont essentiels et le résument dans la plupart de ses aspects et de ses démarches.

En 1824, il avait vingt ans, avait fait de très bonnes études et désirait passionnément trois choses : des succès mondains, la gloire littéraire et tout comprendre. De croyances, aucune ; de convictions très peu, et même point. On peut s'y tromper, sans être complètement dans le faux et d'une façon assez plausible. On a dit bien souvent qu'il était parti du positivisme étroit et sec, qui s'appelait alors sensualisme, de l'école des Cabanis et des Tracy ; qu'ensuite, moitié influence du romantisme, moitié élargissement de l'esprit ou même du cœur, il avait subi, cherché aussi l'attrait du catholicisme, reçu en lui le sentiment religieux ; qu'enfin il était revenu, comme il arrive souvent qu'on y revienne, à ses sentiments de jeunesse, et à un pur agnosticisme touchant tout ce qui ne dérive point de la seule observation.

Cette évolution n'a pas eu lieu. L'apparence seulement en a existé. Et, en pareille matière, on dira que l'apparence même est un commencement de réalité, et cela est vrai ; mais enfin cette évolution ne s'est pas produite. Il faut lire de très près *Volupté*, qui, pour tout ce qui est analyse morale, est une pure autobiographie, pour bien comprendre que Sainte-Beuve, de 1824 à 1834, comme, du reste, plus tard, n'a eu que des goûts, et qu'il les a eus tous à la fois.

Tous les goûts à la fois sont entrés dans son âme, et ils y sont tous restés. On voit le personnage principal de *Volupté*, à la fois, ou à intervalles très rapprochés, s'occuper de médecine, d'histoire naturelle, de philosophie sensualiste, de philosophie déiste, de philosophie mystique, rêver Port-Royal ou « Société d'Auteuil », être disciple de Lamarck, de Cabanis, de Bernardin de Saint-Pierre, de Saint-Martin, le « philosophe inconnu », *et déjà de Saint-Cyran.*

Cela parmi les orages d'une jeunesse ardente et timide, c'est-à-dire deux fois ardente. Son cas, au point de vue intellectuel, comme au point de vue moral, est un dilettantisme inquiet. Il veut tout aimer pour tout comprendre. Il a une formidable curiosité intellectuelle et une terrible curiosité sentimentale. Il ne part point d'une conviction et ne tend point à en avoir une. Il voudrait les avoir toutes successivement, sachant bien que, pour pénétrer quelque chose, il faut l'aimer passionnément, ou plutôt l'avoir passionnément aimé, et s'être ressaisi ensuite pour en juger avec sang-froid.

Et « successivement » n'est pas juste. Il voudrait avoir toutes les convictions à la fois pour pénétrer à la fois tous les objets de l'activité intellectuelle, et éprouver à la fois tous les états d'âme. C'est bien dire qu'au fond il ne croit à rien, puisqu'il ne *préfère pas*.

Cette éducation d'esprit en même temps mène au scepticisme et en procède.

Elle en procède : car elle n'est pas seulement une méthode, et de scepticisme méthodique il ne saurait être ici question. On voit bien que Sainte-Beuve n'est pas dans le scepticisme comme dans un état voulu et provisoire ; il y reste trop longtemps et s'y complaît trop ; surtout on sent qu'il n'aspire point à en sortir, et ne cherche que pour aboutir à chercher encore.

Et cette éducation d'esprit mène au scepticisme, à cause même de son infinie variété. C'est une des misères de la condition humaine que ce qui devrait mener à une conviction empêche presque nécessairement d'en avoir une. Il faudrait tout connaître pour arriver à une conclusion générale ; mais tout connaître, pour un homme qui n'est qu'un homme, étant connaître très peu de choses, et des choses contradictoires, et, par conséquent, mesurer son ignorance et amasser des sujets d'incertitude, le moyen le plus commun d'avoir une conviction est de peu connaître, de peu chercher, et de partir d'une conviction au lieu de tâcher à y aboutir.

Aussi Sainte-Beuve était-il aussi sceptique au fond en 1830 qu'en 1860. Il était, en 1830 comme en 1860, attiré vers toutes choses par le désir de comprendre tout. Seulement, en 1830, ces différents attraits étaient plus forts, comme il arrive dans la jeunesse, et avaient comme un caractère plus passionné, ce qui donnait à ses passages successifs d'un objet à un autre l'apparence d'une évolution.

Et, si l'on veut aussi, et je le crois, vers 1830, ses saillies de curiosité étaient plus fortes vers les objets les plus étrangers à sa toute première éducation et à sa toute première disposition d'esprit. Ainsi son entraînement a été grand du côté du christianisme et sa « période de Port-Royal » a paru être une période décisive, parce que sa curiosité a été plus forte pour quelque chose dont il ne s'était pas même douté dans son enfance et sa première jeunesse.

De même, son goût pour le romantisme, court mais très vif, n'a eu cette vivacité que parce que Sainte-Beuve se trouvait en présence d'un état d'esprit aussi éloigné que possible de sa propre nature. Le romantisme lui a plu comme étant chose essentiellement nouvelle en soi et surtout pour lui. Il ne s'était jamais avisé, et pour cause, qu'on pût avoir tant d'imagination, tant de couleur et tant de puissance verbale. De là l'attrait, fait de curiosité étonnée, et qui devait durer jusqu'à ce que la curiosité fût épuisée.

Les esprits curieux trompent ainsi. Comme ils sont plus vivement excités par la nouveauté, c'est-à-dire par ce qui leur est contraire, que par toute autre chose ; ils sont attirés surtout par ce qu'au fond ils n'aiment point ; et l'ardeur dont ils se portent à un objet n'est point du tout la mesure de leur affection. Elle le serait plutôt de leur antipathie. Ils diraient volontiers : « Ceci m'est totalement étranger, donc bien intéressant; contraire à ma nature, donc je m'y passionne ; blessant pour mes sentiments intimes, donc je l'aime. » — Cela, jusqu'à ce qu'ils l'aient bien pénétré, bien compris, épuisé, et que, en ayant ôté l'inconnu, ils n'y trouvent plus cette raison de l'aimer et n'aient plus que leurs raisons personnelles de ne l'aimer point.

Ainsi s'expliqueraient encore certains « amours-goûts » de Sainte-Beuve, pour le saint-simonisme, le républicanisme, le socialisme, goûts fugitifs, qui duraient le temps nécessaire à comprendre ce dont il était question, et à s'en détacher quand on l'avait compris. Et c'est là, si l'on veut, qu'est « l'évolution » de Sainte-Beuve.

Ces saillies de curiosité que l'on pouvait prendre pour des sympathies et presque pour des enthousiasmes, furent, naturellement, plus fréquentes dans la première partie de sa vie que dans la seconde. Il en est résulté qu'il a semblé aimer dans la première partie de sa vie bien des choses qu'il a méprisées dans l'autre, et il a paru ainsi, selon les goûts des personnes, ou en progrès ou en décadence, ou affranchi, ou renégat, ou relaps. Il fut bien le même, en tout temps, curieux et simplement curieux, sans croire que sa curiosité le menât à rien. Seulement il le fut davantage dans les commencements, et de choses plus éloignées de lui ; moins dans la suite, et de choses plus conformes à sa nature propre.

Et cela même est une évolution, mais de caractère, d'humeur, d'habitudes, non point d'idées et de croyances.

Observateur et chercheur infatigable de documents concernant l'humanité, tel a été en son fond Sainte-Beuve depuis le commencement jusqu'à la fin de sa vie. Une intelligence qui ne se lassait pas de comprendre et qui cherchait sans cesse de nouveaux objets à comprendre, c'est le fond même, tout au moins c'est plus que la moitié de Sainte-Beuve.

A côté il y avait l'homme de passions vives et de sensualité ardente, qui était moins intéressant, et dont pourtant il faut dire quelques mots. Cet homme-là, après tout, n'était pas si différent de l'autre. Là aussi la part de curiosité était énorme. Sainte-Beuve était incapable d'aimer une femme et trop disposé à les aimer presque toutes, comme il était incapable de se tenir à une doctrine, et éternellement entraîné à les épouser les unes après les autres pour les connaître. Il y trouvait des états d'esprit et d'âme toujours nouveaux, à ce qu'il paraît, et des occasions toujours nouvelles d'observations et de réflexions.

Mais ici, d'abord, il n'y avait pas seulement du jeu ; et ensuite le jeu était plus dangereux.

Il n'y avait pas seulement du jeu. Très passionné, peu doué par la nature pour séduire, le sachant et en souffrant, horriblement jaloux, ses prétentions, ses déceptions et ses rancunes ont eu leur influence sur ses jugements et sa critique, et c'est pour cela que je suis forcé d'en parler. Elles l'ont souvent rendu injuste et ont altéré la sûreté ordinaire de son goût.

Je dis de plus que le jeu était dangereux. La multiplicité des expériences sentimentales ne dessèche pas le cœur seul. Elle rétrécit en quelque manière l'intelligence elle-même. Aucune faculté n'a son plein exercice dans l'être humain quand il n'a pas suivi la voie normale, à la fois naturelle et sociale, telle que la tracent les conditions mêmes où vit l'humanité. Cela est vrai pour tout homme, plus vrai peut-être pour le critique. Le bon critique est une intelligence toujours éveillée, prompte, compréhensive et sûre. Cette intelligence, pour être tout cela, il est nécessaire qu'elle ne soit asservie à rien. Quand elle l'est à des habitudes perverses, à l'anxiété, à l'angoisse, à l'amertume, aux désespoirs parfois que ces habitudes traînent avec elles, elle conservera peut-être sa lucidité, non pas son ressort, non pas son libre élan, non pas, non plus, sa largeur. Telles réflexions de Sainte-Beuve lui-même sont instructives, et terriblement, à cet égard. « A un certain âge de la vie, si votre maison ne se peuple pas d'enfants, elle se remplit de manies et de vices. » — « Mûrir, mûrir !... on durcit à de certaines places ; on pourrit à d'autres ; on ne mûrit pas. »

Ces manies funestes, ces vices et leurs conséquences naturelles : ne pas mûrir, ne pas fournir l'évolution régulière, « vivre au gré d'une âme inquiète » et quelquefois désemparée, ne pas trouver l'équilibre intérieur, sentir en soi une âme durcie en certaines places et d'une faiblesse incurable à d'autres places, machine délicate dont une partie est usée et l'autre rouillée ; tout cela, Sainte-Beuve l'a senti et n'est pas sans en avoir souffert, même en son talent. La grâce, qu'il a tant aimée, lui manqua vers la fin et même avant l'heure ; une certaine sécheresse s'accusa de plus en plus dans sa manière. La jeunesse lui manqua vite. Il est singulier, mais très exact, que le vrai moyen de perdre la jeunesse plus tôt que les autres est de la prolonger.

Mais c'est en dire assez sur ce point. Une curiosité intellectuelle infatigable ; un scepticisme essentiel qui n'excluait ni la curiosité, ni l'ardeur, ni même la sympathie, qui n'excluait que l'enthousiasme et le souci de conclure ; un goût du vrai qui n'était qu'une forme de la curiosité, mais poussé aussi loin peut-être que possible ; ces facultés ou dispositions d'esprit, excellentes, tout compte fait pour la critique, gâtées jusqu'à un certain point par des faiblesses morales qui n'ont pas été sans influence sur la santé de son esprit, tel fut en ses traits généraux, le grand critique du XIX⁰ siècle. — Voyons quel usage, malgré ses lacunes, il a fait de ses dons.

II

Il ne fut pas d'abord uniquement un critique. Son ambition était double. Il voulait être en même temps un critique et un créateur. Faire des vers, faire des romans, apprécier les vers et les romans des autres, tel était son programme. C'était à peu près celui de Voltaire. Rien de plus honorable qu'une si haute ambition. Rien même de plus juste. Il faudrait certainement, pour être un bon critique, avoir pratiqué tous les arts littéraires et en connaître ainsi les secrets. Les difficultés sont grandes pour le critique. S'il apprécie les écrits des autres sans avoir été créateur lui-même, la technique de l'art littéraire lui est toujours peu connue, et il donne dans le défaut de juger par simple impression, ou dans celui de juger par règles générales, théories, et *a priori;* et c'est précisément entre ces deux écueils qu'est sans doute la vraie voie de la bonne critique. — S'il apprécie les écrits des autres après avoir été créateur et l'étant encore, il y a péril qu'il ne songe trop à lui et ne se prenne pour le modèle sur la considération duquel il jugera de tout ouvrage ; et il lui faudra beaucoup de vertu pour avoir assez de clairvoyance.

Les deux méthodes ayant leurs inconvénients, on ne peut reprocher à personne d'essayer au moins de la plus brillante. C'était celle-ci que Sainte-Beuve avait prise.

Il fit des vers, il fit des romans, de 1829 à 1837, tout en faisant de la critique. Les vers, quelquefois d'une facture assez heureuse, étaient rarement des vers de poète. Il n'avait aucune imagination à une époque où tout le monde en avait trop. Il était prosaïque, terne et froid, sans compter que, le plus souvent, il était encore plat et lourd. Dirai-je aussi qu'il était trop sincère ? C'est presque exact. Convaincu, avec raison, que la poésie vraie est l'expression de nos sentiments en toute leur vérité, il se mettait lui-même dans ses vers avec une naïveté absolue. Cela réussit quand, du reste, on est un cœur très riche en sentiments forts ou tendres et une âme d'une profondeur ou d'une noblesse non commune. Mais Sainte-Beuve n'était qu'un homme de sensibilité, inquiète à la vérité, mais fort ordinaire, et il croyait un peu trop que c'était faire acte de poète que d'avouer avec candeur des sentiments et des émotions assez vulgaires et connues de tout le monde exactement. De là, malgré quelques morceaux assez brillants, la froideur et le languissant, l'ennuyeux, pour tout dire, de ces trois recueils, dont on ne pourrait sauver que quelques pages pour anthologie.

Ce qu'ils ont de plus remarquable, c'est le contraste qu'ils forment avec la poésie du même temps. A vrai dire, Gautier aussi, en ses premiers recueils, a fait quelques sacrifices ou quelques hommages à la muse de la platitude ; mais, en général, le romantisme fut romantique, et rien ne l'était moins que les vers de Sainte-Beuve. Avec les différences inévitables qui tiennent aux dates, avec une langue plus riche, ou plutôt plus touffue et moins nette et moins pure, ce qu'ils rappelaient le plus, c'était les meilleurs vers du Consulat et de l'Empire, ceux de Fontanes et d'Andrieux. Et, dans le même temps, Sainte-Beuve, comme critique, s'efforçait de chanter les grands poètes romantiques, Lamartine et Hugo au moins. Il est vrai qu'en même temps il avait des regards en arrière du côté des poètes de 1800. S'il condamnait définitivement Delille, il voulait sauver du décri Fontanes et Parny. A lire ses vers et à bien faire attention aux préférences à demi secrètes que sa critique laissait entrevoir, on pouvait prédire, ce qui arriva en effet, que Sainte-Beuve serait un jour le « renégat » du romantisme, le classique le plus fin et le plus judicieux, mais presque le plus timide entre les classiques, et naturellement « misonéiste » en présence des écoles encore à naître ; malgré cette curiosité qui ne l'abandonna jamais tout à fait, et qui le porta jusqu'à la fin, mais de plus en plus par exception, à tenter quelques excursions en dehors des limites mêmes de son goût propre.

Son roman *Volupté*, paru en 1834, valait beaucoup mieux que ses vers. Il était aussi sincère, il était aussi menu et minutieux, il était aussi laborieux, ajoutons, si l'on nous y pousse, il était aussi ennuyeux; mais il était plus pénétrant. L'autobiographie, là aussi, déborde, mais elle est faite, non avec plus de sincérité, mais avec une sincérité plus sérieuse, si sérieuse qu'elle en devient presque tragique. Il est fâcheux que *Volupté* soit un roman beaucoup moins fort et vigoureux et d'un relief moins puissant que *le Rouge et le Noir*; car, s'il avait une valeur littéraire à peu près égale, il formerait avec *le Rouge et le Noir* une exacte contre-partie. *Le Rouge et le Noir* est le portrait du jeune homme de 1830, et *Volupté* est un autre portrait du jeune homme de 1830. Les deux images sont du reste parfaitement dissemblables, parce qu'en 1830 il y a eu plus d'un jeune homme. Celui de Stendhal est un fanatique de la volonté, un héros de la volonté et une victime de la volonté. Il est l'enfant fasciné par Napoléon Iᵉʳ éperdu d'ambition et brisé enfin par la tension trop violente de la volonté en partie factice qu'il a exaspérée en lui. Celui de Sainte-Beuve est un faible, un rêveur, un être sans volonté et à mille velléités, tout en caprices discordants, épris successivement et à la fois de mille buts différents, toujours dominé, du reste, par une sensualité énervante, c'est-à-dire toujours passif, et enfin pénétré jusqu'à l'âme de cette mélancolie maladive, sorte de lassitude innée qui précède toujours l'acte au lieu de venir après lui. C'est un fils de René que hante le souvenir de Chateaubriand, comme l'autre est hanté par Napoléon. Le contraste est curieux et instructif.

Instructif surtout sur l'âme de Sainte-Beuve. Le héros de *Volupté* finit par se retirer de la vie active et par se retrancher dans la vie de contemplation. C'est ce qu'aurait fait Sainte-Beuve s'il l'avait pu. C'est ce qu'il a fait autant qu'il a pu le faire. C'était une âme faible, malgré son activité intellectuelle et sa puissance de travail. Le fracas de la vie politique et les agitations des hommes l'ont toujours effrayé. Il y avait en lui de l'abbé studieux qui rêve un canonicat. Il eut le sien, au Sénat du second Empire, très tard, après bien des agitations et traverses, et en jouit peu de temps. Cette « langueur rêveuse, attendrie et énervée », qui est répandue dans le roman tout entier de *Volupté*, était le fond même de l'âme de Sainte-Beuve, où il retombait toujours après ses divertissements ou de travail ou de désordre. C'était sa plaie secrète qu'il éprouvait peut-être plus de jouissance à entretenir qu'à guérir. Il la garda toujours.

Mais, sans y insister, on voit de quelle importance

sont les œuvres de création de Sainte-Beuve pour expliquer ses œuvres de critique. Sainte-Beuve est un « replié. » Il aime s'écouter vivre, lentement, patiemment, minutieusement. Ces confidences au public, et un peu ridicules considérées comme telles, étaient surtout des comptes rendus de soi qu'il se faisait à lui-même. Ainsi naissent les psychologues. Ils commencent par étudier le premier sujet humain qu'ils trouvent sous leur regard, à savoir eux-mêmes. Quelquefois, ils n'en sortent point. Ils n'en sortent point quand ils sont très amoureux de soi, et, tout en étant curieux, puisqu'ils s'étudient, d'une curiosité restreinte et étroite, qui tient plus à creuser qu'à conquérir et que ne lasse point la contemplation du même objet. Ils en sortent quand ils aiment, d'abord, à se comparer à d'autres pour mieux se connaître ; ensuite, à généraliser, à acquérir beaucoup de documents sur l'humanité. Ce n'est pas encore s'abandonner, c'est encore s'étudier soi-même, mais dans ses *semblables*, dans des êtres qui vous livrent toujours un peu de votre secret en laissant échapper le leur ; et c'est s'étudier en se situant dans l'humanité, en s'éclairant par ses entours, en se plaçant à sa date et à son lieu, et à sa vraie distance des autres hommes. Pour le psychologue, le portrait de soi-même est toujours l'essentiel et le centre ; la peinture de l'humanité est le tableau, au milieu duquel le portrait prend toute son exactitude, en prenant une vérité de comparaison, de contraste, de relations et de rapports. Sainte-Beuve a continué son auto-psychologie dans la critique, telle qu'il l'a comprise depuis environ 1835.

III

Il faut dire plus et un peu le contraire, n'y ayant rien de plus vrai que ceci, que toute tendance, en allant jusqu'au bout de sa direction, se transforme jusqu'à devenir le contraire d'elle-même. En abandonnant les œuvres de création et se jetant sans partage dans la critique psychologique, Sainte-Beuve continuait à s'étudier lui-même, et aussi, peu à peu, se détachait de soi. Il se « dépersonnalisait », si l'on veut m'accorder ce mot. C'est un conseil de directeur de conscience à donner à un poète élégiaque que de faire un portrait de Napoléon Ier, puis un portrait de Machiavel, et ainsi de suite. C'est une manière de sortir de soi. Sainte-Beuve fut amené à faire uniquement de la critique par l'insuccès relatif de ses œuvres d'artiste, il faut le dire sans ambages ; par les nécessités de la vie, il faut le reconnaître aussi ; mais beaucoup encore par le besoin de secouer un « lui-même » qui n'était pas sans lui peser, qui n'était pas, à certaines heures, sans l'attrister un peu. Ce fut un détachement, et comme tout détachement, une manière de purification.

Sa curiosité naturelle étant vive, ce détachement lui fut relativement facile ; mais il lui fut profitable. Il s'habitua à prendre autant de plaisir à voir vivre les autres qu'il avait eu de complaisance à se regarder vivre lui-même. Il se soulagea ainsi du cher supplice de vivre avec soi. Ses enquêtes sur les autres furent d'apaisants oublis de sa personne.

Ceci soit dit sans que j'efface ce que j'écrivais d'abord.

Une tendance se développant jusqu'à se démentir ne va pas jusqu'à s'abroger. Sainte-Beuve ne réussit jamais à se perdre entièrement de vue. D'abord il fut toujours un critique psychologue, ce qui était, je l'ai dit, ne pas sortir de son premier état d'esprit. C'était, d'homme à confidences, devenir confident, et, de confessé, devenir confesseur. C'est toujours le même ordre d'idées. Ensuite il est curieux de voir comme, toutes les fois que Sainte-Beuve étudie un homme qui d'une façon ou d'une autre lui ressemble un peu, il trouve le moyen de revenir à parler de lui-même. A chaque instant, dans ce cas-là, il introduit une phrase de Sainte-Beuve sur le même sujet, une réflexion de Sainte-Beuve sur la même question, ou quelques vers de Sainte-Beuve sur la même affaire. Cela, sans se nommer, mais avec mille adresses pour qu'on ne puisse pas s'y méprendre. C'est presque une manie et qui ne va pas, quelquefois, sans être un peu désobligeante. Au milieu même du plus pur détachement, on garde encore bien des attaches avec soi-même.

Néanmoins il a fait son métier de critique avec le plus grand effort pour le faire loyalement, impartialement, courageusement. Il est temps d'examiner dans le détail comment il s'y est conduit.

Un critique, à l'ordinaire, est soutenu par un certain nombre d'idées générales et guidé par une méthode. Sainte-Beuve n'a pas eu d'idées générales et n'a presque pas eu de méthode.

J'ai dit qu'il était sceptique. On n'est jamais sceptique tout à fait. On l'est pour ce qui ne concerne pas l'affaire dont on s'occupe, et l'on devient très dogmatique pour tout ce qui la regarde. Sainte-Beuve, lui, est sceptique, jusqu'à ses propres autels, inclusivement. On voit à quel point son scepticisme est profond par les noms qu'il lui donne. Il lui prodigue les « favorables noms. » Il l'appelle bon sens, sens du réel, esprit judicieux, esprit de prudence, raison. Du premier coup, dès ses premiers commencements, il adore les dieux consacrés du scepticisme, Montaigne, Gabriel Naudé, Bayle par-dessus tout. On trouve, disséminée dans tout Sainte-Beuve une théorie de la civilisation qui est à peu près celle-ci : — Il n'y a pas de progrès, très probablement ; mais s'il y en a un, il consiste dans la douceur de plus en plus grande des mœurs. Cette douceur provient et ne peut provenir que de la tolérance. La tolérance ne provient jamais que du scepticisme. L'homme ne peut pas croire énergiquement à quelque chose sans vouloir de toutes ses forces et par la force y faire croire les autres. Sa rudesse est en raison de sa conviction. Le scepticisme est donc tolérance, douceur de mœurs et civilisation et progrès ; et progrès, civilisation, douceur de mœurs et tolérance se ramènent en dernière analyse au scepticisme. Il ne peut pas être universel. Il ne peut pas, même dans un seul homme, être complet ; mais à ses progrès se mesure celui du respect de l'homme pour l'homme, de la prudence à décider, de l'hésitation à empiéter sur autrui, de l'harmonie relative et de la concorde, relative aussi, parmi les mortels.

Sainte-Beuve aspire à la diffusion insensible du scepticisme parmi les hommes, comme d'autres à l'établissement d'une foi unique et à la communion de tous les hommes dans une unique foi. Il lui semble que cette unanimité, qui est le désir secret de l'humanité, serait atteinte par l'absence même de tout désir d'unanimité, par cette conviction que nous ne pouvons pas nous convaincre, et par cette conclusion, acceptée par tous, que nous pouvons penser, mais non conclure. Les hommes s'entendront suffisamment pour la paix des esprits, quand ils s'entendront seulement sur ce point qu'ils ne peuvent pas s'entendre, mais qu'il n'y a pas là de quoi se battre. Pour cela, il suffit que chacun ne soit jamais trop sûr d'avoir raison. C'est à cela qu'il faut s'appliquer. La paix du cœur pour chacun, la paix matérielle pour tous est à ce prix.

Aussi Sainte-Beuve est-il bien curieux à suivre quand il fait l'étude et le portrait des grands croyants. Toutes sortes de sentiments alors combattent en lui. Par curiosité pour ce qui est aussi éloigné de lui que possible, il a de la sympathie ; car chez les grands curieux la vivacité même de la curiosité devient sympathie et même passion. Par instinct d'artiste, il a de l'admiration ; car il trouve là une force, une puissance humaine incroyable, féconde en prodigieux effets, en actes sublimes. Par sentiment intime il résiste, se retient, fait des réserves : « Il n'en est pas moins vrai que... » — que l'humanité ne peut pas vivre de cette vie-là, qu'il n'est pas bon qu'elle essaye d'en vivre, que ce ne sont que sommets trop élevés où elle se transporte pour peu de temps d'un trop grand effort et où elle manque de l'air fait pour elle. Il regretterait que de tels hommes n'eussent pas existé, tant ils sont intéressants à étudier ; il est heureux qu'ils aient existé pour les pouvoir admirer ; et enfin il les condamne, au fond, de tout son cœur.

Tout son admirable *Port-Royal* est rempli de ces discordances, qui sont beaucoup plus intéressantes que ne serait un dessin rectiligne et une factice ou indifférente unité de ton. On y sent vivre un homme avec ses différentes facultés et ses diverses tendances, toutes en jeu.

Par-dessous et comme au fond deux instincts essentiels : le scepticisme qui proteste et la joie de comprendre qui semble frémir ; mais le plus profond encore de tous ces sentiments, c'est bien le scepticisme, la conviction sceptique, si je puis dire, cette pensée qui de plus en plus s'accuse, se fortifie, néglige de se cacher, s'affirme après s'être insinuée, éclate enfin dans la conclusion, que l'homme n'est point fait pour s'enfoncer dans ces ténèbres, ou, ce qui est même chose, dans ces lumières, trop vives pour lui, qui l'éblouissent.

Il est relativement facile d'être sceptique à l'égard des croyances passées, ou, pour mieux parler, passées de mode. Ce qui est plus malaisé, c'est de s'affranchir des croyances actuelles qu'on semble comme respirer dans l'air qui nous entoure. Plus peut-être que des convictions d'autrefois, Sainte-Beuve fut à l'abri des convictions contemporaines; car il s'en défiait davantage. Ce phénomène mental est assez fréquent chez les hommes très instruits. A connaître les siècles passés ils se sont habitués à voir les idées mourir, ce qui les amène à tenir pour essentiellement mortelles et éphémères les idées vivantes. De ce que l'on croit aujourd'hui, disent-ils, on a cru le contraire, et l'on a cessé de le croire ; on cessera de même de tenir pour vrai ce dont on est aujourd'hui le plus certain.

Multa renascentur quæ jam cecidere, cadentque
Quæ nunc sunt in honore...

C'est ainsi que, pour certains esprits, loin que ce soit le présent qui ruine le passé, c'est le passé qui ruine le présent. Il le ruine d'autant plus qu'il est mort, et parce qu'il est mort, prouvant ainsi que tout doit mourir.

Cette disposition est très forte chez Sainte-Beuve et permanente. Il se défie des croyances jusqu'à se défier extrêmement des idées générales. Les idées générales de son temps étaient l'idée du progrès, l'idée de la philosophie de l'histoire, l'idée que la philosophie pourrait remplacer la religion comme puissance dirigeante de l'humanité. Ces *idola temporis* sont regardés par Sainte-Beuve de très mauvais œil ou d'œil très dédaigneux. C'est en 1833, notez la date, qu'il écrit tranquillement : « Et puis, nous l'avouerons, comme science, la philosophie nous affecte de moins en moins ; qu'il nous suffise d'y voir toujours un noble et nécessaire exercice, une gymnastique de la pensée que doit pratiquer pendant un temps toute vigoureuse jeunesse. La philosophie est perpétuellement à recommencer pour chaque génération depuis trois mille ans, et elle est bonne en cela ; elle replace sur nos têtes les questions éternelles; mais elle ne les résout et ne les rapproche jamais... Dans la prétention principale qui la constitue, la philosophie n'aboutit pas. Aussi je lui dirai à peu près ce que Paul-Louis Courier disait de l'histoire : « Pourvu que ce soit exprimé à merveille et qu'il y ait bien des vérités de détail, il m'est égal à bord de quel système et à la suite de quelle méthode tout cela est embarqué. »

La déclaration est formelle et tout à fait dans le goût d'un Bayle. Pour Sainte-Beuve, il y a des esprits philosophiques et des travaux philosophiques ; il n'y a pas de philosophie.

Et s'il « dit à la philosophie » ce que P.-L. Courier disait à l'histoire, il pourrait aussi bien dire à l'histoire elle-même ce que P.-L. Courier lui disait. On peut affirmer qu'il y vivait sans cesse, et voluptueusement, et qu'il n'y croyait point. Considérée comme recueil de faits, elle l'intéressait prodigieusement ; considérée comme explication des faits, c'est-à-dire comme science, il n'y adhérait d'aucune façon. Personne n'a nié la philosophie de l'histoire et toutes les philosophies de l'histoire plus constamment. Il ne manque aucune occasion de le faire. Guizot, avec cet enchaînement si rigoureux qu'il voit entre les faits s'engendrant nécessairement les uns les autres, l'agace jusqu'à une sorte de colère. Tout cela, c'est arrangement fait après coup et vraiment arbitraire. L'histoire « acquiert, après coup, un semblant de raison qui abuse. Le fait devient une vue de l'esprit. » D'accord, et il en est plus intéressant ; mieux vu, c'est autre chose. Souvenez-vous de cette comparaison si ingénieuse de saint Augustin : une syllabe de l'*Iliade* est douée, à un moment, d'âme et de vie. Elle comprendra peut-être le vers où elle est placée et le précédent ; mais non pas tout le poème, non pas même toute la page où elle se trouve. Nous sommes cette syllabe dans le poème de l'humanité. Ne nous targuons pas d'être davantage.

Selon M. Mignet, tout est nécessaire qui est arrivé. Voilà qui n'est pas prouvé du tout. Il est singulier que nous voyions tant d'accidentel dans le temps où nous vivons et que nous n'en voulions plus voir dans les temps qui se sont écoulés avant nous. N'est-il pas plus probable que beaucoup de choses ont eu lieu, qu'il n'a tenu qu'à un rien qui n'arrivassent pas ? Et d'autres auraient pu être, que l'on trouverait maintenant nécessaires, résultats de lois inévitables, et qui, pour une cause si petite qu'on peut l'appeler un pur hasard, ne se sont pas produites. « En cherchant partout la loi ne court-on pas risque quelquefois de la forcer et comme de la faire ?... Si une certaine folie n'est pas étrangère à l'homme, même à l'homme pris en masse, en vain on tirerait argument, pour la vérité nécessaire d'une idée, de son triomphe en certains siècles. Comme il faut bien, en définitive, que quelque chose triomphe, il y a aussi chance que ce soit quelque folie. Or, tandis que l'historien, en quête des lois, s'occupe surtout à distinguer et introduit parfois la raison sous les erreurs, la partie folle se dissimule sous sa plume et diminue. »

Les lois historiques sont la part de raison, sont l'élément rationnel que l'historien impose à l'histoire en l'y cherchant, et finit par y mettre à force de ne l'y point trouver. « Réflexions à garder tout bas », ajoute Sainte-Beuve ; mais en attendant il les imprime ; « observations peu fécondes » ; mais il ne se lasse pas de les faire ; « tristes résidus de l'expérience ironique » ; mais ce sont bien ceux de la sienne ; et il y tient. — L'histoire, par conséquent, pour lui, n'enseigne rien. Elle n'est pas une leçon ; elle est sans conséquence. Qu'y faut-il voir ? Des faits curieux, et des groupes de faits : car si l'on ne sait guère quels sont les faits qui en engendrent d'autres, on voit bien quels sont les faits qui se ressemblent entre eux, qui ont parentage, qui ont couleur commune. Ce qui est permis, donc, c'est de découvrir des faits et de les grouper, c'est de faire des recherches historiques et des tableaux historiques. Travail et art ; science, non pas, ou pas encore, et sans doute jamais.

On conçoit que, s'il se refuse à croire aux lois historiques, il se refuse encore plus à croire à l'idée de progrès, qui est simplement une de ces lois, imaginée par les plus audacieux peut-être des législateurs de l'histoire. Toute sa pensée sur ce point est dans un texte de Pascal remanié par Condorcet : « Les inventions des hommes vont en avançant de siècle en siècle ; la bonté et la malice du monde en général restent les mêmes. » En un mot, il ne croit pas au progrès moral, qui est le seul progrès. Ceci est le point principal, essentiel. Les hommes se divisent surtout en deux catégories, ceux qui croient que l'avenir peut être meilleur que le présent, ceux qui croient qu'il ne peut que lui être semblable. En d'autres termes, les hommes se divisent en jeunes gens et en hommes mûrs, comme dans les discours de Démosthène. Il en est, du reste, qui restent jeunes dans la maturité, et d'autres qui sont trop mûrs dès la jeunesse. Mais, de même qu'il y a une partie de la vie où l'on regarde du côté de l'avenir et une autre où l'on ne songe qu'à garder autant que possible les avantages acquis du passé, de même une partie de l'humanité espère, l'autre ne songe qu'à conserver, l'une croit qu'on marche, l'autre que le mieux qu'on puisse faire est de ne pas rebrousser. Sainte-Beuve est, a toujours été de cette dernière. Il est misonéiste d'instinct. Les « progrès » sont pour lui des changements dont le temps démontre l'inutilité, et efface, du reste, les mauvais effets, d'où suit que, tout compte fait, ils se réduisent à rien : « Le monde me fait parfois l'effet d'une très bonne montre ; on fait tout pour la déranger ; mais pour peu qu'on la laisse quelque temps dormir tranquille, elle revient d'elle-même au bon point. »

Ceci, c'est bien le scepticisme, avec ce qu'il a de découragé et de décourageant, de naturellement lassé et déçu, même quelquefois avant les déceptions. Il est d'une nature particulière chez Sainte-Beuve, parce que d'ordinaire il est une forme et en même temps l'excuse de la paresse, tandis que chez Sainte-Beuve il s'unit à l'activité intellectuelle la plus intense et la plus infatigable. Personne n'a plus travaillé que Sainte-Beuve sans y être excité par l'espoir que cela serve à quelque chose.

Et il a ceci aussi d'original, le scepticisme de Sainte-Beuve, qu'il se contredit, comme tout bon scepticisme doit faire, qu'il sent assez la vanité de toutes choses pour sentir aussi la sienne. Je ne dirai pas du scepticisme de Sainte-Beuve ce que Pascal disait de celui de Montaigne, « qu'il s'emporte lui-même à savoir s'il doute » : cela est un tour d'imagination un peu outré et qui passe la vérité aussi bien pour Montaigne que pour qui que ce soit; Montaigne ne doute point qu'il ne doute, Sainte-Beuve non plus ; mais Sainte-Beuve doute de la légitimité et des bons effets de son scepticisme. Tout en supposant, comme je l'ai dit, que le scepticisme est plutôt salutaire, il se demande quelquefois s'il l'est bien autant qu'il le croit. Sa « conviction sceptique », la seule qu'il ait, fléchit elle-même. Il vient de dire, tout à fait dans la manière de Montaigne et en un style digne du maître : « La vie humaine réduite à elle-même serait trop simple et trop nue ; il a fallu que la pensée civilisée se mît en quatre pour en déguiser et pour en décorer le fond. La galanterie, le bel esprit, la philosophie, la théologie elle-même, ne sont que des manières de jeux savants et subtils que les hommes ont inventés pour remplir et pour animer ce temps si court et pourtant bien long de la vie ; mais ils ne s'aperçoivent pas assez que ce sont des jeux. » — Et il écrit de la même plume : « Les hommes comme Huet savent trop. Si le monde se réglait sur eux, on n'aurait plus qu'à s'asseoir, à jouir des richesses acquises, à se ressouvenir... Mais l'humanité aime mieux jeter à l'eau de temps en temps une bonne partie de son bagage ; elle aime mieux oublier, sauf à se donner la peine ou plutôt le plaisir de réinventer... Ce sont, après tout, les ignorants comme

Pascal, comme Descartes, comme Rousseau, ce sont ceux-là qui font aller le monde. »

Traduisez : tout travail humain est vanité et toute pensée un simple divertissement. Travaillons, pensons et inventons tout de même. C'est comme cela que le monde marche. Du reste, il ne marche point ; car on n'invente qu'à la condition d'abolir les anciennes inventions pour les réinventer et recommencer la course. Travaillons cependant, parce que... A vrai dire on ne sait pas trop pourquoi.

Voilà bien le scepticisme complet, celui qui se retourne contre lui-même et se moque de soi après s'être moqué de tout, et qui dit qu'il n'y a rien de sûr, pas même lui, ce qui est une manière, en s'attaquant, de se confirmer.

C'est ainsi que Sainte-Beuve aura une page attristée sur le manque d'enthousiasme, le positivisme étroit, le pessimisme dur et le scepticisme sec de la jeunesse de 1852. Il ne semble pas se douter qu'il est de ceux qui ont le plus contribué à créer cet état d'esprit. « *Patrem exterruit infans.* » La vérité est qu'il ne l'ignore point. Mais il est des œuvres dont on n'est pas très content quand on les a faites. Et puis ceci nous donne un dernier trait sur ce scepticisme très particulier de Sainte-Beuve. Ce fut un scepticisme, sinon insidieux, du moins insinuant, qui gagnait par infiltrations secrètes et presque involontaires, qui ne tenait pas du tout à se communiquer, que Sainte-Beuve n'aurait pas été fâché de garder pour lui et pour ceux qui sont du secret, et qu'il a été un peu étonné et presque fâché de voir, par sa faute ou pour autres causes, tout à coup très répandu. Sainte-Beuve a en toutes choses une sincérité réelle, mais discrète et comme sournoise, et son scepticisme a été, lui aussi, réel, sincère, discret, sournois et un peu craintif du grand jour. Ce qu'il y a de Bayle dans Sainte-Beuve est incroyable.

IV

Il n'a guère eu plus de méthode que d'idées générales. On peut dire que tout l'effort de la critique au xix° siècle a été de se constituer en science ; et c'est précisément contre cet effort que Sainte-Beuve a réagi avec vigueur. Vingt-cinq ans avant l'apparition de Taine, dès 1829, Sainte-Beuve réfutait la théorie de la race, du milieu et du moment. C'est que cette théorie, empruntée par l'histoire littéraire à l'histoire proprement dite, commençait, par Villemain, par Guizot, à faire son premier chemin dans le monde. Du premier coup, Sainte-Beuve en vit le point faible. Il accordait que, pour expliquer un grand homme d'Etat, la méthode peut avoir du bon ; mais pour expliquer les poètes et les artistes, elle lui semblait bien téméraire. Ceux-ci sont souvent des « gens de retraite et de solitude », et si leurs entours les éclairent, que leurs entours les aient créés, ce n'est vrai que de quelques-uns. Songez qu'en art il n'y a que l'excellent qui compte, et que l'excellent n'est pas produit, sans doute, par les médiocrités qui l'entourent. Il est exceptionnel par définition, et il semble spontané par essence. « Vous aurez fait de beaux raisonnements sur les races ou les époques prosaïques ; mais il plaira à Dieu que Pindare sorte un jour de Béotie et qu'André Chénier naisse et meure au xviii° siècle. » Il est donc bon de situer l'artiste, non dans sa nation et son siècle, mais plus simplement dans le cercle de ses habitudes et de ses relations, cercle plus ou moins étendu, selon que l'artiste a été plus recueilli ou plus répandu, mais toujours assez restreint.

Autrement dit, il faut faire de bonnes biographies. Sainte-Beuve n'admettra jamais qu'on s'aventure beaucoup plus loin. « Entrer en son auteur, s'y installer, le produire sous ses aspects divers, le faire vivre, se mouvoir et parler, comme il a dû faire ; le suivre en son intérieur et dans ses mœurs domestiques aussi avant que l'on peut ; le rattacher par tous les côtés à cette terre, à ces habitudes de chaque jour dont les grands hommes ne dépendent pas moins que les autres... », voilà ce que Sainte-Beuve trouve utile, fécond, solide et ce qu'il pratiquera toute sa vie. Ce qu'il veut, c'est acquérir non pas seulement la connaissance, mais la familiarité d'un auteur. « On s'enferme pendant une quinzaine de jours avec les écrits d'un mort célèbre ; on l'étudie, on le retourne, on l'interroge à loisir ; on le fait poser devant soi... Chaque trait s'ajoute à son tour et prend place de lui-même dans cette physionomie... Au type vague, abstrait, général, se mêle et s'incorpore par degrés une réalité individuelle... On a trouvé l'homme. » — Jamais Sainte-Beuve ne s'est mieux défini que dans cette page. Comme il est bien avant tout psychologue, comme il est bien avant tout moraliste ! « On a trouvé l'homme. »

Et c'est précisément ce qui fait que Sainte-Beuve aime si peu les idées générales et une méthode de critique qui comporte des idées générales et qui en est faite. Ce qu'il aime, c'est l'individualité. Jamais un personnage n'est pour lui assez individuel ; jamais il n'est composé de traits assez précis, assez détaillés, et assez éloignés de ceux qui composent l'individualité des autres. « A mesure qu'on a plus d'esprit, a dit Pascal, on voit plus d'hommes originaux. » Ce n'est pas d'une vérité absolue. Il faudrait dire : « à mesure qu'on a plus d'un certain esprit... » ; car il y a un esprit qui consiste à voir les différences entre les hommes, et un autre qui consiste à voir les ressemblances entre les hommes ; il y en a un d'analyse, et l'autre de synthèse ; il y en a un qui ne se satisfait que quand il a si bien pénétré un être humain que celui-ci lui paraît pour ainsi dire seul de son espèce ; il y en a un autre qui n'est content que quand, par les ressemblances découvertes, ou supposées, ou grossies, il a fait rentrer un personnage dans un groupe, ce groupe dans un monde, ce monde dans un siècle et ce siècle dans les lois générales de l'histoire, c'est-à-dire dans une pensée.

De ces deux esprits, Sainte-Beuve a surtout le premier et il n'a presque pas le second.

Quand il se trouva en face de Taine, il fut choqué, sans être étonné du reste, et il n'eut pour le réfuter, disons, si l'on veut, pour marquer la distance entre Taine et lui, qu'à répéter avec un peu plus d'insistance et de développement ce qu'il disait en 1829 : « Entre un fait si général et si commun à tous que le sol et le climat et un résultat si compliqué et si divers que la variété des espèces et des individus qui y vivent, il y a place pour quantité de causes et de forces plus particulières, plus immédiates, et tant qu'on ne les a pas saisies, on n'a rien expliqué. »

Il y a une autre méthode de critique, très usitée, peut-être trop, qui a pour but de prouver quelque chose, et qui met l'étude que l'on fait de quelqu'un au service de conclusions qui nous sont chères. Sainte-

Beuve était trop éloigné de toute conviction pour avoir la moindre tendance à cette critique-là. C'est avec une franchise à laquelle des esprits chagrins pourraient presque donner un autre nom qu'il repousse cette sorte de critique, et qu'il loue celle qui n'a aucun souci de prouver quoi que ce soit, et, en vérité, qui n'a aucun souci d'aboutir : « M. Magnin a une qualité à lui, quand il traite d'un sujet et d'un livre, une qualité qui est bien nécessaire pourtant à l'impartialité : *c'est l'indifférence*. Je me hâte de définir cette espèce d'indifférence, *qui n'exclut pas du tout la curiosité et la conscience*, ces deux vertus du critique, et qui même leur laisse un plus libre jeu… M. Magnin est tout à fait *impersonnel*, grande qualité pour le genre. Il n'a pas de saint… Une telle disposition neutre l'a conduit très loin. » Indifférence et neutralité qui n'exclut ni la curiosité ni la conscience, ce n'est pas ce qu'a été toujours Sainte-Beuve ; mais c'est ce qu'il aurait tenu à être, et à quoi il a réussi quelquefois, à quoi il a fini, l'âge aidant, par tout à fait réussir. Et ceci n'est pas autre chose, ajouté à ce qui précède, que l'absence même de toute méthode.

Sainte-Beuve a bien, quelquefois, par amusement, ou peut-être par condescendance à ceux qui sont très exigeants, prétendu avoir une méthode tout comme un autre. Il a dit à plusieurs reprises : « Je fais une histoire naturelle des esprits. » Entendez par là qu'après avoir rassemblé les traits caractéristiques d'un personnage, il s'essayait à indiquer à quelle famille d'esprits ce personnage lui paraissait appartenir. C'est tout ce qu'il a jamais prétendu mettre de « scientifique » dans sa critique. C'est assez peu. En somme, cela ne va pas plus loin qu'aux « rapprochements » ingénieux de nos pères entre les différents auteurs. Le Tasse est de la famille de Virgile, et Horace et Arioste sont de la même famille. Il n'y a rien que de très légitime, d'assez utile et de fort peu audacieux dans cette manière de faire. Avec un sens très juste, sinon de tout ce que peut être la critique, du moins de ce qu'il était, pouvait être et voulait être lui-même, Sainte-Beuve n'a jamais été plus loin. S'il a eu dès le principe l'idée nette du rôle qu'il devait jouer ici-bas, il a dû se dire en commençant : « Je peindrai des hommes ; ensuite j'en peindrai d'autres. Je les peindrai aussi intimes, partant aussi particuliers, partant aussi dissemblables les uns des autres que possible. De temps en temps je montrerai que, nonobstant, ils se ressemblent. » C'est une méthode encore, si l'on veut, mais qui élimine toute méthode systématique, j'ai presque dit toute méthode méthodique.

A défaut de méthode ou à défaut de vouloir en avoir une, il avait bien l'esprit critique, et il savait excellemment ce que c'est. Tout aimer pour tout comprendre ; ne rien haïr ; non seulement ne rien haïr, mais ne rien dédaigner ; avoir une sorte de sympathie intellectuelle, la seule qui n'ait pas de contre-partie et qui, parce qu'on aime une chose, ne force pas à en détester une autre ; avoir, toujours prêt, un de ces « amours de tête », comme on a dit des seigneurs et dames de 1630, et s'enflammer avec une sorte d'ardeur judicieuse qui n'exclut pas le sang-froid : voilà l'esprit de Bayle et voilà surtout le « génie » du vrai critique.

Une preuve que Sainte-Beuve l'a bien, ou est aussi près que possible de l'avoir, c'est qu'il le définit à merveille et d'une façon digne de Montaigne : « Il va partout le long des rues, s'informant, accostant ; la curiosité l'allèche, et il ne s'épargne pas les régals qui se présentent. Il est, jusqu'à un certain point, tout à tous, comme l'apôtre, et en ce sens *il y a toujours de l'optimisme dans le critique véritablement doué.* » — Vue très pénétrante et qui nous livre un trait de caractère de Sainte-Beuve, en même temps qu'un des secrets de son esprit. Nous aurons à revenir sur ce que nous disons ici, pour le restreindre ; mais il est vrai cependant que la curiosité ne va jamais sans sympathie, que, la sympathie disparaissant, la curiosité cesse, et que la curiosité universelle de Sainte-Beuve a été, à sa manière, une espèce d'optimisme. Il a aimé savoir le secret des hommes, et dans ce désir il entrait au moins comme un goût de l'humanité. Il aimait à la voir vivre, penser, sentir, exprimer son rêve. Elle ne lui imposait, ni ne lui en imposait. Il n'était pas dupe. Il était très peu respectueux. Mais une sympathie sans respect à l'égard de l'humanité, c'est à peu près la définition des sentiments de Sainte-Beuve envers ses semblables.

Et surtout, il aimait le vrai. Et comme il aimait l'humanité sans la respecter, tout de même il aimait le vrai avec cette pensée de derrière la tête qu'on ne peut jamais l'atteindre ; et il l'aimait avec cette passion très particulière de quelqu'un qui n'y croit pas. S'il nous échappe, semblait-il dire, c'est précisément une raison pour le poursuivre. Il ne s'y épargnait pas : dernière qualité, dernière « vertu », comme il dit, du critique, il avait une loyauté absolue dans son enquête, dans ses découvertes et dans ses erreurs. Il est peut-être le seul critique qui, cent fois, à la fin d'un article, nous dise : « Voyez ce que j'ai écrit sur ce sujet dans tel autre article. Je n'y dis pas la même chose que dans celui-ci. J'y dis à peu près le contraire... » Cela signifie qu'il ne croyait jamais avoir trouvé le vrai et qu'il le cherchait sans fin, et qu'il le préférait à son amour-propre, et qu'il ne rougissait jamais de n'avoir pas saisi du premier coup l'insaisissable. Il y a un scepticisme détestable, qui est fait de nonchalance et de paresse ; il y en a un qui est actif, ardent, laborieux, patient, qui n'espère jamais se détruire, et qui fait toujours comme s'il espérait pouvoir venir à bout de lui-même ; qui ne croit pas à la vérité et qui aime, comme impétueusement, la recherche de la vérité. Celui-ci est peut-être une vertu bizarre ; mais vraiment c'est une vertu. — Conscience, sympathie, curiosité infatigable et intelligente, loyauté presque raffinée, tel fut « l'esprit critique » dans Sainte-Beuve ; c'est ainsi qu'il a suppléé au défaut de méthode, ou peut-être, c'est parce qu'il avait ce qui y supplée si bien que de méthode il n'a eu cure.

V

Soutenu par cet esprit critique si vivant, si libre, si spontané, il a promené ses regards sur la littérature tout entière ou à très peu près, sur la philosophie morale, sur l'histoire, et il a laissé deux grandes œuvres, confondues dans ses écrits, rentrant l'une dans l'autre, et qu'il faut savoir distinguer après coup, mais qui sont différentes et procèdent de deux tournures d'esprit différentes : d'une part une série de portraits, — d'autre part un relevé des différentes façons de penser de l'humanité.

Ses portraits sont le plus souvent étonnants. Ils sont faits avec la patience obstinée d'un miniaturiste, le zèle inquiet d'un chasseur de documents, et la curiosité subtile d'un directeur de conscience. L'artiste ici se soumet à l'objet avec une docilité parfaite et en même temps l'interroge avec passion. Il ne se lasse ni de le contempler avec tranquillité ni de le tourner, retourner et comme torturer d'enquêtes et de recherches. Jamais il n'en sait assez sur les habitudes, les mœurs, les travers, les manies et les relations, la famille, les amis, les entours et les incidents, accidents, antécédents ; et, tout en même temps, ou tout à l'heure, il trouve le moyen de replacer son modèle dans l'attitude reposée et normale où il est naturel aussi et désirable qu'on puisse le voir pour en garder l'idée d'ensemble. Ses portraits deviennent ainsi dramatiques dans tous les sens du mot et dans les meilleurs. Ils évoluent sous nos yeux ; ils se modifient ; ils prennent un trait, puis un autre, qui se corrige ou s'atténue par un troisième ; ils avancent sous nos regards ; ils sortent de l'ombre, de la pénombre, du jour encore voilé, viennent éclater en pleine lumière, puis rentrent dans une demi-obscurité, selon que tel point de leur biographie échappe encore aux recherches ; puis reparaissent en plein éclat, et enfin s'arrêtent en une certaine attitude qui est celle où, jusqu'à nouvelles découvertes, il est raisonnable de les voir et de les connaître.

Ainsi, dans ces pièces dramatiques qui ont surtout pour objet de nous faire connaître un personnage, ce personnage passe par plusieurs phases, se révèle à nous par différentes parties, nous livre fragment par fragment le secret de lui-même, nous laisse enfin de lui une image pleine et précise, faite de tous ces traits successifs qui ont su s'accumuler sans s'effacer les uns les autres et s'ajouter les uns aux autres en se coordonnant.

Il faut, pour réussir à ce genre de portraits, un art excellent ; car c'est là, non pas mettre sous les yeux du spectateur un portrait une fois fait, mais c'est peindre devant lui. C'est plutôt, comme bien on pense, feindre de peindre devant lui ; car Sainte-Beuve ne tâtonne pas véritablement ; et il sait, en commençant son article, le chemin par où il veut passer ; mais ce procédé, qui donne au lecteur la sensation d'assister au travail du chercheur et de l'artiste, cette demi-confidence des hésitations par où le peintre, sinon passe, du moins a passé, ce procédé qui du reste n'est qu'à demi un procédé, et où il entre encore beaucoup de vérité, est un milieu juste entre l'art et le naturel, entre le trop d'art et le trop de naturel, et cela même est l'art même.

Sainte-Beuve a fini par prendre les défauts de cette manière. Il a fini par multiplier un peu les corrections, les atténuations, les « retours » et les « repentirs », et les hésitations et les longueurs. Même dans cette sorte de décadence, le charme de cette façon de faire n'a pas disparu. Cette fois, c'est bien presque Sainte-Beuve travaillant que nous avons sous les yeux ; mais il y a des ouvriers qui ont bonne grâce à travailler ; on nous les montre au travail dans les Expositions, et ils sont aussi intéressants que le résultat même de leur travail. Sainte-Beuve était de ceux-là.

Il a laissé ainsi une galerie de portraits qui est un recueil de documents inestimable pour le moraliste. La physiologie y tient peut-être un peu trop de place. Les faiblesses humaines étaient pour Sainte-Beuve plus caractéristiques de l'homme et d'un homme que ses puissances ; ou, si l'on veut, il croyait que c'est par leurs vertus que les hommes se ressemblent et par leurs manières particulières d'être vicieux qu'ils se distinguent. Ce n'est pas certain. Quelle que fût sa raison, les portraits qu'il a donnés de l'humanité ne sont pas sans tache, et la « gerçure » secrète ou à demi apparente n'y est pas dissimulée. Mais ils sont vivants. Il fait songer à Le Sage et à Saint-Simon ; à Le Sage, moins, je ne dis pas le naturel, mais la bonhomie ; à Saint-Simon, moins le relief, à tous deux pour la curiosité sans cesse en éveil et pour l'amour de la vie et le secret de la rendre.

Ce secret ne se définit pas plus qu'il ne s'emprunte. Nous en voyons les conditions, non en quoi il consiste. Les conditions en sont l'intimité avec le modèle, la longue et minutieuse enquête, la multiplicité aussi des modèles successifs : car c'est une erreur de croire qu'on connaît bien un homme quand on n'en connaît qu'un ; on ne connaît chacun que par comparaison avec beaucoup d'autres. Quant au secret lui-même, il reste le privilège de très rares historiens, romanciers et moralistes, qui ont eu le don de la vie. Ici plus que jamais se vérifie ce qui revient toujours à l'esprit quand on s'occupe de Sainte-Beuve et ce qu'il a à peu près reconnu et avoué lui-même : il fut un demi-créateur. Il avait la mesure d'imagination qui lui permettait de penser à nouveau une œuvre qu'il lisait et de la compléter au besoin, de reconstituer la vie morale d'un homme qui avait vécu et laissé de sa vie quelques traces ; mais il fallait que l'œuvre eût été écrite et que l'homme eût vécu. C'est avec cette demi-faculté créatrice que se font les vrais critiques. Il faut toujours qu'on dise d'eux : « Il semble qu'il serait créateur, s'il le voulait. » On n'a pas pu lire Sainte-Beuve sans se le dire.

J'ai dit que, mêlée à cette série de portraits, il y avait comme une revue des principales croyances et opinions générales de l'humanité. Nous ne la ferons pas à nouveau à la suite de Sainte-Beuve. Disons seulement que, de même qu'il était apte à peindre qui que ce fût, de même et plus encore il était apte à tout comprendre. Il l'était à ce point, que les états d'esprit les plus étrangers au sien sont peut-être ceux qu'il a le mieux fait entendre. Telle page de lui sur la mysticité, recueillie par Mme Swetchine, et trouvée dans ses papiers, a été imprimée sous son nom, et a pu passer pour une des plus belles « élévations » de Mme Swetchine, jusqu'à ce que Sainte-Beuve eût fait remarquer en souriant qu'elle était de lui. Sur Pascal, sur Saint-Cyran, sur Arnauld, nonobstant les réserves qu'il fait, son analyse et sa restitution sont des merveilles de lucidité, de pénétration et de profondeur. Il y a à propos du Père Hardouin, une page sur l'évolution de l'Idée de Dieu qui est à la fois d'une simplicité et d'une solidité étonnantes. Du Dieu idolâtrique, au Dieu biblique, au Dieu chrétien, au Dieu chrétien déjà philosophique, au Dieu philosophique, au Dieu enfin dont la personnalité s'évanouit dans l'idée abstraite de loi, la succession insensible, menant le monde de l'idolâtrie à l'athéisme et laissant apercevoir ces deux points extrêmes entre lesquels, en sa marche et en ses régressions, l'humanité semble osciller, est éclairée d'une lumière vive, froide et tranquille que semble verser sans effort et que verse sans émotion cet esprit calme et impassible.

Les philosophes chrétiens qu'il étudie (il n'a guère étudié que ceux-là), souvent subtils et embarrassés, sont ainsi ramenés par lui à leur fond et comme à leur essence simple, aux deux ou trois points précis qui sont comme les nœuds de leur pensée, et plus on les connaît, plus on les reconnaît dans son analyse ; plus on voit qu'il les a démêlés et pénétrés avec sûreté, avec un sens psychologique quasi infaillible. Le goût de débrouiller des idées sans en adopter une était chez lui aussi vif que le goût de découvrir des âmes et de surprendre les secrets des caractères. L'un le menait à l'autre, et comment vivent les hommes, soit par la pensée, soit par la passion, c'était toujours ce qu'il se demandait avec un intérêt extrême ; mais d'avoir eu la faculté de voir aussi distinctement le jeu des idées que le jeu des secrets ressorts du cœur, c'est une rencontre rare et qui indique autant de force d'esprit que de finesse et autant de pénétration que d'étendue.

VI

Comme critique proprement dit, c'est-à-dire comme homme qui rend compte des ouvrages de l'esprit et qui en dit son sentiment, Sainte-Beuve est généralement d'excellent goût. Qu'est-ce que le goût, pourra-t-on dire, chez un homme qui n'a ni idées générales auxquelles il tienne, ni méthode à laquelle il s'attache, et qui n'aime qu'à tout comprendre ? Il est très vrai que le goût, à s'élargir, se détruit; à s'étendre, se ruine, puisqu'il faut bien qu'il soit un discernement, une préférence et, par conséquent, au dernier terme et contre son gré même, une exclusion. Le goût n'est pas autre chose que la sensibilité d'un esprit très délicat qui manifeste en présence d'une œuvre sa conformité avec l'esprit de cette œuvre ou sa répugnance. Le goût, c'est : « je me retrouve dans ce que je lis et je suis charmé », ou : « je suis dépaysé dans ce que je lis, et je m'écarte. »

Il en résulte que le goût peut être considéré comme le contraire même de la critique. La critique est l'analyse de l'esprit d'un autre ; le goût, d'après la définition précédente, est l'analyse de mon esprit même faite à propos de ce que je lis. Je lis et je suis charmé. Pourquoi suis-je charmé ? Me voilà me rendant compte de moi-même, remontant à l'origine en moi de telle sensation ou de plaisir ou de répulsion, faisant une enquête sur la constitution et même sur l'histoire de mon esprit. C'est le contraire même de la critique, qui consiste à se rendre compte de l'esprit d'un autre, et à se transformer, s'il se peut, en lui pour le mieux entendre.

Cette antinomie est réelle, et l'on ne saurait complètement y échapper. En présence des critiques modernes, Boileau dirait : « Voilà des critiques qui ont toutes les qualités, savoir, intelligence, conscience, toutes, sauf le goût. » En présence de Boileau, les critiques modernes disent : « Voilà un homme qui ne manque pas de goût ; mais il est incapable de comprendre ce qu'il ne goûte point. Est-il bien intelligent ? » Oui, il y a au moins péril à ce que le goût trop sensible arrête et entrave la faculté critique, à ce que la faculté critique trop active réprime le goût, le confine comme gênant et le réduise au silence.

Parlons-en mieux toutefois, et, sans prétendre que cette petite antinomie se résolve réellement, remarquons que dans les esprits bien faits, critique et goût, d'abord, profitent l'un de l'autre, ensuite savent se tracer à eux-mêmes leur domaine respectif et font leur office chacun dans le leur.

Critique et goût profitent l'un de l'autre : « On se forme l'esprit par les lectures et les conversations, et l'on choisit lectures et conversations d'après son esprit, dit à peu près Pascal, et cela fait un cercle. » Sans doute ; mais, encore qu'on ne puisse pas sortir de ce cercle, il faut savoir qu'il est large et qu'il s'élargit de plus en plus. Le goût initial n'est qu'un trait de notre caractère. Cette disposition première, sans changer jamais, sans devenir jamais le contraire d'elle-même, se modifie par nos lectures s'ajoutant les unes aux autres, reste toujours conforme à elle-même, mais beaucoup plus souple, beaucoup plus hospitalière, beaucoup plus capable de *rendre conformes à soi* des choses qu'au premier abord on eût crues tout à fait étrangères à elle. Or notre goût d'homme fait, c'est une disposition de notre caractère, modifiée, redressée et enrichie par nos lectures et nos réflexions, c'est-à-dire par la critique.

Et de même la critique profite du goût, est aidée par lui. Si l'on pouvait supposer un homme totalement dénué de goût, c'est-à-dire de préférence, quelque curiosité qu'il pût avoir, cette curiosité serait si froide, qu'elle serait inféconde. Elle entasserait les lectures sans en rien tirer, comme un avare ses richesses. Elle serait une sorte d'avarice littéraire et d'avidité bibliographique. Elle dresserait des catalogues et des index. Elle ne ferait pas œuvre de critique. La critique est animée par le goût lui-même qui tend, ou à se satisfaire, ou à s'étendre, ce qui est se satisfaire encore, ou même à être un peu blessé, ce qui a pour lui du piquant et est une occasion de jouir encore de son activité. Le goût sollicite la critique à lui donner des occasions d'admirer, de conquérir ou de combattre, c'est-à-dire toujours des occasions d'agir et de se sentir en action. Critique et goût, quoique contraires en un certain sens, conspirent cependant, concourent, et n'ont pas moins besoin l'un de l'autre, que l'une de l'autre.

Ceci dans la période de recherches et d'investigations à travers les esprits. Il y a une autre période, celle où le critique en arrive à juger, c'est-à-dire, quoi qu'il fasse, à donner enfin son impression personnelle. Ici il faut que le critique sache courageusement imposer silence à la critique proprement dite. Elle a fait son œuvre. Aussi bien elle a assez longtemps tenu le goût en seconde place ; elle l'a contenu ; elle lui a demandé crédit ; elle l'a prié d'attendre ; à elle maintenant de le laisser parler. Ce moment, Sainte-Beuve l'a fort bien connu, et ne s'est pas défendu de s'y arrêter, sans s'y attarder jamais. De ce qu'il comprenait tout, il ne s'est pas résigné à ne faire autre chose que comprendre. Comprendre tout, aimer tout pour tout comprendre, préférer cependant certaines choses : c'est la définition complète de ce qu'il aurait voulu être. Et l'on conçoit que les préférences de Sainte-Beuve soient intéressantes à relever ; car elles nous font connaître, sous le savant, le sensitif, sous l'investigateur « l'impressionniste », sous le critique l'homme même. Nous n'avons plus ici l'homme qui voulait pénétrer les autres ; mais l'homme qui se livrait lui-même.

Ces préférences nous montrent un esprit amoureux surtout des qualités moyennes et des beautés mesurées. En général, la force l'attire et ne le retient pas. Il l'admire, il comprend pourquoi il l'admire ; il ne la « goûte » pas. Grandeur de conception, imagination impétueuse, sublimité, même naturelle, de génie, sont choses qu'il explique mieux que personne, mais qu'il

n'habite pas avec prédilection, ni même avec sécurité.
Dans les explications même qu'il en donne, quelquefois
on sent l'effort. Ses pages, restées célèbres, sur *Athalie*,
sont justes au fond, singulièrement tendues, enflées,
gonflées, surchargées, jusque-là qu'il s'y mêle, à parler
franc, un peu de galimatias. La région moyenne de la
sensibilité et de l'imagination, grâce, agrément, esprit,
douce mélancolie, demi-sourire, tendresse sans violence, regret sans trop d'amertume, tout cela exprimé
avec une élégance naturelle ; c'est au fond ce qu'il aime
le plus et où il revient toujours. L'Anthologie chez les
anciens, avant tout, on peut l'affirmer sans grande
crainte ; l'Homère des Nausicaa et des Andromaque ;
Virgile, avec un souvenir reconnaissant pour Apollonius
de Rhodes ; le Tasse plutôt que Dante ; les Lakistes
anglais plutôt que Shakspeare ; *Bérénice* plutôt qu'*A-
thalie* ; le *Cid* plutôt que *Polyeucte* et puis un grand
faible pour les hommes d'esprit et de bonne grâce qui
ont écrit en vers depuis la fin du xviiie siècle jusqu'au
second tiers du xixe ; telles sont ses secrètes et intimes
tendresses littéraires. Son amour pour André Chénier
résume presque tous ses goûts. Il y voit le néo-grec, un
peu alexandrin, un peu plus qu'alexandrin, qui ramène
les grâces de l'Ionie et de la Sicile, et aussi leurs grandeurs, mais aménagées, un peu réduites, tournées en
élégances sans que le sens du grand, pourtant, soit tout
à fait oublié ; et c'est juste la mesure qui lui agrée ; —
il y voit l'amoureux demi-sensuel, demi-sentimental, La
Fontaine qui se serait mêlé d'un peu de Rousseau, plein
du reste, en ses effusions, d'une grâce où il n'y a qu'un
commencement de recherche ; et c'est encore le mélange
exact, la combinaison précise qui est tout à fait selon sa
nature.

Au fond, Sainte-Beuve est « romanesque. » Tout ce que ce mot contient, pris dans son acception usuelle, un peu de rêve, un peu de tendresse, un peu de sensualité, beaucoup d'élégance dans la forme, un peu de nonchalance, du piquant et de l'esprit, des analyses assez fines, sans être trop précises, des états un peu rares du cœur, voilà bien le domaine de Sainte-Beuve ; — tout ce que ce mot exclut à l'ordinaire, réalisme franc ou cru, force, profondeur, vigueur logique, grande imagination lyrique, grands regards jetés sur le monde, puissance épique ; voilà ce qu'il comprendra quand vous voudrez, quand il voudra, mais qui sera toujours objet de son intelligence plutôt qu'attrait pour son être intime.

S'il a tant aimé les *minores*, comme il aime à dire, c'est pour beaucoup de raisons dont quelques-unes se rattachent à un retour sur lui-même ; c'est surtout par goût pour tous ceux qui n'ont pas tenté les hautes escalades ou les descentes périlleuses dans les abîmes. Les grands aventuriers de l'art, y compris même ceux qui n'ont point échoué, ne sont pas son fait. Si nous réussissions à dépouiller le mot « bel esprit » du sens défavorable qu'il a pris et qu'il n'a pas toujours eu, nous dirions que Sainte-Beuve a préféré les beaux esprits aux grands esprits.

Bien des raisons à cela. Et d'abord, c'était sa nature, et c'est la meilleure raison. Ensuite, c'est pendant la période romantique qu'il a le plus écrit. Après avoir cru aimer le romantisme, ce lettré très préservé, singulièrement mis en garde par toute sa forte culture classique, a réagi contre les engouements de son temps et les siens propres, et, comme il arrive en toute réaction, a été un peu loin en sens contraire. Les audaces de pensée et les débordements d'imagination l'ont confirmé, pour ce qui était de la philosophie, dans son scepticisme, pour ce qui était littérature, dans son goût des horizons prochains et des « coteaux modérés ». Comme un autre a dit : « Oh! une petite phrase de Mozart! » il a dit : « Oh! une fable de La Fontaine, et même un conte d'Andrieux! »

Et puis songeons à la façon, à une des façons dont il entendait la critique : « Je pense sur la critique deux choses qui semblent contradictoires et qui ne le sont pas : 1° le critique n'est qu'un homme qui sait lire et qui apprend à lire aux autres ; 2° la critique est une invention et une création perpétuelle. » Apprendre à lire, c'est ce qu'il faisait quand il expliquait à ses lecteurs les grands esprits. Créer et inventer, c'est ce qu'il faisait quand il expliquait à ses lecteurs des esprits moindres. Alors il refaisait leur œuvre, il l'inventait et la créait à nouveau ; il avait des façons de la présenter qui étaient une restitution et où il entrait autant de son génie que du leur. Et, ayant toujours eu des facultés de création, réelles, quoique faibles, condamnées à l'inaction, il leur donnait carrière indirectement par ce procédé. Il n'a pas été sans faire un peu le poème de Desbordes-Valmore ou le poème de Parny, comme il a fait aussi le poème de la Mère Angélique. Ce sont là ses œuvres poétiques, les créatures de son esprit, et elles ne sont pas sans faire honneur, je ne dis pas à son imagination proprement dite, on croirait que je l'accuse de nous avoir trompés ; mais à cette *invention dans la vérité*, à cette faculté de reconstituer le réel, qui est une forme encore, et belle et rare, de l'imagination. — Et enfin, pour y revenir, c'était sa nature. Il avait le goût du moyen très distingué plutôt que du grand, du délicat et du gracieux plutôt que du fort. Cela revient à peu près à dire qu'il avait le goût de l'exquis. C'est un goût très honorable.

VII

Parlerai-je de ses lacunes et de ses limites ? Il le faut bien pour achever de le caractériser. On vient d'en voir quelques-unes. Il en eut d'autres, qui venaient de ses passions, des mauvaises parties de son caractère. Il est incontestable qu'il fut jaloux. Il le fut de ceux qui avaient eu plus de succès que lui comme créateurs. Il n'aimait pas beaucoup les romanciers qui faisaient des romans plus amusants que *Volupté* et les poètes qui faisaient des vers meilleurs que ceux des *Pensées d'Août*. Il aimait encore moins ceux qui avaient été beaux dans leur jeunesse, et avaient eu des succès féminins. Il n'a rendu pleine justice ni à Chateaubriand, ni à Lamartine, ni à Musset, à cause de cela, du moins en partie à cause de cela. Dans certaines notes autobiographiques qu'il a laissées, en trop grand nombre, cette plaie secrète de l'amoureux incorrigible et assez souvent dédaigné, saigne et palpite de manière à exciter la pitié. Aux qualités nécessaires pour être un vrai critique, je ne sais s'il est homme au monde, si vertueux qu'on l'imagine, qui fût vraiment propre à cette mission. Non seulement il faut être très intelligent et très laborieux et encore à demi créateur ; mais voilà qu'il faut être un sage, inaccessible à l'envie, à la rancune et aux faiblesses du cœur. C'est là bien des affaires ! Tant y a que Sainte-Beuve n'était pas un sage jusqu'à ce point-là.

On attendait d'un tel homme une histoire littéraire au jour le jour d'une moitié du XIXe siècle ; et c'est cette partie de sa tâche qu'il a le moins bien faite. Les grandes gloires littéraires du XIX° siècle ne sont pas dans ses écrits à leur vraie place, à leur vrai rang, parce qu'il a toujours quelque raison personnelle de ne leur pas donner ce rang et cette place. Cet admirable guide à travers le passé est pour le temps où il a vécu un guide dont il faut un peu se défier. Il a manqué ainsi la véritable gloire. Car la gloire véritable pour un critique est de dire sur les hommes de son temps ce que la postérité doit un jour en penser. Ainsi, à très peu près, fit Boileau. Ce n'est pas que Sainte-Beuve ne l'ait fait lui-même fort souvent. Tel article de lui, sur Béranger, par exemple, est très instructif à cet égard et tout à l'honneur du critique. Béranger a été mis si haut pendant vingt-cinq ans environ, puis si bas, après sa mort, qu'il est de ceux qui servent comme de pierre de touche à la justesse d'esprit d'un critique. Eh bien, ce que Sainte-Beuve en a dit, à l'époque où Béranger était encore incontesté, a paru dur au moment où l'article fut écrit, très indulgent au temps de la réaction contre le chansonnier. Relisez-le maintenant. Il vous semblera sans doute que c'est justement, et dans tout le détail, à toutes les lignes, ce que nous pensons aujourd'hui, ce que tout curieux qui s'avisera de revenir à Béranger en pensera désormais.

Mais de tels articles sur les contemporains sont encore trop rares dans Sainte-Beuve, et en général il perd comme ses mesures en s'occupant des hommes qui vivent dans le même temps que lui. Ou il diminue les grands, ou il hausse les petits avec une complaisance qui n'est peut-être qu'un mauvais procédé indirect à l'égard des grands. Tenez compte, si vous voulez, et certes j'y songe, de cette injustice aussi de la postérité, qui, forcée d'abréger, de déblayer, de faire la part de l'oubli, néglige les talents des générations antérieures, et, ne contemplant que les génies éminents, les fait plus grands peut-être qu'ils ne sont, par l'isolement où elle les met ; même cette considération entrant dans notre compte, il reste encore que Sainte-Beuve a eu, à l'égard des grands hommes de son époque, je ne sais quelle timidité à admirer de tout son cœur.

Il fut, de plus, peu hospitalier aux écoles littéraires qui se firent jour quand il eut lui-même atteint la cinquantaine. Mais ce serait décidément trop lui demander que de vouloir qu'il l'eût été beaucoup. D'une part, la chose est presque impossible. Quelque souplesse d'esprit que l'on puisse avoir, on ne renouvelle pas son goût à partir d'un certain âge. Les nouvelles écoles sont comme insaisissables au critique vieilli. Il ne peut avoir prise sur elles que par les côtés par où elles ressemblent à des écoles antérieures. Il n'y manque presque jamais. On croit que c'est sa méthode ; c'est sa ressource. On croit que c'est une malice ; c'est une nécessité. Or, c'est aussi un instrument d'erreur ; car les écoles nouvelles ressemblent à des écoles surannées, mais non jamais exactement. Aujourd'hui, en réaction contre hier, ressemble à avant-hier, toujours, mais ne le reproduit jamais. Aujourd'hui ressemble à avant-hier, en tant qu'hier était en réaction contre avant-hier, mais seulement en cela. Aujourd'hui a le même contraire qu'avant-hier, mais ne lui ressemble pas pour autant, et n'a avec lui qu'une identité tout apparente. Aussi les critiques vieillis, en présence des nouvelles écoles, ne les comprennent que superficiellement, croient reconnaître en elles d'anciens ennemis renaissants et lancent contre elles des traits qui ne vont frapper en réalité qu'en arrière. Leur critique à l'égard des jeunes, au lieu d'être plus

actuelle que jamais, devient une critique rétroactive.
Plus souvent, et c'est le cas pour Sainte-Beuve, elle se dérobe, par loyauté même, et se sentant sur un terrain trop nouveau pour elle et trop mouvant. Sainte-Beuve a peu poussé son enquête du côté du roman réaliste et du côté de la poésie parnassienne. Il s'est joué un peu à Baudelaire, s'amusant de ses excentricités, curieux d'un état d'esprit relativement nouveau, mais ne le prenant pas tout à fait au sérieux.

Du reste, à la fin de sa vie, Sainte-Beuve n'était plus, à proprement parler, un critique, si ce n'est par exception et comme par divertissement. J'ai dit qu'il n'y avait pas eu d'évolution dans ses idées, mais il y en a eu une dans ses goûts. Très amoureux de poésie dans sa jeunesse, mais déjà épris d'histoire, c'est de ce côté qu'il a incliné de plus en plus en vieillissant. Mouvement très naturel d'un esprit qui aimait la vérité et qui n'y croyait pas. On n'est maître ni de ses goûts ni de ses idées, et il arrive qu'ils ne sont pas d'accord. Sainte-Beuve aimait le vrai passionnément, voilà pour ses goûts, et son idée maîtresse, celle du moins qui lui revenait le plus souvent, était que la vérité n'est pas faite pour l'homme ou que l'homme n'est pas fait pour elle. Dès lors, il ne pouvait pas incliner du côté de la philosophie comme font beaucoup d'hommes, en mûrissant, quand ils ont remué beaucoup d'idées. Moraliste, il l'avait été si longtemps, dans toutes les directions et en tout sens, que cette matière, qui n'est pas indéfinie, était comme épuisée pour lui. La critique proprement dite l'avait lassé par la nécessité de repasser bien souvent par les mêmes chemins et de revenir sur les mêmes idées. Il finit par écarter les idées, comme étant toujours approximatives et par là toujours décevantes. Il s'acharna aux faits. Le fait finit toujours par passionner les esprits de cette sorte. Il a pour eux toute la vérité qui puisse être atteinte par l'homme. Il est net, clair, après beaucoup de recherches, certain, après beaucoup de vérifications. Il brille d'une splendeur froide qui les satisfait et les retient. Chez les Sainte-Beuve, l'amour du vrai devient l'amour de l'exactitude ; et même il n'a jamais été autre chose ; seulement c'est assez tard qu'ils se rendent compte de ce qu'était en eux l'amour du vrai.

Cette dernière passion, Sainte-Beuve l'a ressentie profondément. Les faits aimés pour eux-mêmes, sans qu'il soit besoin de les rendre intéressants en les rendant significatifs, sans qu'il soit besoin qu'ils prouvent ou annoncent ou fassent prévoir quelque chose, sans qu'il soit besoin qu'ils rentrent dans une loi générale, sans qu'il soit besoin de leur attribuer un sens pour leur donner une valeur, sans qu'il soit besoin de les transformer en idées ; les faits trouvés beaux quand ils sont exacts et imposants quand ils sont nombreux ; ce fut bien là le dernier objet des amours austères de Sainte-Beuve. Historien sans aucune philosophie historique, mais scrupuleux, attentif, diligent, passionné, ce fut la dernière forme sous laquelle nous l'avons connu. Elle était le résultat naturel de sa tournure d'esprit. En vieillissant nous nous dépouillons de tout ce qui ne fut qu'en partie nous-mêmes, de tout ce qui n'était que dispositions transitoires, dues à l'âge, aux circonstances, aux alentours ; nous nous ramenons à notre faculté maîtresse. Celle de Sainte-Beuve était bien la curiosité, la curiosité en soi, sans but qui la dépassât, sans intentions que la satisfaction d'elle-même.

VIII

Ç'a été une grande vie, malgré ses faiblesses et ses misères, qu'une existence dont la plus grande partie a été consacrée à une immense enquête sur l'humanité. Si le salut pour l'homme, et aussi le vrai moyen de se conformer aux exigences de sa nature est de trouver un moyen d'échapper à soi, Sainte-Beuve, qui, plus que tout autre peut-être, avait besoin d'y échapper, n'a pas laissé de trouver sa voie et s'est à peu près sauvé. Son amour de la vérité a été son « détachement ». Il l'a gardé d'un certain nombre de mauvais rêves et d'un certain nombre de vilaines actions. Il est devenu pour lui un moyen, on peut le dire, d'élévation et de purification.

Notez bien qu'il y a sacrifié quelque chose. Il aurait pu faire métier beaucoup plus lucratif de sa plume s'il n'avait tenu aux extrêmes lenteurs, aux immenses « pertes de temps » que comportent l'érudition, la recherche minutieuse, la vérification et le contrôle vingt fois répétés. De cet amour du vrai, il s'était fait une conscience, c'est-à-dire une manière de religion. Nous transformons en religion tout ce qui nous détache de nous, et nous voulons que cela nous coûte quelque chose, nous voulons y faire des sacrifices. La critique a été la religion, assez sévère en somme, assez exigeante, et par cela assez élevée, de Sainte-Beuve. C'est encore quelque chose d'en avoir une, quelle qu'elle soit, et si mêlée encore de motifs humains qu'elle puisse être.

Son influence a été, très probablement, beaucoup plus considérable qu'on ne croit communément. Rien n'égale l'influence des forces insensibles et continues. Sainte-Beuve a comme distillé et insinué goutte à goutte, semaine par semaine, pendant trente ans, une sorte de positivisme froid, de scepticisme doux et de désenchantement tranquille. Il a glacé peu à peu son siècle, qu'il avait trouvé tout en ébullition. Il a dissipé d'une main lente, très active, mais qui semblait presque nonchalante, toutes les illusions, toutes les espérances et toutes les fois. C'était un travail long, minutieux, précautionné et presque respectueux, mais obstiné, contre les anciennes croyances et aussi les croyances nouvelles : christianisme, progrès, perfectibilité, optimisme, confiance de l'homme en Dieu, confiance de l'homme en soi. Il a eu pour ennemis naturels et instinctifs tous les croyants de toutes les croyances, catholiques, protestants orthodoxes, hommes de 1848. Tous voyaient en lui l'homme le plus impénétrable à toute foi, celui qui ne croit qu'à la science des faits et qui n'a pas même l'espérance de tirer même de cette science-là une doctrine.

Je sais bien qu'il était possible de le considérer comme positiviste dogmatique, en quelque mesure, et de l'habiller ainsi en « homme de l'avenir. » Il écrivait en 1867, à M. Albert Collignon : « ... Dans cette crise (le naufrage des anciennes fois), il n'y a qu'une chose à faire pour ne point languir et croupir en décadence : passer vite et marcher ferme vers un ordre d'idées raisonnables, probables, enchaînées, qui donne des convictions à défaut de croyances... et prépare chez tous les esprits neufs un point d'appui pour l'avenir. Il se crée lentement une morale et une justice à base nouvelle, non moins solide que par le passé, plus solide même, parce qu'il n'y entrera rien des craintes puériles de l'enfance. Cessons donc le plus tôt possible d'être des enfants. Dans l'état de société où nous sommes, le salut et la virilité d'une nation sont là et pas ailleurs. On aura à opter entre le byzantinisme et le vrai progrès. » — Mais il ne donnait guère les professions de ce genre que sous le manteau, et c'était un peu des billets de complaisance. Dans son habitude il se bornait à ne plus croire aux anciennes philosophies et à ne pas croire encore aux nouvelles. Du côté du passé, il refusait son acquiescement, et il le réservait du côté de l'avenir.

Personne peut-être, j'entends parmi ceux qui pensent, n'a plus pensé sans conclure. Il a fondé ainsi — le mot est bien impropre pour un travail qui sent si peu la construction, l'établissement, même le désir d'établir — il a aidé à naître ainsi une école de scepticisme où de plus grands que lui, comme Renan, ont fini par se trouver doucement et mollement enveloppés. L'école sceptique du milieu du XIXe siècle, si particulière, composée, non plus comme les autres, d'esprits nonchalants et légers, mais de laborieux, d'énergiques et de tristes, a été comme élevée et nourrie par Sainte-Beuve.

Il a fondé aussi, et ici le mot est exact, une école de psychologie. Rien n'était plus étranger à l'époque dite du Romantisme que l'étude réelle des âmes.

L'école philosophique, sous le nom de psychologie, étudiait, non sans conscience, non sans talent, les « facultés » de l'âme, mais considérées d'une manière tout abstraite, et établissait une sorte de mécanique psychique.

Les romanciers, avec une puissance d'imagination qui les dispensait de se renseigner, créaient des âmes, le plus souvent à l'image de la leur, souvent aussi à l'image de leurs rêves, et, partant, des âmes ou exceptionnelles ou presque irréelles. Balzac lui-même, plus puissant que fin, inventait plus qu'il n'observait, et la vie dont il animait ses personnages était plutôt l'effet d'un effort fougueux de son génie qu'une transposition naturelle de la réalité, qu'un passage facile de la vie réelle dans l'œuvre écrite.

Et de moralistes proprement dits, très peu ou vraiment point du tout pendant une quarantaine d'années. Sainte-Beuve, avec Stendhal, que, du reste, il n'aimait point, pour plusieurs raisons, dont quelques-unes sont bonnes, se plut passionnément à voir vivre des âmes réelles, soit dans le présent, soit dans l'histoire, et à s'expliquer comment elles vivaient. Il ramena à cette étude, qui est le fondement même de tout art littéraire et qui est, particulièrement, l'esprit même de la littérature française, la génération qui le lisait vers 1850, plus encore celle qui le pratiquait vers 1870, et la renaissance du roman psychologique est en grande partie due à l'empire insensible et comme familier qu'il avait pris sur les intelligences et des écrivains et des lecteurs.

Ajoutons enfin, que, comme il arrive très souvent, il n'a pas été sans contribuer à faire naître ce qu'il aimait le moins, la critique systématique. Il est possible à un homme, dont la nature est ainsi faite, d'entasser une énorme quantité de faits historiques, de notions littéraires et d'observations morales en résistant toujours à les réduire en système. Mais cela n'est pas possible à l'humanité elle-même. Elle voudra, toujours, des observations tirer une science ; des faits exprimer la loi que leur succession, leurs répétitions ou leurs groupements semblent révéler ou invitent à supposer ; donner par la pensée un ordre et une organisation à cette matière qui est là, dispersée et disséminée sous nos yeux. Entasser tant de matériaux, c'est donc provoquer le constructeur qu'on n'a pas voulu être ; c'est, alors même qu'on repousse tout système, en appeler un sans le vouloir, et plus on se refuse à le dresser soi-même, d'autant plus lui donner occasion de se faire et raison d'être. Il a été impossible qu'on ne considérât pas le travail de Sainte-Beuve comme la préparation d'une œuvre.

L'architecte s'est trouvé qui n'a pas voulu que des carrières si riches et si patiemment creusées ne donnassent point au monde un monument. Taine fut le disciple qui est infidèle à la pensée du maître à force de connaître son œuvre et de regretter qu'il n'en ait pas tiré tout le parti qu'il pouvait faire. Il a tenu les livres de Sainte-Beuve pour des « cahiers de remarques », et a cru qu'il restait à extraire de ces carnets d'observations et de quelques autres la loi qui, pour ainsi dire, y dormait.

Ainsi l'on est quelquefois l'origine d'un mouvement intellectuel auquel on ne croyait pas, auquel on ne veut pas prendre part et qu'on a d'avance condamné. Et il n'importe. Ce qui importe, peut-être, c'est que les hommes pensent, y soient excités et stimulés puissamment. Sainte-Beuve a été un excitateur sans ardeur et sans flamme, mais continu, patient, et obstiné ; et à lui se rattachent, pour une grande part au moins de ce qu'elles ont été, deux ou trois agitations intellectuelles, deux ou trois de ces tourbillons qui remuent l'atmosphère des esprits et la renouvellent.

TAINE

I

On peut — quitte à ne s'y point croire enchaîné et à y être infidèle ici et là au cours de cette étude — appliquer à Hippolyte Taine la méthode qu'il appliquait invariablement à tout homme étudié par lui, et chercher d'abord quelle a été la « faculté maîtresse » de l'auteur des *Origines de la France contemporaine* ; puis essayer de voir de quelles facultés secondaires elle s'est comme étayée et soutenue ; puis quel développement elle a pris et quelle œuvre elle a peu à peu produite. On le peut d'autant plus que Taine était un esprit systématique et pour ainsi dire un être systématique, et qu'avec de tels hommes, qui sont assez rares, la méthode en question est toute naturelle, toute légitime et comme forcée. S'il l'a appliquée aux autres, c'est qu'il la sentait essentiellement applicable à lui-même. C'est le comprendre déjà, et comme il s'est compris, que de le « traiter » de cette façon.

La faculté maîtresse de Taine, c'était la probité. Taine était une âme correcte.

Il avait horreur, non seulement de tout mensonge, mais de tout charlatanisme et de tout semblant de charlatanisme. L'à peu près et une certaine habileté à le présenter avec des dehors honorables en est un ; la confusion, le pêle-mêle, le vague plus ou moins poétique, le rêve, ou, sinon le rêve, la complaisance à donner ses rêves pour des choses que l'on peut considérer comme des croyances, ou comme des choses où l'on peut puiser des croyances, en est un aussi. Et l'art oratoire n'est pas loin d'en être un encore, ou peut très facilement le devenir.

Tout cela était antipathique à Hippolyte Taine. Il avait la passion du précis ; c'était quelque chose comme un esprit loyal.

Son éducation eut sur lui une immense influence à rebours, à contresens de ce qu'elle était. Il avait été élevé comme on l'était de son temps, avec de la rhétorique, des discours latins, des vers latins et une philosophie brillante, mais peu soucieuse de précision, et plus oratoire que scientifique. Le plus bel effet que puisse avoir une éducation c'est d'inspirer à l'élève le désir de refaire son éducation. Ce n'est pas à dire pour cela que les éducations les plus défectueuses soient les meilleures. Il faut une éducation bonne pour les esprits moyens et où les grands esprits réussissent parfaitement, mais en y éprouvant et en y puisant le désir de la dépasser.

Ce fut le cas d'Hippolyte Taine. Très brillant élève littéraire, il eut très vite le désir ardent de prendre les qualités de l'esprit scientifique. Sa probité aspirait au solide. Comme Descartes, il se débarrassa de tout ce qu'il avait appris pour apprendre à nouveau d'une manière conforme à sa nature.

Ce qui l'attira d'abord d'un attrait invincible, ce fut le fait. Le fait, difficile à distinguer, à démêler, à vérifier, à définir, est, une fois qu'on l'a dégagé, net, lumineux, essentiel ; il s'impose à notre esprit avec une autorité étrange ; il nous contraint ; il nous défie de ne point l'accepter. L'esprit trouve à l'accepter une sorte de plaisir sévère. Taine se donna ce plaisir avec passion. Il lut avec ardeur, releva, entassa, collectionna des faits avec une patience énergique. Il était curieux surtout des petits faits, des détails de mœurs, des traits menus qui échappent aux enquêtes rapides. C'est à eux que s'attache naturellement la probité d'un esprit curieux. Ces faits-là n'ont pas été maniés par d'autres, altérés, convertis en idées, frappés de la marque d'un esprit peut-être faux, peut-être incertain. Ils sont plus eux-mêmes que d'autres. Ils sortent de la gangue, ils sont tout purs. Du reste, un grand fait est complexe, partant il est vague, ou semble l'être ; un grand fait est un fait, mais il a l'air d'une idée générale. Instinctivement, Taine aimait mieux les autres. Ce fut un peu une de ses qualités et un peu un de ses défauts. Quoi qu'il en soit, telle fut la première période de sa vie intellectuelle : un très considérable répertoire de faits recueillis avec la passion de l'exactitude.

Il est bien rare qu'on se contente d'amasser des faits, de quelque passion qu'on les chérisse. D'abord c'est à peu près impossible. Ne fût-ce que pour échapper à l'éblouissement, à l'ahurissement où nous met le spectacle d'un chaos, ou seulement d'une cohue, il faut bien classer les faits. Tout classement suppose une idée générale. Si l'on distribue les faits que l'on connaît de telle façon et non d'une autre, c'est qu'on a porté sur eux un jugement. On les a considérés comme générateurs les uns des autres, et on les a distribués selon cette idée, ou comme opposés les uns aux autres, et on les a répartis selon cette vue, ou comme plus importants les uns que les autres, et on les a hiérarchisés selon cette estime. Dès que l'on classe les faits on a un système, au moins provisoire, qu'on leur impose. De plus, le besoin de clarté fait partie du besoin de probité intellectuelle. De la même disposition qui nous portait à ne considérer que des faits pour écarter les brouillards intellectuels, nous sommes portés à les classer pour les voir ensemble sans cesser de les voir nettement.

Seulement ici il y a une antinomie. La probité intellectuelle exige la clarté, l'esprit de clarté amène la méthode, la méthode est déjà un système ; mais la probité se défie du système. S'il était faux ! Il y a bien des chances qu'il le soit. S'il l'est, il va avoir son influence, désormais, non pas seulement sur la façon de classer les faits, mais sur la façon de les voir. Une idée générale, c'est Taine qui l'a dit lui-même, est un pal qui soutient son homme, mais qui l'ankylose. Un système est aussi un casier où l'on range les faits qu'on recueille. Quand il est construit, s'il a cent cases, et qu'on recueille un fait qui en demanderait une cent et unième, on range ce fait, quoi qu'on en ait, dans une des cent, pour ne pas tout bouleverser, et voilà une erreur.

Il y a même plus : un système devient un instinct ; c'est un instinct artificiel que l'homme se donne à lui-même. Une fois qu'on l'a en soi, ce n'est pas systématiquement, c'est-à-dire consciemment et volontairement qu'on ajuste les faits à son idée d'ensemble, c'est instinctivement qu'on y fait entrer ceux qui s'y accommodent, qu'on force à y entrer en les déformant ceux qui ne s'y accommodent pas, et qu'on écarte, qu'on ne voit pas ceux qui la contredisent si fort qu'ils ne pourraient jamais s'y ajuster d'aucune manière.

La probité de Taine s'est parfaitement fait à elle-même ces objections. Elle s'est rassurée d'abord par sa conscience d'elle-même. Elle s'est dit qu'elle avait du fait un tel amour, et de la patience à le chercher une telle habitude et à le voir nettement un tel scrupule, qu'elle échapperait aux inconvénients où la nécessité du classement fait tomber les autres.

Elle se dit ensuite, probablement, que l'esprit d'Hippolyte Taine avait une qualité rare parmi les esprits systématiques : il était modeste ; et ceci est une garantie en pareille affaire. Le système que l'esprit systématique impose aux faits est très souvent une pensée générale que les faits ne lui ont pas donnée, qui lui est venue de lui et non pas d'eux, du moi et non du non-moi, d'une suggestion intérieure, d'une tendance de caractère et même d'une disposition du tempérament. De Taine, en conscience, Taine croyait n'avoir rien à craindre de semblable. Sa modestie le rassurait. Il était sûr qu'il ne céderait pas à ce besoin, que nous avons généralement, d'imposer à l'univers un accident de notre personnalité, et d'expliquer le monde par ce qui n'est guère qu'une explication de nous-mêmes ou même une simple indication de ce que nous sommes. Il s'assurait que « la nature vue à travers un tempérament » c'était la définition du talent d'un artiste, non du système d'un philosophe savant, patient, laborieux et scrupuleux. Il avait peut-être tort. Mais sa bonne volonté et sa modestie étaient si certaines et lui étaient si évidentes, qu'il est tout naturel qu'il se soit rassuré en s'appuyant sur elles.

Et si son système fut peut-être étroit, ce fut encore chez lui effet de probité et de modestie. La témérité de l'affirmation dépassant les facultés de l'esprit humain, ou seulement courant risque de les dépasser, lui était odieuse. L'exagération du domaine de l'intelligence humaine était pour lui un de nos travers coutumiers. Il y avait pour lui un charlatanisme, plus ou moins inconscient, à prétendre que l'ensemble des choses puisse nous être connu ou seulement puisse être entrevu de nous.

Ira-t-il, pour cela, glisser dans le scepticisme? Non, le scepticisme répugnait à sa nature autant que l'intrépidité d'affirmation universelle ou de démonstration universelle. Car le scepticisme lui aussi a quelque chose de peu loyal. D'abord, comme il est toujours incomplet et comme l'homme qui en fait profession croit toujours à quelques petites choses, ces quelques choses auxquelles il croit, il les dit, mais il les exprime sous le couvert, en quelque sorte, du scepticisme, par insinuations enveloppées, sous forme de probabilités hasardeuses; et il y a dans ce jeu quelque chose de sournois qui n'est pas digne d'un esprit probe.

Ensuite le scepticisme est une prudence extrême, non seulement d'esprit, ce qui est bien, mais de caractère, ce qui est moins bien; il sert un peu trop à n'être jamais ni responsable de ses opinions, ni embarrassé de ses contradictions. J'ai dit telle chose qui se trouve démontrée fausse. Mon Dieu! je m'en doutais; car je suis sceptique. Mon opinion d'aujourd'hui se concilie peu avec celle d'autrefois. A qui le dites-vous? Rien ne prouve mieux l'inconsistance des jugements humains qui est précisément mon principe; car je suis sceptique. Je suis sceptique, cela répond à tout. C'est justement parce que c'est une trop grande commodité, que ce n'est pas très courageux. Ce qui est digne d'un esprit probe c'est d'étudier, d'arriver par l'étude à quelques idées générales, ce qui est inévitable, quoi qu'on prétende faire pour les éviter, et de les tenir pour justes après contrôle, et de les dire.

Ces idées générales, à la vérité, il faudra les surveiller très attentivement, bien voir si elles sont le produit de nos légitimes moyens de connaître, lesquels sont en très petit nombre et très restreints ; se fixer à soi-même, fixer à ses facultés de démonstration des limites très étroites ; abandonner loyalement et courageusement des parties immenses du prétendu savoir humain, une fois qu'on aura reconnu qu'elles ne sont que des parties de l'imagination humaine ; mais dans ces limites fermement tracées et sévèrement maintenues, affirmer, dire ce que l'on croit comme chose qu'on croit. Cela encore est de la probité intellectuelle.

Ainsi se formera, non une vue générale des choses, mais une vue claire des choses visibles : ainsi sera tracé, circonscrit, et traversé d'avenues claires et bien ordonnées, le domaine restreint, mais véritable du savoir humain.

Science réservée, philosophie modeste, à laquelle il faut savoir se résigner, dont nous n'imposons du reste les timidités à personne, que d'autres pourront dépasser ; mais qui sera le compte rendu de ce que notre esprit à nous peut embrasser, comprendre et classer : — « Je ne connais pas les limites de l'esprit humain ; je connais celles de mon esprit. »

II

Et le compte rendu qu'il a donné des opérations de son esprit, son système, non pas des choses, mais de ses idées sur le petit nombre de choses qu'il croyait pouvoir comprendre, est à peu près, dans ses traits généraux, celui-ci.

L'homme ne connaît que par les sens. Locke, et surtout Condillac, parce qu'il est plus net sur ce point que son maître et plus affirmatif, ont raison.

Si l'homme a cru, quelquefois, avoir une autre source de connaissance que la sensation, c'est qu'il prenait pour une idée venue du fond de lui-même, une idée qui s'était peu à peu dépouillée au fond de lui de son caractère originel, qui s'était « abstraite », détachée de sa racine première, desséchée et subtilisée dans son cerveau. « Je subtiliserais un morceau de matière. » Un morceau de matière subtilisé en nous, c'est ce que nous appelons une idée pure.

Mais, comme tous les mots dont nous nommons nos idées les plus abstraites le démontrent si bien, toutes nos idées sont d'abord des images. Le reflet en nous du monde extérieur, voilà nos idées.

Pour savoir si une idée que nous avons est vraie ou fausse, il faut la ramener à l'image qui en est la source, et cela fait, ne rien voir de plus en elle qu'il n'y avait dans l'image dont elle procède. Ce que nous avons ajouté à cette image est du fait de notre invention. Il peut être brillant, beau, esthétique, émouvant ; il n'est pas réel ; nous le sentons, nous ne le « savons » pas. La science, c'est les idées qui procèdent directement des images que les choses déposent en nous. L'homme ni n'ajoute rien à ce que la nature lui donne par l'intermédiaire des sens, ni n'a en lui-même une faculté de connaître indépendante et autonome, agissant en dehors des données des sens. Il a cru souvent en avoir une, et cette illusion vient de ceci. Il a une puissance de division et d'addition qu'il a prise pour une puissance de connaissance, et un don d'imagination qu'il a pris de même pour une puissance de connaissance.

Cette puissance de division et aussi de totalisation, c'est l'abstraction. En présence des objets réels que nous montre la nature, nous sommes capables de détacher un trait, un caractère, un aspect de ces objets et de considérer isolément ce trait, ce caractère, cet aspect. Après avoir vu des moutons blancs, nous sommes capables d'avoir l'idée du *blanc* indépendamment de l'idée de mouton. C'est une abstraction. Elle consiste à pouvoir diviser et subdiviser les notions que la nature nous donne à l'état complexe.

D'autre part, nous pouvons totaliser les caractères communs de différentes choses et les représenter par un mot global, qui est représentatif pour nous de tous ces caractères communs. Nous avons vu des objets inanimés et des êtres vivants. Les mille phénomènes de nutrition, assimilation, coordonnance des parties, centralisation, que nous avons remarqués dans les êtres vivants, nous les nommons d'un nom unique. Nous disons : la Vie. C'est une abstraction. Nous n'avons jamais vu la vie. Ce mot est seulement représentatif de différents phénomènes que nous avons observés. Il nous les rappelle brièvement. C'est un sommaire. C'est le signe d'un total. C'est une abstraction synthétique, comme tout à l'heure l'opération par laquelle nous détachions la notion blancheur de la notion mouton était une abstraction analytique.

Mais pas plus par la seconde opération que par la première, nous n'ajoutons rien aux données des sens. Nous les disposons seulement pour notre commodité. Ici nous les isolons pour mieux les voir, là nous les ramassons pour nous les mieux rappeler ; nous n'y ajoutons rien. Nous les connaissons mieux, nous n'en connaissons pas plus. Où notre illusion commence, c'est quand nous croyons en connaître plus en effet parce que nous avons créé un mot de plus. La nature ne nous a jamais donné la blancheur en soi ; parce que nous avons créé ce mot, un mot abstrait, nous croyons avoir connu une chose de plus. La nature ne nous a jamais montré la vie, mais des êtres vivants ; parce que nous avons créé ce mot, un mot abstrait, nous croyons avoir connu une chose de plus. Nous avons pris une puissance de division et une puissance de totalisation pour une puissance de connaissance.

Plus encore : nous avons un certain don d'imagination, il faudrait dire de vivification factice, qui nous fait prendre ces choses d'abstraction non seulement pour des choses, mais pour des êtres. Quand nous disons la vie, nous croyons avoir trouvé une chose de plus dans la nature, et c'est déjà une illusion ; et nous avons tendance à croire que la vie est une cause, un agent, un être à part, et c'est une seconde illusion. D'abord nous *réalisons*, ensuite nous *vivifions* des mots qui ne sont que des signes, des signets, des marques finales, des *mementos* des opérations de notre esprit.

C'est notre manière de créer, et en effet nous créons ainsi ; mais nous ne créons que des fantômes, et qui finissent et par nous encombrer et par voiler la nature à nos yeux. Sachons voir le point juste où notre faculté très légitime, et la seule légitime, et la seule, en vérité, que nous ayons, de l'abstraction, se transforme en facultés fausses, c'est-à-dire en prétendue faculté de connaissance *ajoutant* quelque chose aux données des sens et en faculté d'invention donnant une vie factice à de simples mots commodes et utiles. Ramenons tout ce qui est dans notre esprit, tout ce que nous connaissons ou croyons connaître, tout ce que nous rêvons, tout ce que nous croyons ou désirons croire, à l'opération primitive par où il est entré en nous. Nous verrons toujours que cette opération primitive est une abstraction, et que l'abstraction est la seule faculté de l'esprit de l'homme.

Alors, sachant bien ce que c'est que l'abstraction et que, si elle travaille sur les données des sens, elle n'y ajoute jamais rien, nous nous dirons que tout ce qui dans notre esprit dépasse les données des sens et y ajoute est non avenu, sinon pour la poésie et pour le sentiment, du moins pour le savoir, pour la connaissance, pour la vérité.

Ainsi s'écroule toute métaphysique, puisque, le mot le dit assez lui-même, ce qui est métaphysique est ce qui dépasse la nature et s'y ajoute. Nous supposons la métaphysique, fort raisonnablement d'ailleurs, tant que nous ne faisons que la supposer ; nous ne la connaissons pas. Nous sentons que si toutes nos connaissances nous viennent des sens, nos sens étant si bornés, il y a évidemment un monde immense qui nous échappe ; et plus nous sommes persuadés que nous ne savons rien en dehors des données des sens, plus nous faisons grand ce monde qui est en dehors de leurs courtes atteintes.

Seulement nous ne le connaissons pas, et l'utilité est grande de ne pas croire pouvoir le connaître ; parceque c'est le mélange de données réelles et de suppositions métaphysiques tenues pour aussi légitimes que les données réelles, qui fait les idées incohérentes et les systèmes inconsistants. Il faudrait, quand on fait de la métaphysique, savoir qu'on suppose, et le dire ; quand on se tient strictement aux données des sens et aux opérations de l'abstraction tenue pour simple abstraction et maintenue dans cet office, savoir qu'on sait et qu'on est sur le terrain de la modeste science humaine.

Pour Taine, il fait le ferme propos de ne pas sortir de ce domaine-là. Ce qu'il voudrait, c'est faire le tour de la connaissance humaine réduite à la stricte connaissance, pour se rendre compte de ce que l'homme, quand il ne fait aucune *supposition*, dans le sens étymologique du mot, sait de lui-même et de ce canton de l'univers qui est pour lui l'univers.

Ce point de départ est certainement contestable. Quelque réservé que soit Taine, à quelque minimum qu'il s'efforce de réduire nos moyens de connaître, on peut trouver encore arbitraire le choix qu'il fait de l'abstraction comme de notre seule faculté légitime. Pourquoi nous confier à elle plus qu'à une autre ? Où sont ses titres ? Elle a pour elle qu'elle n'ajoute rien aux données des sens. Peut-être ; mais elle les élabore, elle les déforme. Est-ce légitime ? C'est au moment où elle croit ajouter quelque chose aux données des sens que vous l'arrêtez. Cette abstraction transformée n'est plus l'abstraction sûre, recommandable et à laquelle on peut se fier. L'était-elle avant ? Est-il permis de se fier à autre chose qu'au témoignage pur et simple de nos sensations ?

Et ce témoignage même, pourquoi y croire plus qu'à autre chose? Qui nous assure de son infaillibilité? Nous pouvons transporter le scepticisme de Taine à l'égard de notre faculté métaphysique à l'une quelconque de nos facultés. — Et en sens inverse, si nous croyons au témoignage de nos sens et à l'abstraction travaillant sur ce qu'ils nous donnent, nous nous demandons pourquoi nous ne croirions pas à telle autre de nos puissances intimes. Pourquoi point, par exemple, au témoignage de notre conscience? Quand la conscience nous dit que nous sommes un être libre, nous ne la croirons pas, sans doute, parce que l'idée de la liberté ne peut évidemment nous venir du non-moi par l'intermédiaire des sens. Mais pourquoi ce privilège accordé aux sens et refusé à la conscience?

Il y a du choix, ici, cela est certain, et des préférences. D'où viennent ces préférences? Il faut toujours en revenir, en pareille affaire, à « l'évidence » cartésienne. Ce que nous croyons, c'est ce qui nous paraît clair; ce que nous préférons croire, c'est ce qui nous paraît plus clair. La nature de Taine était de trouver plus claires les choses extérieures que les choses intimes. Il était observateur, glaneur de « petits faits », collectionneur, faiseur d'herbiers, naturaliste, de quelque chose, du reste, qu'il s'occupât. Plus tard, quand il fera de la critique, il expliquera un auteur par ses entours et par les plus éloignés de ses entours, race, pays, histoire, par tout son extérieur, plus que par lui-même. Un tel homme ne se penchera pas sur le gouffre intérieur pour écouter la voix de la conscience personnelle. Elle lui semblera sourde et vague. Il trouvera plus clairs les afflux du monde extérieur dans l'homme; il verra mieux l'homme constitué par ce qu'il reçoit de ce qui l'entoure. La sensation lui paraîtra le plus sûr et le seul légitime de nos moyens de connaître, parce qu'elle sera pour lui le plus clair.

D'autre part il est logicien. Il aime raisonner tout droit, par « esprit géométrique ». L'abstraction, opération géométrique par excellence, lui plaît excellemment. Quand, plus tard, il fera de la critique, après avoir expliqué un auteur par ses entours, il l'expliquera par une seule faculté maîtresse dont il déduira toutes ses qualités et tous ses défauts. Réduire un homme à une faculté maîtresse, c'est de l'abstraction. De même, considérant l'homme en général, il ne veut voir en lui qu'une seule faculté intellectuelle, dont les autres ne seront que des manières de perversions, et cette faculté sera celle qui est chez Hippolyte Taine la plus forte et plus que les autres permanente, la faculté abstractive.

Quoi qu'il en soit, tel est le point de départ : nous ne connaîtrons l'homme et le monde que par la sensation élaborée par l'abstraction. Vus à cette seule lumière par Hippolyte Taine, quels sont-ils ?

Le monde « connu » de nous, et non supposé par nous, se réduit à une certaine quantité de matière gouvernée par des lois inflexibles qui ne changent jamais. Tout y est *déterminé*. Sa vie, ce que dans la langue courante, on appelle les accidents de son existence, sont les effets exacts de causes précises ; c'est un enchaînement de causes et d'effets d'une rigueur mathématique ; c'est un théorème réalisé, un problème de mécanique devenu une machine qui se meut.

Y a-t-il eu, en dehors de lui, ou en lui-même, un esprit qui l'a créé et qui continue à le créer, soutien intelligent de cette masse, mécanicien de cette machine ? Il est possible ; mais on ne le sait pas, parce qu'on ne le voit pas, et ce qu'on ne voit pas on ne le sait en aucune sorte. Ce qu'on voit c'est le rouage, qui est précis, net et bien lié.

> Mainte roue y tient lieu de tout l'esprit du monde,
> La première y meut la seconde,
> Une troisième suit; elle sonne à la fin.

Par l'abstraction on peut bien, ou l'on pourra bien, ramener les lois particulières de ce mécanisme à des lois plus générales, ces lois générales à des lois plus générales encore et moins nombreuses, et enfin ces dernières à une loi unique. De même que tous les phénomènes de la lumière peuvent se ramener à la loi des ondulations, de même que tous les phénomènes de la pesanteur peuvent se ramener à la loi de l'attraction, de même on pourra sans doute ramener toutes les lois qui régissent la matière à une seule loi, et « l'objet final de la science est précisément cette loi suprême ». Alors nous aurons découvert « l'unité de l'univers ». Mais remarquez-le, son unité seulement, non son essence. Cette loi unique ne sera encore qu'une loi, c'est-à-dire une formule. Ce sera la formule de notre intelligence définitive de ce que nous connaissons de l'univers. Même alors, de cette loi faire une chose réelle, substance, force, ce que l'on voudra, ce serait tomber dans le défaut que nous avons plus haut incriminé; ce serait réaliser une abstraction; et de cette loi faire un être, ce serait tomber dans l'autre défaut signalé aussi; ce serait vivifier une abstraction; ce serait revenir à la période mythologique, comme dit Comte.

De la personnalité de l'univers ou de la personnalité extérieure à l'univers et le dominant, l'homme vivant, tel qu'il est avec ses cinq sens et son abstraction, ne saura jamais rien. Là est la limite du connaissable et de l'inconnaissable.

Et cet univers a-t-il un but? Va-t-il à quelque fin? Nous n'en savons rien non plus. Les causes finales sont des illusions. Elles ne nous sont données ni par les sens, ni par l'abstraction; donc elles ne sont point. Les sens ne nous donnent que des faits qui se succèdent; l'abstraction ne nous donne que des causes, et par causes elle entend seulement des faits plus grands que les autres sur lesquels on remarque que quand ils existent les autres se produisent toujours. Rien de plus dans l'idée de cause, quand on n'*invente* pas. Mais que ces grands faits existent *pour que* les autres se produisent, qui nous le dira? C'est l'idée d'un dessein, d'une intention qui intervient ici? Sur quoi repose-t-elle? Sur le témoignage des sens? non. Sur l'abstraction? non; ce que l'abstraction nous donne, nous venons de le voir. Donc cette idée d'intention ne repose sur rien. Elle nous vient de ce que quand nous faisons, nous, quelque chose, c'est dans un dessein. Mais prétendre que le monde agit comme nous, c'est sans preuve; et puis, même prétendre que nous agissons toujours dans un but, c'est sans preuve aussi. C'est sans doute une erreur. Notre sens intime nous le dit; mais il ne faut pas se fier au sens intime. La conviction que nous agissons dans un dessein peut très bien être l'illusion d'un être qui se saisit comme cause et qui ne se saisit pas comme effet. Nous croyons peut-être aller où nous sommes poussés. Nos desseins sont peut-être ce que nous étions absolument forcés de faire, et que nous croyons vouloir faire parce que nous le faisons. En tout cas, fût-il vrai que nous agissions selon un dessein, nous n'avons nullement le droit de *voir* le monde agir de même; car nous ne le voyons agir que par causes et effets, exclusivement. Ce monde donc, tel qu'il nous apparaît, est strictement déterminé, ne révèle aucune liberté, aucune personnalité, et, comme on dit dans la langue courante, aucune âme.

Il est à remarquer aussi qu'il ne révèle aucune moralité. La nature inanimée est amorale, la nature animée est immorale. Dans la nature inanimée ni mal ni bien; dans la nature végétale et animale triomphe du mal ou du moins de l'injustice, victoire éternelle du plus fort sur le plus faible. S'il y a exemple, il n'est pas beau; s'il y a spectacle seulement, il est beau, mais d'une beauté sinistre.

C'est ce qui explique les religions, les plus différentes du reste et les plus contraires, celles qui sont fondées sur la terreur et celles qui procèdent de l'amour. Celles qui sont fondées sur la terreur ne sont que trop naturelles. Derrière les lois implacables qui régissent l'univers animé elles voient des divinités méchantes, irritées au moins, et très dures pour les créatures. Celles qui sont fondées sur l'amour procèdent d'une réflexion, d'un retour de l'idée précédente sur elle-même. Elles supposent, que, n'étant pas possible qu'un créateur soit malveillant, ce monde où la place du mal est si grande doit être une immense épreuve qu'il faut supporter avec courage pour en mériter un autre. A la racine de ces deux conceptions si différentes n'y a-t-il pas la même idée, la même sensation et la même douleur, à savoir l'anxiété où le spectacle de la nature jette l'homme, la blessure que le mal répandu sur la terre fait éternellement à la conscience de l'humanité ?

Mais le philosophe qui s'interdit toute métaphysique

n'entre pas dans cette considération. Quand il suppose découverte la loi unique qui rendra compte de toutes les lois de l'univers, quand il la voit par prévision, quand « se dévoile » pour lui « sa face sereine et sublime », l'esprit de l'homme « ploie consterné d'admiration et d'horreur » (au sens latin : crainte respectueuse, frisson du petit en présence du grand) et « au même instant cet esprit se relève, il oublie sa mortalité et sa petitesse ; il jouit par sympathie de cette infinité qu'il pense et participe à sa grandeur. »

Admiration et humilité, sympathie aussi, tout intellectuelle, pour ce qui a forcé notre admiration, voilà les sentiments un peu froids, que l'univers enfin compris peut inspirer au penseur. Ils sont entre la colère et l'amour, au-dessus d'eux, à distance d'eux, à coup sûr en dehors d'eux. Il faut ne pas s'irriter contre le monde ; mais on ne peut pas avoir l'espoir de l'aimer jamais.

III

Jusqu'ici les idées de Taine sont peu nouvelles. Elles sont celles du positivisme déjà constitué par Auguste Comte quand Taine arrivait à la vie intellectuelle. Ses idées sur l'homme sont plus nouvelles et plus personnelles. Elles sont très nettement pessimistes. Comte se contentait de dire que l'homme est un « prolongement de la nature », un être fait comme les autres « hôtes de l'univers sous le nom d'animaux », seulement un peu plus complexe. Taine a fait une enquête plus minutieuse que Comte sur l'humanité, et de cette enquête l'homme est sorti à peu près abominable.

Dans cette misanthropie de Taine il y a bien les choses diverses. D'abord une certaine timidité qu'il eut toujours et qui prédispose mal en faveur des hommes. Taine ne laissait pas d'être ombrageux et triste. Ami charmant quand enfin il s'était livré et confié, il n'était pas de ceux qui se confient et se livrent très aisément. On sait que ce fut le caractère de La Rochefoucauld. De tels hommes gardent toujours à l'égard de l'humanité une certaine rancune sourde. Ils lui en veulent inconsciemment du peu d'intimité qui pouvait exister entre elle et eux. Ils réservent leur sympathie à un petit groupe d'aimés ou d'admirés, et pour le reste du troupeau humain, avec lequel ils n'ont eu et n'ont pu avoir que très peu de commerce, ils n'éprouvent qu'un certain mépris, ou, au moins, une certaine froideur. Il faut trouver les hommes aimables pour les aimer ; mais encore plus il faut aimer les hommes pour les trouver aimables. Donc ceux qui les aiment définitivement sont ceux qui ont commencé par là ; ce sont les hommes expansifs, « entrants » et abordants, peu méditatifs, et peu circonspects, qui, du premier mouvement, ont été à leurs semblables et les ont rendus sympathiques en sympathisant avec eux par provision. Taine n'était pas du tout de ceux-là, et c'est une première cause de son pessimisme.

Ajoutez que « différence engendre haine », comme a dit Stendhal, et que Taine avait une différence essentielle avec la plupart des hommes : « il aimait à raisonner », comme le philosophe Pierre et le philosophe Paul qu'il a mis si spirituellement en scène dans les *Philosophes classiques du XIX⁰ siècle*. Or la plupart des hommes ne raisonnent pas ou raisonnent mal et aiment peu à raisonner. Ils étonnaient en cela Hippolyte Taine et le désobligeaient. Il se sentait dépaysé au milieu d'eux. Il les voyait dominés par leurs passions ; quelques-uns, les plus sages, par leurs intérêts ; et ce qui paraît naturel à vous et à moi, et à quoi nous nous résignons assez aisément, n'était pas loin de lui paraître comme monstrueux. Il était né pour les sociétés restreintes et compagnies discrètes de penseurs circonspects, patients, polis, méthodiques et un peu froids. Quand il en sortait, son regard jeté sur les hommes n'avait rien de très satisfait, ni, par suite, de très sympathique.

Ses premières admirations littéraires à la fois sont la preuve de cette disposition d'esprit et l'ont confirmée. Il fut dès sa jeunesse comme féru de Balzac et de Stendhal, esprits très amers, plus disposés à exagérer les défauts des hommes qu'à les atténuer, et qui ont dressé, sous forme de romans, un assez rude réquisitoire contre l'humanité. Plus tard, comme cela était naturel, le sombre pessimisme de Maupassant fut tout à fait de son goût.

L'influence de Balzac et de Stendhal se montre très bien dans le seul volume de directe observation morale que Taine ait écrit, *Thomas Graindorge*. Ce livre de jeunesse est loin d'être jeune et ce divertissement est singulièrement morose. On y voit l'auteur étonné jusqu'à la stupeur et irrité jusqu'à l'exaspération de la cupidité et de la brutalité des hommes, de la coquetterie et de la frivolité des femmes, se répétant sur ces matières avec une insistance chagrine et une opiniâtreté provocante, où l'on sent, si j'ose dire, un esprit blessé jusqu'au cœur, et se réfugiant enfin, plein de lassitude et de dégoût, dans la vie artistique et contemplative : « Jouez-moi du Beethoven. » C'est un peu le « Tu te tairas, ô voix sinistre des vivants » de Leconte de Lisle, ou c'est la retraite timide et désenchantée du moine qui s'écarte du monde et ne veut plus entendre que la voix grave et apaisante des grandes orgues.

Je sais que les *Notes sur l'Angleterre* sont moins attristées. Je ne dirai pas : c'est qu'elles sont moins sincères ; je dirai cependant : c'est qu'elles sont plus systématiques. Les *Notes sur l'Angleterre* sont inspirées sourdement par une pensée aristocratique. L'auteur y a voulu prouver que l'existence d'une classe supérieure, l'influence politique et surtout morale de cette classe sur une nation, et l'acceptation, plus ou moins formelle, réelle en somme, par la nation de cet état de choses, sont encore les meilleures conditions de stabilité et de force pour un peuple. Par là, il a été amené à considérer avec une certaine complaisance le caractère et les mœurs et de cette classe supérieure et même relativement de la nation tout entière.

Mais son idée générale de l'humanité n'en fut pas sensiblement modifiée. Elle est très défavorable. Taine voit toujours dans l'homme « le gorille féroce et lubrique » auquel on suppose qu'a dû ressembler notre premier ancêtre; le « carnivore » qui « a des canines comme le chien et le renard et qui les a enfoncées dès l'origine dans la chair d'autrui. » Ainsi il a été, ainsi il est encore et « s'égorge » comme dans les temps préhistoriques « pour un morceau de poisson cru. » Il n'y a que des différences assez légères dans la façon. Grattez un peu le vernis bien mince que l'invention sociale, la civilisation, les religions ont réussi, avec tant d'efforts, à mettre sur cet homme qui passe devant vous ; voici ce que vous trouvez.

D'abord un animal avide et avare, qui, « jeté dépourvu sur une terre ingrate où la subsistance est difficile », a toujours « l'idée fixe d'acquérir, d'amasser et de posséder », la rapacité, la combativité pour le gain et pour la conservation. C'est là son moindre défaut ; car ce défaut peut se discipliner ; il peut, avec le temps, sous l'influence du raisonnement et d'une habitude faite de raisonnements accumulés et hérités, devenir l'intérêt bien entendu, facteur social important, élément de stabilité et de conservation, manière de morale ou semblant de morale. Mais prenez garde que cette transformation, pour avoir été très difficile, reste instable, accidentelle presque, très fragile, et qu'au moindre heurt, à la moindre agitation sociale, elle disparaît. Ce qui reste, c'est ce qui était par-dessous, l'instinct primitif, la rapacité, les mains et les ongles tendus vers la proie.

Dans l'homme, ce que vous trouvez ensuite c'est un fou. « A proprement parler, l'homme est fou, comme le corps est malade, par nature ; la santé de votre esprit comme la santé de vos organes n'est qu'un bel accident. » Songez à ce que c'est que la raison. Une faculté en elle-même assez débile, hésitante, tâtonnante, qui de mille fils très ténus, facilement embrouillés, qu'on appelle observations ou idées de détail, compose des idées générales. Ces idées générales élaborées très difficilement, que nous ne sommes jamais sûrs de tenir ferme et de voir pleinement, qui sont contestées, qui se contestent et se combattent entre elles, ce sont nos armes contre ces forces terribles, d'un mouvement direct, d'un assaut plein, large et rude, qu'on appelle les passions. Armes bien faibles, ressource presque vaine, qui laisse l'homme à peu près en proie à ses instincts, à ses « impulsions » et à ses imaginations.

Car, c'est le troisième trait : cet être, si peu capable de raison, l'est infiniment d'inventions, d'hallucinations et de chimères. « Son organisation mentale plus fixe » que celle des animaux ou des hommes primitifs, aiguisée par le besoin même d'avoir des idées, la pensée étant le seul moyen de supériorité de l'homme et, par conséquent, sa condition d'existence, « a fait de lui un être imaginatif, en qui les songes pullulants se développent d'eux-mêmes en chimères monstrueuses, pour amplifier au delà de toute mesure ses craintes, ses espérances et ses désirs. De là en lui un excès de sensibilité, des afflux soudains d'émotion, de transport contagieux, des courants de passion irrésistibles, des épidémies de crédulité et de soupçon... »

Tel est l'homme en ses traits généraux; tel il ne paraît pas être, parce que bridé, sanglé et attelé, il tourne dans le manège social assez régulièrement, aux époques régulières, contraint par la nécessité de gagner sa vie ; mais tel il est en son fond, et tel il se révèle dès que l'organisation sociale est troublée et laisse l'homme libre de revenir à sa vraie nature.

Cet homme, Taine, non seulement l'aime peu, mais il en a peur. Il y a quelque chose d'un peu maladif dans l'effroi que Taine éprouve à considérer l'humanité. Lui aussi, par certains côtés, fut un imaginatif, et il a connu ces « amplifications », ces grossissements du songe intérieur, ces « lourds et tristes rêves », comme dit Heine, qui augmentent épouvantablement notre misère naturelle. Il ne connut pas l'insouciance et ses légers et divins bienfaits. La méditation continuelle se tournait en lui, très facilement, en tristesse, et sa méditation portait le plus souvent sur ce qu'il y a de mauvais, de défectueux et de dangereux dans la nature humaine. Ce qu'il a raillé le plus durement, c'est le rêve optimiste des philosophes du XVIIIe siècle et de la Révolution en ses premières démarches. Il lui a paru la plus absurde et la plus funeste folie qui ait jamais enivré cerveau humain. Il lui a semblé l'effet d'une prodigieuse ignorance de la nature humaine.

Nous n'avons pas besoin de faire remarquer une fois de plus que la différence des temps explique en partie la différence des points de vue et qu'après les tourmentes de la Révolution, de l'Empire, des trois invasions, de la guerre civile de 1871, aucun philosophe ne peut être aussi paisiblement optimiste en France qu'un philosophe du XVIIIe siècle ; mais encore le tempérament personnel est ici l'élément principal ; la preuve c'est que dans ce même XVIIIe siècle, et au sein de la richesse et entouré de faste, Voltaire a écrit *Candide*. Taine avait cela de Voltaire, l'effroi de la folie humaine, et il a un peu écrit *Candide* toute sa vie, depuis *Graindorge* jusqu'aux *Origines de la France contemporaine*.

IV

L'étude de l'homme, une fois qu'elle s'est emparée de vous, ne vous lâche point. On y revient toujours, et même quand on semble s'occuper d'autre chose, c'est à elle encore que l'on songe, à elle qu'on rapporte le travail particulier où l'on se livre, où l'on semble se livrer. Quand Taine, en pages merveilleuses de coloris et de relief, décrivait les Pyrénées, il s'interrompait pour écouter les propos de ses voisins de table d'hôte ou considérer les mines et coquetteries naissantes, déjà inquiétantes, de petites filles sautant à la corde, dans les allées du parc. Taine a fait beaucoup de critique ; il n'a pas songé un instant à étudier les livres ; il n'a considéré l'étude des livres que comme un moyen de connaître le tempérament des peuples. Tous ses livres de critique sont des livres d'histoire, et des livres d'historien moraliste.

A vrai dire, il y avait déjà beaucoup d'histoire mêlée à la critique avant lui. Mais remarquez la différence. L'histoire dans la critique était, avant lui, un cadre destiné à faire ressortir le tableau. Il s'agissait de mieux faire connaître, de mieux faire voir un personnage littéraire en le montrant dans le temps où il avait vécu, et entouré de ses contemporains. C'était pour peindre Mme de Sévigné qu'on crayonnait autour d'elle et derrière elle quelque chose de son temps.

Taine a comme retourné le procédé. Ce n'est que pour peindre le XVIIe siècle qu'il fera le portrait de Mme de Sévigné. Les personnages littéraires ne seront pour lui d'abord que des *spécimens*, ensuite que des *produits* significatifs d'une certaine époque, et il ne les étudiera qu'à ces deux titres. L'étude de l'homme par l'histoire, l'histoire par l'histoire littéraire, l'histoire littéraire par l'étude des grands écrivains, telle pourrait être l'épigraphe de tous ses livres de critique, et dans cette formule sont contenus déjà toute l'originalité et aussi tous les défauts de la critique d'Hippolyte Taine.

Il partait de cette idée, qui était de son temps comme un axiome, que la littérature est l'expression de la société. En conséquence, le meilleur moyen de se rendre compte d'une société, c'est d'étudier sa littérature. Prenons un grand écrivain, et persuadons-nous qu'il ne s'est pas créé tout seul : il est le produit de mille causes différentes ; restreignons-nous aux principales ; il est le produit de sa race d'abord, du monde où il a vécu ensuite, des circonstances enfin qui ont pesé sur lui au moment de la formation de son talent. Il est le produit de tout cela, et il est représentatif de tout cela.

Donc *race*, *milieu*, *moment*, voilà les trois choses dont il faut s'occuper avant de s'occuper de lui. On ne le comprendra que si on les connaît bien, et réciproquement on ne les entendra bien que quand on le connaîtra. Les deux études se compléteront et se rendront plus précises l'une par l'autre. Quand la race, le milieu et le moment seront bien explorés et biens connus, nous entrerons dans le personnage lui-même, et alors... Mais ceci est la seconde partie de la méthode et, pour être plus clair, examinons d'abord la première.

Elle est très ingénieuse, elle a l'air, le tour et le procédé scientifiques. Elle est une application de la méthode de Comte, qui consiste à aller du plus général et du plus simple au plus particulier et au plus complexe. De même qu'il faut aller de l'astronomie à la géologie, de la géologie aux sciences physiques et naturelles et de celles-ci à l'étude de l'homme qui est le plus complexe des êtres créés, de même il faut aller de l'étude des hommes ordinaires à l'étude de l'homme de génie considéré comme plus rare, plus complexe et plus riche.

Ajoutons que cette méthode est comme féconde en beautés. Permettant, à propos de quelque grand écrivain que ce soit, de prendre par le grand tour, de décrire le peuple dont il est, la province où il est né, la ville où s'est écoulée son enfance, la population de cette ville, etc., elle fournit à l'auteur l'occasion de très beaux tableaux et très brillants et très larges et très variés. C'est une méthode essentiellement *intéressante*. On l'aimerait rien que pour cela, et on souhaiterait qu'elle fût celle de tout critique capable d'être un grand peintre d'histoire. Ne craignez rien : toutes les fois qu'un critique sera un grand peintre d'histoire, il reviendra instinctivement sinon à la méthode, du moins au procédé.

Cette méthode a donc beaucoup en sa faveur et peut séduire le lecteur comme elle a séduit Taine lui-même ; mais elle est peu fondée en raison et en vérité, et elle soulève les objections les plus graves comme à chaque pas.

D'abord l'axiome sur lequel elle repose est très contestable. « La littérature est l'expression de la société. » Il faudrait savoir de quelle littérature il s'agit ; car la littérature n'est pas un bloc homogène, et il y a à chaque époque trois ou quatre littératures superposées. Que la littérature des mémoires, des correspondances familières, des petits journaux et gazettes (et encore de ceux qui ont été populaires, très répandus, non pas organes d'une coterie ou d'un coin de ville) ; que cette littérature inférieure représente l'état d'esprit d'une nation à telle époque, à peu près, nous le voulons bien ; mais que la haute littérature soit représentative de l'état d'esprit populaire ou bourgeois, de l'esprit moyen, à telle date de l'histoire de France ou d'Angleterre, comme cela commence évidemment à être moins vrai, presque faux, aussi peu prouvé que possible! Car ici il faudra faire des distinctions et réserves sans nombre. On pourra mettre à part la littérature dramatique et dire que, si haute qu'elle soit, comme elle s'adresse directement au parterre, il a fallu qu'elle le *représentât* pour lui plaire. Encore faudra-t-il tenir compte du succès qu'ont eu les pièces et ne pas s'aviser de croire que le *Misanthrope* est significatif de l'esprit du temps. Et, en dehors de la littérature dramatique, la haute littérature, lyrique, épiquo, didactique, historique, philosophique est l'expression de la pensée des auteurs un peu plus et beaucoup plus que de l'état d'esprit des foules. Il ne faut pas oublier que le monde de la grande littérature et du grand art est une élite, et qu'il y a sans doute canaux de communication entre toute élite et toute foule, mais qu'encore ce n'est pas la pensée de l'élite qui est représentative de la pensée de la foule. Toutes les fois que la foule est amenée à parler, à l'étonnement de l'élite on s'en aperçoit.

C'est même peut-être la *méthode pour faire des erreurs de date* que de considérer la littérature d'un temps comme l'expression de la pensée d'un temps, s'il s'agit, encore une fois, de la haute littérature. Les grands écrivains sont des promoteurs ; ils pensent des choses nouvelles ; ils pensent ce que pensera la foule un siècle après eux. Nous sommes de l'avis de Voltaire sur la tolérance ; mais au moment où Voltaire défend le chevalier de La Barre, toute la population d'Abbeville réclame et exige la mort de La Barre. Ce n'est donc pas l'état d'esprit du XVIII° siècle qu'il faudrait chercher dans Voltaire ; c'est le nôtre. Ce qui est vrai de Voltaire l'est encore plus de Rousseau. Les grands écrivains sont contemporains de l'avenir.

La littérature est donc l'expression de la société, à la condition que de la littérature on commence par retrancher tout ce qu'elle a de haut, tous les grands monuments littéraires. On peut le faire quand dans la littérature on ne cherche que l'histoire. Mais, et c'est là le point, Taine tenait à étudier les grands écrivains, et même il n'a étudié qu'eux. Il y avait donc une espèce de conflit entre sa méthode et son objet. Son objet était précisément celui qu'excluait sa méthode ; sa mé-

thode eût dû le conduire à tout étudier, sauf ce qu'il
prenait pour objet d'étude.

Ce qu'il s'est refusé à voir, c'est la différence entre la
critique et l'histoire. Ce qui est monument historique
l'est presque d'autant plus qu'il est moins monument
littéraire. Et la réciproque est vraie. L'histoire s'attache
à ce qui a un caractère général, la grande œuvre littéraire est surtout un document d'individualité. Donc
bon voisinage entre la critique et l'histoire, oui ; mais
fusion, non point. Le seul titre d'*Essais de critique et
d'histoire*, très significatif, contient une erreur.

Quant à la recherche de la race, du milieu et du moment, autant elle est intéressante, autant elle est vaine,
parce qu'elle est comme extérieure et reste toujours
extérieure à l'objet propre de la critique. Certainement
Corneille est un produit de la race française, du sol nor-
mand, de la bourgeoisie de Rouen et des circonstances
au milieu desquelles il a vécu de 1604 à 1624. Seulement
ces diverses choses expliquent tout Corneille, sauf sa
supériorité, et c'est de sa supériorité, que le critique a à
nous rendre compte. Elles expliquent un bourgeois de
Rouen en 1625, mais non la différence entre un bourgeois de Rouen en 1625 et Pierre Corneille ; et c'est
cette différence qui nous importe ; et il s'ensuit qu'elles
expliquent beaucoup mieux un voisin de Corneille
que Corneille lui-même. Dès lors à quoi bon ?

Il faut dire plus : ce genre de considérations, non
seulement n'explique pas les hommes supérieurs, mais
il aboutit, ou peut aboutir, à les mal peindre. Comme
ces études du critique l'amènent à se représenter plus
ou moins exactement un *homme quelconque*, de telle
race, de tel lieu et de telle date ; appliquées, ramenées à
un homme supérieur, elles mettent en lumière, jettent

en relief sous les yeux du critique les parties de ce grand homme par où il ressemble à un homme quelconque de sa race, de son lieu et de sa date, c'est-à-dire ses parties communes et vulgaires ; et ce sont ces parties-là que le critique sera comme conduit et invité à peindre. Petit bourgeois vif, spirituel, railleur, un peu bavard, diseur de contes salés, satiriques, irrévérencieux à l'égard des puissances, peu dévot, d'une moralité très faible, voilà, peut-être, le portrait d'un Champenois de classe moyenne vers 1630. Eh bien, ce sera La Fontaine. Sans doute, et La Fontaine a eu tous ces traits-là dans son caractère ; mais, de plus, c'est un grand poète, et c'est le grand poète qu'il faut nous décrire. On le fera ; mais, tout le reste, qui est le secondaire, empiétera dans le portrait sur le génie poétique qui est l'essentiel et ne laissera pas de le dérober un peu à nos regards.

Et enfin, pour tout dire, encore qu'au plus bref, cette méthode vaine et dangereuse pour la peinture des hommes supérieurs n'est même pas juste pour la peinture des individualités *quelles qu'elles soient*. A proprement parler, c'est la « psychologie des peuples », appliquée à la psychologie des individus. Là encore il y a une confusion. La psychologie des peuples est légitime. Il y a certains traits de caractère très généraux qui sont communs à presque tous les individus d'un peuple. Ces traits, les démêler, les mettre en lumière, en tirer des conclusions sur le développement d'une nation, son avenir, rien de plus raisonnable et peut-être de plus utile. Mais peindre un homme, quel qu'il soit, par les traits généraux de sa race, c'est précisément ne pas le peindre. Ce qui fait sa personnalité, et, fût-il très peu original, il en a une, c'est, sur le fond commun, les deux ou trois dispositions particulières qui l'en distinguent. Tout Français du Midi est orateur. Soit. C'est précisément pour cela que si pour me peindre M. X..., de Toulouse, vous vous contentez de me dire qu'il est orateur, vous n'aurez pas du tout fait son portrait. Ce qu'il faut, c'est me dire d'abord, puisqu'il est orateur, comment il l'est, et ensuite tout ce qu'il est en dehors de sa faculté verbale. Il est évident que les particularités sont ce qui constitue les individus, du moins ce qui fait qu'ils se distinguent à nos yeux, sortent de la masse et restent à l'état d'individus dans notre mémoire. La psychologie des peuples, appliquée à la psychologie des individus, a pour effet de faire rentrer les individus dans la masse commune ; c'est dire qu'elle a pour effet non de les peindre, mais de les effacer.

Et, pour en finir, cette méthode est vaine encore, parce qu'elle a la prétention de lutter avec l'infinie complexité de la nature et de la réduire, à quoi il est impossible de réussir. Cet homme qui passe est le produit de sa race, de son milieu et de son moment ; sans doute, à parler généralement, c'est-à-dire à parler vague ; mais race, milieu et même moment sont des termes très généraux sous lesquels il faut entendre cent mille et cent mille encore influences diverses, cent mille et cent mille encore éléments générateurs, et, de ces milliers d'éléments, quelques-uns seulement, nombreux sans doute, mais en petit nombre comparés à la masse, ont contribué à former cet homme. Le reste est non avenu, ou à peu près, est non avenu relativement à lui. Ce qu'il faudrait connaître donc pour expliquer cet homme par ses causes, c'est, parmi les milliers de causes possibles, les vingt ou trente causes qui, pour lui, sont les principales, les essentielles. Ce sont ces causes-là qui font que, dès sa naissance, avant sa naissance, il était déjà ce qu'il est, tandis qu'à côté de lui, formés *apparemment* sous les mêmes influences, ses voisins étaient et sont encore extrêmement différents de lui. C'est pour cela qu'il y a entre concitoyens, entre parents, entre frères des différences si marquées, et, pour cela aussi, qu'il naît parmi les Gascons des hommes qu'on prend toute leur vie pour des Flamands. Or, ni ces milliers de causes possibles vous ne les connaissez toutes par le menu, ni les vingt ou trente causes particulières qui ont contribué à la naissance d'un individu, à l'exclusion ou presque à l'exclusion des autres causes, vous ne pouvez les démêler de la masse des causes possibles.

Voilà pourquoi il n'y a pas moyen d'expliquer, sinon spécieusement, un individu par ses causes. Voilà pourquoi je disais que la psychologie des peuples, appliquée à la psychologie des individus, explique tout, sauf ce qu'il faudrait expliquer, à savoir l'individualité, et pourquoi je disais que la méthode race-milieu-moment reste toujours extérieure à son objet.

C'est pour cela que les études critiques de Taine semblent si souvent des « préfaces » ou des « introductions » qui ne mènent point au sujet où elles prétendent conduire. Cette façon de procéder est à sa place au début de l'histoire littéraire d'un peuple entier, et, aussi, dans l'*Histoire de la littérature anglaise*, elle désoblige moins qu'ailleurs ; mais, quand il s'agit de faire comprendre un seul écrivain, on est étonné de ces considérations générales, disproportionnées et qui semblent comme intruses. On sent qu'elles seraient à leur place aussi bien dans une étude consacrée à un autre auteur que dans l'étude consacrée à celui-ci ; on sent que les idées générales de M. Taine, sur le caractère français, pourraient aussi bien servir de prologue à une étude sur Diderot qu'à une étude sur La Fontaine, ou tout au moins à une étude sur Racine qu'à une étude sur La Fontaine, puisque, pour ces deux derniers, la race et le milieu sont les mêmes, et, à très peu près, le moment aussi.

Mais le plus important pour nous, ici du moins, n'est pas de prouver ou d'affirmer en donnant des raisons que la méthode en question est dangereuse, inféconde et décevante ; ce qui nous importe, c'est d'indiquer combien, en l'employant, Taine est fidèle à lui-même, et comment sa méthode en critique est une application de son système philosophique.

Pour Taine, on l'a vu, tout est « déterminé » dans le monde et il n'y a dans l'univers aucune place pour l'accident et l'imprévu. Ce qui est vrai du monde, doit l'être de l'homme de même. Le monde est un théorème qui se meut, l'homme doit être un « théorème qui marche. » *Pour le prouver*, prenons précisément un homme exceptionnel, imprévu, accidentel, un être qui moins que tout autre paraisse déterminé, qui plus que tout autre paraisse interrompre la série rigoureuse des causes et des effets ou s'y soustraire, et montrons que *lui-même* est un produit naturel et nécessaire d'une série et d'une convergence de faits, qu'il n'en est que la résultante et que tout ce qui est en lui était en eux. Taine avait une loi du monde ; il y tenait ; il la croyait juste ; il la croyait universelle ; il s'attaquait à l'exception même que cette loi semblait laisser en dehors d'elle pour absorber cette exception dans cette loi. Sa méthode critique était au service de son système philosophique et n'était inventée que pour le servir.

Mais aussi on sent trop qu'elle est inventée pour cela, et que le système philosophique a précédé la méthode critique. On croit être sûr que ce n'est pas, à l'inverse, l'étude des grands écrivains qui aurait conduit Taine à un système de philosophie déterministe ; on ne croit pas même que ces deux ensembles d'idées aient pu naître en même temps, et l'un s'accordant, en naissant, avec l'autre, dans l'esprit du philosophe. Il est possible ; mais ce n'est pas probable. On croit être sûr que c'est le système philosophique qui a tracé au critique sa marche et aussi qui lui a dicté ses conclusions.

« Songe bien, a dit le philosophe au critique, qu'*il faut* que Tite-Live soit « déterminé » comme la rotation d'une planète et La Fontaine comme la végétation d'une fougère ; plus complexes, mais déterminés comme elles. Il le faut. » Dès lors, toutes les études littéraires de Taine nous apparaissent comme des problèmes dont la solution est donnée d'avance, comme des livres où ce n'est pas la conclusion qui sort des recherches, mais les recherches qui sont sorties de la conclusion, comme des travaux où ce n'est pas la question qui a amené la réponse, mais la réponse qui a fait naître la question. Ce que ces ouvrages ont de tendu tient à cela. On ne les sent pas autonomes et se gouvernant d'eux-mêmes, mais dépendant de quelque chose qui est en dehors d'eux ; on ne les sent pas libres ; eux aussi sont « déterminés. »

J'ai dit que cette méthode « race-milieu-moment » n'est qu'une partie de la méthode critique de Taine. Il l'a complétée par sa considération de la « faculté maîtresse. » Cela consiste à croire que tout homme, et particulièrement tout homme supérieur est dominé par une faculté tellement forte qu'elle se subordonne toutes les autres, les déforme à son profit, finit ainsi par être comme le centre actif de cet homme et le modèle, le façonne, et aussi le dirige et le pousse d'un certain côté tout entier.

On voit que cette théorie est aussi intéressante comme révélatrice des idées de Taine en tant que moraliste, que des idées de Taine en tant que critique. Ici est-il encore fidèle à son système général ? Il l'est plutôt à ses tendances essentielles d'esprit qu'à son système à proprement parler. Comme tendances d'esprit, il est avant tout simplificateur. L'homme n'a qu'un moyen de connaître : la sensation ; le cerveau n'a qu'une opération : l'abstraction. Nous avons vu ces effets du penchant simplificateur de Taine. Il obéit encore à ce penchant en ne voulant voir dans chaque homme pour ainsi dire qu'une faculté, qu'une du moins qui compte, en ramenant à l'unité le tourbillon complexe d'une âme humaine.

Il est moins fidèle peut-être à son système. Le système n'exigeait pas de lui la doctrine de la faculté maîtresse. Tout est déterminé ; tout obéit à des lois rigoureuses et fatales. De la matière inanimée à la matière animée, à la végétation, à l'animalité, à l'humanité, il n'y a que les différences d'organisations plus simples à des organismes plus complexes. Cet organisme le plus complexe de tous, l'homme, est-il nécessaire qu'il ait en lui une force centrale qui subordonne à soi toutes les autres ? Non, d'après le système il n'est pas nécessaire. L'homme peut être considéré comme ondoyant, divers, flexible, théâtre d'une lutte de forces où tantôt l'une l'emporte et tantôt l'autre, précisément parce qu'il est plus complexe que tout autre être créé.

Si Taine a préféré voir en lui un organisme, très complexe sans doute, mais où telle faculté ou telle autre, selon les individus, l'emporte et prend le pas devant, c'est peut-être parce qu'il aime, comme tous les positivistes, rapprocher l'homme du reste de la nature, diminuer la distance que les spiritualistes font à son avis trop grande entre l'homme et les autres êtres terrestres.

Chaque espèce animale a son instinct spécial, son génie particulier, unique, force audacieuse chez celle-ci, ruse chez celle-là, prudence chez une troisième ; l'humanité, plus complexe, en a plusieurs ; mais dans chaque individu, il n'y en a qu'un, du moins qui soit puissant et dominant et qui mette tous les autres et dans l'ombre et en servitude. C'est ainsi que l'humanité participe de l'animalité, comme du reste par beaucoup d'autres points de contact.

Autre raison possible de cette doctrine de notre auteur : L'homme normal est un fou, moins fou que ceux qu'il appelle fous, mais supérieur à eux d'une simple différence de degré. Ce qui caractérise le plus nettement l'aliéné c'est l'idée fixe. L'homme normal n'a point l'idée fixe, mais il a sans doute la prédominance d'un instinct sur tous les autres, qui du moins prédispose à l'idée fixe et qui y conduirait si le temps qu'il faudrait pour cela était donné. L'homme normal est un prétendu raisonnable qui ne vit pas assez longtemps pour devenir dément. A plus forte raison peut-on le dire de l'homme supérieur, qui est surtout un homme d'une activité cérébrale plus intense. Cet homme a naturellement une faculté qui profite plus que les autres de la surabondance d'activité cérébrale. L'opinion populaire sur le voisinage du génie et de la folie est fausse ; mais elle a ceci de vrai que le cerveau de l'homme supérieur est comme tendu dans une direction unique, de même que le cerveau du dément est concentré sur une unique pensée.

Enfin, et plutôt, c'est le goût de l'abstraction qui a conduit Taine à la théorie de la faculté maîtresse. Il a considéré l'homme à la manière dont plusieurs, et lui-même, ont tant reproché aux auteurs classiques français de l'avoir conçu. Il a vu en un homme une passion revêtue d'un corps et servie par des organes. Ils peignaient (souvent) l'homme, non dans sa complexité, mais comme s'il n'était qu'une abstraction appelée pour un moment à la vie. Tel homme était pour eux l'ambitieux et exclusivement l'ambitieux, le jaloux, le grondeur, le glorieux, et seulement le glorieux, le grondeur et le jaloux, et ainsi de suite. Autant en a fait, remarquez-le, Honoré de Balzac, et cette première admiration de Taine a pu contribuer encore à l'incliner à cette théorie.

Il a fait comme les auteurs classiques et comme son cher Balzac. Seulement, en philosophe, il a généralisé. Ce n'est pas seulement d'une passion unique qu'il a constitué ses personnages ; c'est tantôt d'une passion, tantôt d'une faculté. Ou plutôt il a considéré que les hommes ordinaires sont faits d'une passion dominante qui groupe et ramasse autour d'elle toutes les forces de leur être ; mais que les hommes qui vivent surtout d'une vie intellectuelle sont faits, non pas d'une passion, mais d'une faculté, d'un don, d'une puissance mentale dominante qui groupe et ramasse autour d'elle toutes leurs énergies intellectuelles. La faculté maîtresse est la monomanie de l'homme d'esprit.

Quoi qu'il en soit du chemin par où Taine est arrivé à cette idée, elle est de celles qu'on ne peut ni repousser ni accepter complètement. L'observation sans parti pris et l'expérience non systématique la trouvent tantôt presque juste et tantôt très près d'être fausse. Comme il y a des hommes chez qui une passion domine à tel point qu'elle semble les absorber tout entiers et qu'on peut les nommer du nom de cette passion, ce qui justille, par parenthèse, nos écrivains classiques et Balzac avec eux ; il y a des écrivains aussi chez lesquels une faculté, comme l'imagination par exemple, l'emporte tellement, que tout ce qu'ils ont écrit s'y ramène ou peut s'y ramener, sans effort et sans adresse, comme à sa cause unique.

Mais aussi, comme il y a des hommes chez lesquels plusieurs passions ou luttent ou se contrebalancent, ou se succèdent en un laps de temps assez court et font une sorte d'alternance, il y a tout de même des écrivains qui ont plusieurs facultés brillantes et qui n'ont pas de qualité maîtresse. On voit assez bien quelle est la faculté maîtresse d'un Chateaubriand, d'un Hugo, beaucoup moins quelle est la faculté maîtresse d'un Lamartine ou d'un Musset, beaucoup moins quelle est la faculté maîtresse d'un Racine, d'un La Fontaine ou d'un Bossuet ou même d'un Voltaire. On sent très bien cela à l'état d'esprit où l'on se trouve en abordant les grands écrivains pour les expliquer. On dit de l'un : « Celui-ci ne sera pas difficile » ; de l'autre : « Pour celui-ci, c'est plus rude » ; et cela signifie toujours que le premier a une qualité maîtresse très apparente et incontestable et que le second n'en a pas, et que, dès lors, ou il faudra bien lui en supposer une, et bon gré malgré l'y ajuster tout entier, ce qui sera malaisé ; ou étudier successivement ses dons multiples et montrer comment ils ont concouru et comment ils se sont limités ou gênés, ce qui sera plus malaisé encore.

Cela revient-il à dire qu'il n'y a pas en critique une seule méthode, et, par conséquent, cela revient-il à dire qu'il n'y a pas, pour étudier l'humanité elle-même, une méthode unique ? C'est ce que nous sommes très porté à croire. — Mais alors, non seulement il n'y aurait pas de

« critique scientifique », mais il n'y aurait vraiment pas de « sciences morales » ? Il est fort possible, ou du moins il faut donner au mot « science » appliqué à tout ce qui est de l'homme intellectuel et moral un autre sens, moins précis et moins rigoureux. Les sciences morales ne peuvent avoir la rigueur des sciences mathématiques ni même des sciences naturelles, et, si elles ne peuvent pas se faire une méthode fixe, cela tient à ce qu'elles ne peuvent pas être rigoureuses, leur objet étant mobile, flottant et fuyant. Tout nous ramène à cette sorte d'antagonisme ou d'opposition entre l'homme et le reste de la nature, opposition que les systématiques, les simplistes, les « monistes », comme on voudra les appeler, s'efforcent de ramener à une différence de degré, mais qui semble bien ne pouvoir se réduire à une simple différence de degré.

Cela ne montre que mieux pourquoi Taine, ici même, était entraîné, sinon par son système, du moins par toutes ses tendances d'esprit, à un genre de critique invariable, inflexible et comme inexorable. L'esprit scientifique le dominait toujours et le désir de transformer en objet de science l'objet de son étude. Multiplier les points de vue dans l'étude de l'homme, c'eût été pour lui agir en artiste ou presque en amateur ; c'eût été oublier que les lois de la nature sont simples et que l'esprit scientifique a pour un de ses objets de les simplifier en les ramenant de proche en proche à l'unité.

Il est vrai que les lois de la nature sont simples, mais celles de l'homme le sont beaucoup moins, et la simplification scientifique ici risque souvent d'être une mutilation.

La théorie de la faculté maîtresse a permis à Taine de voir plus clair dans quelques organisations d'artistes, mais elle lui en a fait voir d'autres d'une façon incomplète. Inutile d'ajouter que quand les grands esprits sont systématiques, être systématiques ne les empêche pas d'être grands, d'où il résulte qu'ils restent forts même quand ils oublient le système, et ne paraissent jamais plus forts que quand ils l'oublient, parce qu'alors tout en restant forts ils sont plus libres. Taine avait en lui un artiste que le savant tâchait de discipliner. Mais, Dieu merci, le savant n'y réussissait pas complètement. Quand le savant avait dressé le cadre de l'article à faire, marqué impérieusement le point de départ, prescrit les étapes et fixé implacablement le point d'arrivée, l'artiste se glissait dans les intervalles et les interstices. Entre deux jalons plantés ferme par l'arpenteur, il se permettait une contemplation, il ne poussait pas l'obéissance jusqu'à s'interdire de sentir, et alors c'étaient des pages comme en aurait pu écrire un Gautier plus ouvert à différents genres de beauté, ou un Sainte-Beuve plus riche de langue, plus puissant de style et plus vigoureux de coloris. L'étude sur La Fontaine, l'article sur Balzac, l'article sur Racine, les morceaux sur Voltaire et Rousseau dans *l'Ancien Régime*, sont pleins de ces pages-là. On peut les détacher du système ; elles sont belles sans lui, justes sans lui, et peut-être malgré lui ; elles ne prouvent ni qu'il est vrai ni qu'il est faux, car elles n'en dérivent pas ; elles l'illustrent seulement, dans tous les sens du mot ; elles en sont les illustrations brillantes et elles l'ont recommandé à la gloire. Ce n'est pas lui qui a fait qu'elles sont.

Taine, comme critique simplement sensitif et « impressionniste », comme critique artiste, avait quelque chose de la « vision violente » dont il a parlé en faisant allusion à Hugo. Il voyait un auteur, ou le monde créé par un auteur, avec un relief incroyable, et c'était cette vision qu'il savait jeter sur le papier comme sur une toile. Les motifs expressifs, colorés, hardis, forts et toujours trop forts abondaient sous sa plume, et l'impression restait chez le lecteur, ineffaçable, pour longtemps du moins.

C'était là, certainement, comme on l'a dit, un style de décadence. Sans doute Taine, avec ses idées sur l'énorme entassement de notions diverses dont le cerveau des modernes est surchargé, croyait un peu trop que sur ces esprits fatigués et émoussés il fallait frapper très fort, pour que du coup ainsi porté il pût rester une empreinte un peu durable. Cependant songez, d'abord, qu'il n'a pas tout à fait tort, et que l'idée qu'il se faisait de l'état mental de ses lecteurs a bien quelque vérité; songez ensuite que, quoi qu'il veuille, c'est toujours de lui-même que le critique le plus impersonnel et même le plus systématique fait le portrait, ce qu'il peint c'est toujours lui modifié par une lecture qu'il vient de faire, c'est toujours lui au sortir de chez Balzac, de chez Corneille ou de chez Voltaire.

Eh bien, ces portraits que Taine faisait successivement de lui-même étaient justes, étaient sincères, étaient exacts. Ce savant qui voulait être froid sentait violemment. Ses émotions étaient fortes et profondes. On l'a assez vu quand il a abordé l'histoire. Il y a montré, ou trahi sans le vouloir, autant de nervosité qu'un Michelet ou un Carlyle. Comme critique il avait déjà quelque chose de cela. Le grossissement, le renflement des contours, la saillie exagérée des formes et l'exaspération des couleurs étaient donc des signes surtout de son état d'esprit à lui-même.

A ce titre ils sont précieux. Il y a des critiques qui

trouvent le moyen de dire à leurs lecteurs ce que leurs lecteurs pensent déjà, d'exprimer avec précision ce que leurs lecteurs ont dans l'esprit à l'état de pensée confuse. Ils ne font pas un mauvais office. Ils font métier de professeurs, de pédagogues judicieux et très utiles. Ils mènent comme par la main leur élève de l'échelon où il est à l'échelon immédiatement supérieur. — Il en est d'autres qui expriment fortement leur pensée à eux-mêmes sans secret désir de heurter leur lecteur, mais sans souci de se mettre, ou à son niveau, ou à sa portée, ou à sa place. Non pas l'impression que Racine *doit faire* sur un lettré d'ordre moyen, mais l'impression *qu'il fait* sur eux, voilà ce qu'ils nous donnent. Cela aussi est très utile, peut-être plus. Cela change les aspects, multiplie les points de vue, excite la pensée, aiguise le sens critique.

Il est donc très heureux qu'en dehors de son système, Taine, y échappant par moments, nous ait faits témoins de l'état d'esprit et même de l'état de sensibilité où telle et telle de ses lectures l'avaient jeté.

Du système il ne reste rien, ou du moins rien que ce qui en existait déjà avant que Taine l'eût dressé et machiné de toutes pièces ; il n'en reste que la préoccupation de ne pas détacher l'auteur qu'on étudie des événements historiques et domestiques qu'il a traversés, *si l'on voit clairement qu'ils ont eu sur lui une forte influence.*

De l'œuvre du critique il reste des pages admirables, en elles-mêmes d'abord et comme œuvres d'art, significatives, ensuite et surtout, des sensations particulières que faisaient naître en un Français très instruit, très nerveux, très sensible, du milieu du xix° siècle, les grands écrivains, et en particulier les grands poètes d'Angleterre et du xvii° siècle français.

V

Nous avons étudié Taine comme philosophe et critique ; il nous reste à l'étudier comme historien, et à conclure.

L'enquête sur l'homme que Taine a faite, non plus dans les livres, mais dans l'histoire, ne laisse pas d'être encore fort intéressante. A vrai dire, il n'a pas fait assez d'histoire générale et il s'est mis trop tard aux études historiques pour être devenu un historien véritable, pour avoir acquis toutes les qualités et toutes les vertus de l'historien. Mais l'effort fut grand, le labeur énorme, la conscience, sinon l'impassibilité, incontestable, et le monument élevé ainsi restera.

Taine, en commençant ses *Origines de la France contemporaine*, s'est proposé un but et en a eu deux.

Il s'est proposé de se rendre compte du temps présent, de la constitution actuelle de la France, en remontant aux origines prochaines de cet état présent, en étudiant les dernières années de ce qu'on appelle l'ancien Régime, la Révolution, et le commencement du XIXe siècle ; — et d'autre part, sans en avoir pleinement conscience, il a eu secrètement pour but d'étudier encore une fois l'être humain en le considérant dans une de ses crises, dans un de ses états pathologiques, à l'un de ces moments où le fond de sa nature, brusquement révélé par une rude secousse, s'étale et se déploie en pleine lumière.

Cela fait qu'il y a deux points de vue dans cette longue étude, et deux préoccupations, dont l'une, de temps en temps fait place à l'autre, et deux *tons* aussi, très différents, et en définitive deux ouvrages, dont l'un est historique, l'autre philosophique, qui n'ont pas entre eux des rapports très étroits et qu'il faut savoir distinguer l'un de l'autre, plus qu'il n'a fait lui-même, pour les mieux entendre. En général, critiques et lecteurs n'en ont vu qu'un, celui-ci ou celui-là, et, selon qu'ils s'étaient attachés à l'un ou à l'autre, ont porté sur l'ensemble un jugement très particulier, très différent de celui de leur voisin, à tel point qu'il semblait qu'il ne fût pas question de la même œuvre, et toujours très incomplet. Nous tâcherons de nous placer successivement aux deux points de vue.

L'ouvrage historique, qu'il faut chercher surtout dans le premier volume et dans les deux derniers, est la continuation brillante et originale de celui de Tocqueville. Pourquoi la France moderne est-elle si énergiquement, si violemment centralisée, au point que l'initiative individuelle ou librement associée y est presque nulle et que le pouvoir central, qu'il soit aux mains d'un homme ou d'une assemblée, y est, dans le sens propre du mot, le seul pouvoir, le seul être, unique ou collectif, qui puisse quelque chose? Tocqueville avait déjà répondu : parce qu'il en était déjà ainsi sous l'ancien Régime; parce que c'est le mouvement même de l'histoire de France; parce que la France, depuis trois cents ans, est comme un être qui se contracte sur son centre, pour mieux dire, qui crée son centre vital et qui y accumule ses forces; parce que la Révolution n'a fait que précipiter ce mouvement et l'amener à son dernier terme.

Deux erreurs successives, qui sont des illusions de perspective successives, sur la grande secousse de 1789 :

Première erreur : l'ancien Régime était l'absolutisme, la Révolution a détruit l'absolutisme et a établi la liberté. Cela est faux : la Révolution n'a fait que déplacer l'absolutisme, elle l'a mis dans une assemblée centrale délibérante au lieu de le laisser dans un chef entouré d'un conseil de ministres.

Deuxième erreur venue un peu plus tard : la Révolution n'a pas établi la liberté, elle l'a détruite ; il y avait moins de dépendance des parties relativement au centre avant 1789 qu'après 1800 ; c'est le despotisme qui est une nouveauté et c'est la liberté qui est ancienne. Cela est faux : la dépendance des parties relativement au centre était aussi étroite avant 1789 qu'après 1800, la France était pays centralisé et surtout se centralisant avec rapidité depuis Louis XIV ; la Révolution n'est que le dernier pas ; elle n'a fait qu'achever, elle n'a presque fait que régulariser et consacrer une œuvre déjà faite ; « elle était accomplie quand elle a éclaté », comme a dit Chateaubriand.

Rectification des deux erreurs : la Révolution n'a ni détruit ni créé le despotisme ; elle lui a donné une nouvelle forme.

Ce sont ces idées que Taine, avec de nouveaux faits et une nouvelle exposition des faits, a mis en lumière dans la partie proprement historique de ses *Origines*. La France fut multiple, complexe ; des forces diverses s'y déployaient : royauté, noblesse, clergé, provinces s'administrant elles-mêmes, jouissant d'un certain degré d'autonomie. Certaines de ces forces se sont comme épuisées et se sont comme renoncées elles-mêmes. La noblesse a cessé d'être une aristocratie locale pour devenir un cortège de la royauté ; le clergé, sous prétexte de constituer son indépendance relativement à

Rome, s'est appuyé sur la royauté et a constitué sa dépendance relativement à Versailles ; les provinces et les communes, moitié gré et pour se dérober à l'autorité de la noblesse et du clergé, moitié force et subissant les empiètements de la royauté envahissante, ont perdu les débris mêmes de leur autonomie. Tout ce qui était puissance indépendante est devenu instrument aux mains du roi ou matière soumise à ses instruments. Les « pouvoirs intermédiaires » se sont transformés en « fonctions ». Fonctionnaires les nobles, fonctionnaires les clercs, fonctionnaires les magistrats ; au-dessous les *fonctionnés*, les administrés. Un roi, des fonctionnaires du roi, et des sujets, c'est déjà ce qu'était devenu l'ancien Régime.

Seulement, de leurs anciens pouvoirs, les classes aristocratiques avaient conservé des distinctions, des immunités, des semblants d'autorité et de l'argent. C'est ce qu'on appelait les privilèges. Cela constituait, dans l'égalité réelle, ou presque réelle, des droits, une inégalité de jouissance, et une inégalité de satisfaction d'amour-propre et une inégalité honorifique. C'est cette inégalité que la Révolution a détruite.

Premiers effets excellents : carrières ouvertes (ou un peu plus ouvertes qu'avant) à tous ; émulation excitée ; stimulant énergique de l'activité ; meilleure répartition des charges financières ; illusions et préjugés même salutaires pour un temps, à savoir la croyance que les Français ont créé un ordre social nouveau conforme à la justice, à l'humanité, à la raison et à l'idéal.

Effets ultérieurs désastreux : le fond des choses n'a pas été touché ; l'œuvre de la centralisation n'a pas été arrêtée ; le despotisme n'a pas été détruit ; il a été transporté d'un chef unique à tous, et, comme cela n'est qu'une illusion et que jamais tous ne gouvernent réellement, il a été transporté d'un chef unique à une assemblée qui centralise plus que jamais, n'admet volontiers en dehors d'elle aucun pouvoir, soit général, soit local, intermédiaire, ni aucune indépendance, soit collective, soit individuelle. — Le fond des choses est le même, un peu aggravé ; car le despotisme est resté ; mais il est devenu instable ; il passe d'une assemblée à un pouvoir exécutif qui la supprime ou la paralyse, pour revenir d'un pouvoir exécutif, qui s'est épuisé en s'exerçant ou qui s'est brisé dans une aventure, à une assemblée qui profite de la défaillance ou de la chute du pouvoir exécutif ; il est le même dans les deux cas ; mais les passages de l'une à l'autre forme du despotisme identique sont des secousses rudes et ruineuses. — On n'a gagné à 1789 qu'une satisfaction de vanité égalitaire, un perfectionnement dans le détail de la machine autoritaire, et une variabilité de la forme du despotisme, qui, sans rien changer au fond des choses, est encore une instabilité sociale.

Notez en outre qu'il en est du caractère national comme de l'ordre social lui-même. Il n'a pas changé, mais il s'est modifié en pire, il a glissé un peu plus loin dans le sens de sa décadence. Depuis le XVIIe siècle, il a pour marque l'absence d'initiative individuelle. Et l'État a habitué l'individu à se sacrifier à l'État ; et l'individu, par une tendance à compter sur l'État, s'est habitué à s'abandonner à l'État pour tout lui demander et en tout attendre. Si l'État a fait de tous les Français des fonctionnaires ou des gens qui veulent l'être, ou des gens qui se mettent dans la main des fonctionnaires et sous leurs prises, c'est que tous les Français ont glissé à cet état d'esprit, à cette conception de la vie où l'être humain n'aime à se voir et ne se désire que dépendant et protégé.

La cause et l'effet se confondent ici, tant ils concourent jusqu'à s'ajuster exactement. Du régime ancien au régime nouveau aucun changement à cet égard qu'une aggravation. Ce qu'était la noblesse sous l'ancien Régime, tout le monde l'est devenu. Après quelques années d'initiative individuelle réveillée par cette illusion que 1789 avait créé un ordre nouveau, rechute, un peu plus profonde même, dans l'état d'esprit ancien, tendance de plus en plus forte à entrer, rouage important, ou modeste, ou humble ou insignifiant, dans la machine réglée et surveillée par le pouvoir central ; diminution, par suite, des caractères, des énergies, des volontés, et même des dignités ; décadence insensible et sûre, même dans l'ordre matériel le plus décent, le plus spécieux, le plus séduisant, le plus agréable, si vous voulez, pour le plaisir des yeux.

Les forces vives d'une nation sont l'énergie individuelle, l'énergie d'association indépendante, l'énergie de tradition familiale, l'énergie de tradition dans une classe ou une caste, ces deux dernières énergies n'étant du reste que des formes de l'énergie d'association. Quand ces formes languissent, c'est le corps de l'État tout entier qui est malade et qui peut être tenu pour décliner.

Avec une suite rigoureuse dans les déductions, avec un savoir très étendu, avec des enquêtes très patientes mettant en lumière des faits significatifs, avec des regards pénétrants jetés sur l'état actuel de la France tout autant que sur le dernier siècle de l'ancien Régime, Taine a fait d'une manière magistrale cette exposition de l'évolution de l'état social de la France depuis 1700 jusqu'à 1900. Il a introduit dans cette question si complexe des considérations toutes nouvelles sur lesquelles il faut au moins s'arrêter un instant.

Par exemple, dans le travail de préparation de la Révolution française, Taine a fait entrer l'influence de « l'esprit classique français ». C'était une idée de littérateur, d'homme qui avait commencé par l'histoire littéraire. Je crois connaître des lecteurs à qui cela suffit pour la condamner. Il ne faut pas aller si vite et il convient d'examiner. Voici la suite des idées de Taine sur ce sujet.

Il y a eu depuis la Renaissance jusqu'à nos jours deux mouvements parallèles dans les esprits : un mouvement scientifique et un mouvement littéraire. Le mouvement scientifique, rejetant peu à peu, sinon le surnaturel, du moins la *proximité* du surnaturel, sa présence auprès de nous et parmi nous, son intervention dans les choses d'ici-bas, replaçant l'homme dans la nature, et comme l'y engrenant, *devait* arriver à une sorte de renversement de la conception de l'univers et au lieu qu'autrefois on voyait l'univers comme fait sur le modèle de l'homme, *devait* amener à considérer l'homme comme fait de la même façon que le reste du monde, soumis à des lois pareilles, c'est-à-dire à des lois fatales ; enfin *devait* arriver à « souder les sciences morales aux sciences physiques » et en faire un « prolongement » des sciences physiques. Mais, quoique ces conclusions dernières fussent entrevues par les philosophes du XVIIIe siècle et apparussent déjà comme par lueurs dans leurs œuvres, elles n'étaient pas encore absolument atteintes à cette époque, et pendant le même temps le mouvement littéraire en donnait d'autres, très différentes.

Le mouvement littéraire, à cette date, était le développement de l'esprit classique. Cet esprit, en France, est tout rationnel, tout abstractif; il n'aime pas les faits; il se détourne de l'observation et s'en passe ; il aime combiner entre elles des idées pures ; il attribue à un raisonnement une dignité extraordinaire, et est conduit par là à attribuer à la raison la souveraineté. Une idée doit tout faire ployer devant elle parce qu'elle est juste, et elle est tenue pour juste, non point par la quantité de réalités qu'elle contient, mais par la clarté, la précision, la rigueur qu'elle a en elle-même, par la satisfaction qu'elle donne à l'esprit, par sa beauté géométrique.

Or, il y a en France, au XVIIIe siècle, bien des choses qui ne satisfont pas l'esprit de cette façon-là, qui n'ont nullement la beauté ou la grandeur d'une grande et belle idée abstraite, qui, pour mieux dire, ne sont pas des idées transformées en faits. Il y a la tradition, la religion, l'État. Éclairés par la lumière des idées pures, nous ne devons respect ni à la tradition, ni à religion, ni à l'État. Quels sont leurs titres ? De quelle idée rationnelle, de quelle lumineuse pensée abstraite sont-ils la réalisation ?

Ici la science devrait intervenir et dire : « Ce sont des faits, et des faits généraux ; on peut mépriser un fait particulier, accidentel, pour ainsi parler (car il n'y a rien d'accidentel, mais il y a des faits qui sont une conséquence transitoire et éphémère des faits généraux et qui sont négligeables); quant aux faits généraux, ils n'ont pas à se soumettre à la raison ; mais bien plutôt la raison à eux ; ils ont leur raison en eux-mêmes ; ils sont la suite et le résultat final « d'une longue accumu- « lation d'expériences après une multitude de tâtonne- « ments et d'essais. » C'est ainsi qu'une tradition, un préjugé héréditaire est « une sorte de raison qui s'ignore. « Une tradition est un fait général qui n'est général que parce qu'il a répondu à une nécessité ou à une très haute commodité et convenance ; soyez sûrs qu'il y répond encore, peut-être moins, car tout évolue, mais encore beaucoup ; et que l'aider à disparaître est légitime peut-être, mais le supprimer d'un coup probablement impossible, certainement dangereux.

« De la religion, tradition morale, il en va de même ; c'est un fait historique ; c'est un grand fait de l'histoire morale de l'humanité. Ces choses ne sont supprimées par un trait de plume ou par un trait d'esprit qu'en apparence ; elles renaissent le lendemain, parce qu'elles ont en elles la force du fait prolongé, contre laquelle la raison ne peut rien, et qui ne disparaît que par épuisement propre.

« Il en va de même de l'État. — Que l'État tel qu'il est constitué au XVIII° siècle ne soit pas rationnel, il est possible ; mais il est, et il est depuis longtemps ; c'est qu'il répond à une nécessité des choses ; il peut se modifier, et il s'est modifié déjà beaucoup ; disparaître d'un seul coup, ce n'est pas possible, parce que ce n'est pas *naturel* ; si vous le faites disparaître, ce ne sera qu'une apparence ; il renaîtra le lendemain ou identique ou très analogue ; si sa forme aura changé, son esprit subsistera ; si son mécanisme aura été remanié, ses traditions, ses mœurs, on pourrait dire sa physiologie, resteront sensiblement les mêmes. Les grands faits, les faits traditionnels ont une raison à eux qui ne sait plus dire ses raisons mais qui a raison ; ils sont « comme une forme aveugle de la raison », et la raison des faits se moque de la raison raisonnante et finit toujours par en avoir raison. »

Voilà ce que la science aurait pu dire à l'esprit classique devenu esprit d'abstraction. Elle ne le dit point, ou le dit très peu, parce qu'elle était en retard. L'histoire sérieuse n'était pas faite ; la sociologie n'était pas commencée. Les conclusions conservatrices de la science n'étaient pas tirées. La science n'avait pas encore fait pénétrer cette idée dans les esprits que l'homme est fait comme le reste du monde et que les lois des sociétés sont au moins analogues à celles de la nature.

Or dans ce silence de la science, l'esprit littéraire poursuivait son œuvre. Avec sa manie idéologique et son goût pour les idées pures, il construisait un homme qui n'était qu'une idée, un homme abstrait, qui n'a rien de l'homme historique ; un homme qui naît libre, ce qui ne s'est jamais vu, et qui doit rester libre ; un homme qui naît l'égal d'un autre à tous les points de vue (Helvétius au moins l'a dit) et qui doit rester l'égal de tous les autres ; un homme fait pour le bonheur puisqu'il le désire, et qui y a droit ; un homme enfin qui ne doit dans la société perdre ni sa liberté initiale, ni son égalité de naissance, ni son droit au bonheur: ce qui amène les modérés à conclure par la théorie de la souveraineté nationale, et les logiciens plus rigoureux à conclure par l'abolition de la société.

A cet homme de fantaisie créé par une opération effrénée de l'abstraction, la science pourrait opposer l'homme vrai, celui que la physiologie d'une part et l'histoire de l'autre révèle à ceux qui aiment les faits ; mais, pour les raisons que nous avons dites, la science n'élève pas la voix très haut et n'a pas encore de conclusions très nettes sur ces choses.

La Révolution française est née de cette prédominance de l'esprit littéraire sur l'esprit scientifique, et de ce que l'esprit scientifique s'était comme laissé devancer par l'esprit littéraire.

Tout n'est pas faux dans cette théorie ingénieuse, une des plus intéressantes et des plus amusantes, en donnant au mot son meilleur sens, que les philosophes historiens nous aient exposées. Le point faible en est la transformation de l'esprit classique proprement dit en esprit d'abstraction. Comment l'esprit des Racine, des Molière et des La Fontaine est-il devenu celui de Condillac et celui de Condorcet, c'est cela qui ne paraît pas aller de soi et qui paraît demander beaucoup plus d'explications que Taine n'en a donné. C'est que pour Taine c'était l'évidence même, jusque-là que de l'esprit littéraire de 1660 à l'esprit littéraire de 1760 il n'y avait, pour lui, même pas transformation. Taine avait toujours considéré l'esprit classique français comme un pur et simple esprit d'abstraction. Toutes les fois qu'il avait à en parler, dans ses *Essais de critique et d'histoire*, par exemple, il nous avait montré les écrivains du xviie siècle comme des raisonneurs, des logiciens et des orateurs ayant tout leur mérite et mettant tout leur art dans l'exposition large, lumineuse et bien ordonnée des idées générales.

Il les voyait ainsi ; et puis on lui avait appris à les voir ainsi, et l'éducation première a souvent, même sur les grands esprits, une influence qui persiste. L'éducation littéraire du milieu du xixe siècle consistait tout entière à enseigner l'art d'exposer le mieux du monde des idées générales, et par suite elle ne cherchait dans les grands écrivains classiques que des modèles de cet art-là ; et à force de n'y chercher que cela, elle n'y trouvait rien autre chose, comme il est naturel ; de sorte que ces modèles, au lieu de se modeler sur eux, c'était sur elle-même qu'elle les modelait. Il est resté quelque chose et même beaucoup de cette façon de voir chez Taine.

Et enfin Boileau, qui n'est pas sans avoir rendu de grands services à ses contemporains, ni sans les avoir desservis un peu, a sa part dans l'interprétation de l'art de nos écrivains classiques. Il a tant dit : « Aimez donc la raison », que l'on a pris cette formule pour la devise même des écrivains du XVIIe siècle et pour la définition de l'esprit classique, et l'on n'aurait point tort si l'on prenait le mot « raison » dans le sens où l'entendait Boileau. Mais « raison » dans Boileau, comme on peut le vérifier sur *tous* les passages où ce mot est employé, est dit par opposition à « fantaisie », à « caprice », à « imagination », et veut précisément dire « imitation de la nature » et « observation de la nature » ; d'où il suit qu'il signifie et prescrit juste le contraire de ce que Taine croyait qu'il signifiait et prescrivait. Cette observation de la réalité que Taine gémissait de voir les classiques du XVIIe siècle abandonner, c'est précisément à quoi ils se ramenaient par réaction contre leurs prédécesseurs et à quoi Boileau les conviait, et à quoi il les félicitait de revenir. C'est le contresens le plus complet qu'on ait peut-être jamais fait, aussi bien en interprétation de textes qu'en histoire littéraire.

Et, de fait, les hommes de 1660 sont proprement des réalistes, depuis Racine jusqu'à La Fontaine, depuis Molière jusqu'à La Bruyère, depuis La Rochefoucauld jusqu'à Bourdaloue, et depuis Mme de Sévigné jusqu'à Saint-Simon, et il n'est pas d'école littéraire qui ait plus que celle-là « étudié la cour et connu la ville. »

Comment cet esprit classique est devenu l'esprit d'abstraction, d'idéologie et de « raison raisonnante » du xviiie siècle, cela fait donc question, et il faudrait l'expliquer.

Et il faut dire aussi que même au xviiie siècle cet esprit idéologique et idéolâtrique est très loin d'être si général que Taine l'a fait. Voltaire ne l'a pas, et Taine le reconnaît ; Montesquieu l'a, mais avec une intelligence des multiples éléments des choses et un savoir des réalités historiques qui le corrigent immédiatement ; Diderot l'a, mais en même temps, dans la moitié de ses œuvres, est si « réaliste », si observateur de la réalité et collectionneur de petits faits vrais, selon le rêve même de Taine, qu'au moins ce n'est pas de sa conception de l'art que ses habitudes philosophiques ont pu dériver, ou de ses habitudes d'art que ses conceptions philosophiques ont pu venir. On en dirait autant, mais avec plus de raison encore, d'une façon plus immédiatement évidente de Rousseau.

Ainsi se réduit à peu de chose la part de l'esprit littéraire classique dans la formation de l'esprit révolutionnaire. Elle est très faible. Que ce soit pour les en louer ou pour les en maudire, il n'est pas très raisonnable de compter ni Molière, ni Racine, ni La Fontaine, ni Boileau, ni même Bossuet, quoique ce soit de tous le plus grand artiste en idées générales, comme les précurseurs de la Révolution française.

Taine a un peu cédé ici à la séduction d'une idée nouvelle et originale. Son maître, Auguste Comte, avait donné comme causes lointaines, mais réelles, de la Révolution française, le développement de l'esprit d'examen, — le mouvement scientifique, — le développement de l'esprit métaphysique. Taine s'est attaché surtout à cette dernière considération en lui donnant une forme nouvelle. Il est moins dans la vérité probable que son illustre devancier.

Sans compter que ceux-là ont peut-être plus raison encore qui voient dans la Révolution française surtout une révolution économique ayant des causes économiques. Il ne faut pas expliquer par des causes économiques toutes les grandes commotions humaines. Il y a eu des mouvements de l'humanité qui ont eu des causes morales. Mais, et dans l'antiquité avant le christianisme, et dans les temps modernes à partir du moment où le christianisme a perdu de son influence dominante, on peut très raisonnablement, peut-être on doit voir dans toute grande révolution, une crise économique et ses effets ; et, quoiqu'il n'ait pas négligé ce point de vue, Taine ne lui a pas donné assez d'importance ou a donné à d'autres une importance exagérée relativement à celui-ci.

Quant aux conclusions de cette enquête sur la constitution de la France moderne, il ne faut ni les repousser hâtivement à cause de leur pessimisme, ce qui serait puéril, ni les accepter si passionnément qu'on en fasse le point de départ de toute une politique de régression, ce qui serait très vain. Quand on parle, en élève dévot d'Hippolyte Taine, de détruire l'œuvre meurtrière de la Révolution française, on oublie deux choses, dont l'une ne lui échappait nullement, dont l'autre, sans lui échapper, ne s'est pas assez imposée à sa pensée. La première c'est que l'œuvre, meurtrière, salutaire, ou plus probablement mêlée de mal et de bien, de la Révolution française, n'est pas l'œuvre de la Révolution française, mais de l'histoire française depuis trois siècles. Après Tocqueville, Taine, Albert Sorel et bien d'autres, on devrait finir par en être à peu près convaincu.

Si l'œuvre de la Révolution est la suite naturelle de l'histoire de France elle-même, elle est légitimée par cela même, sinon en droit, du moins en fait ; elle est légitimée comme l'est un fait qui rentre dans un fait plus général ; elle perd son caractère d'accident pour prendre le caractère d'application d'une loi : une loi est un fait plus grand que les autres qui, en les embrassant, les explique. Plus on aura prouvé que la Révolution n'a rien inventé, plus aussi on aura prouvé qu'il n'y a rien à faire contre elle, ni rien à lui reprocher ; plus on aura prouvé qu'elle n'a rien fait de nouveau, plus aussi on aura prouvé qu'elle est « historique » et à cause de cela inattaquable, et plus on aura prouvé qu'elle n'a rien fait, plus aussi on aura prouvé que son œuvre est bonne. Elle n'est plus qu'un incident du mouvement centralisateur qui emporte la France depuis 1600 et même depuis une date plus éloignée : donc elle est un moment du développement physiologique de la France, et ce serait contre tout ce développement physiologique qu'il faudrait réagir, ce qui, probablement, serait funeste, à supposer qu'il fût possible.

Donc le grief contre la Révolution qui consiste à montrer qu'elle a cru être une Révolution et ne l'a point été, en l'accusant va à l'absoudre. Elle ressemble à cette hostilité contre le christianisme qui consiste à dire que le christianisme existait bien des siècles avant Jésus : Jésus peut en être diminué, le christianisme en est agrandi ; il devient la cause finale de l'antiquité et le centre du mouvement général de l'humanité tout entière. De même, si on considère la Révolution comme un simple point, un peu saillant, de la ligne continue de l'histoire de France depuis 1600 jusqu'à nos jours, les révolutionnaires en sont amoindris, la Révolution en devient plus imposante et plus inattaquable ; elle est non un bouleversement, mais un développement normal ; elle est le point central de l'évolution naturelle de l'histoire de France. — La vérité est peut-être qu'il y a dans la Révolution française et une révolution et une évolution, et une suite naturelle de ce qui précède et une agitation qui, en précipitant d'une manière anormale le cours naturel des choses, le rompt. Et la partie révolutionnaire de la Révolution en a été la partie caduque ; et la partie évolutionnaire de la Révolution en a été la partie durable.

Le rêve optimiste : croyance au bonheur de tous assuré par l'État ; liberté dans une société centralisée, compliquée, vaste et ayant des voisins redoutables ; égalité des droits dans une société hiérarchisée et forcée de l'être et dans une société où subsiste l'inégalité des fortunes ; fraternité dans une société où est maintenue la liberté de la concurrence ; bien d'autres chimères encore, et, pour la réalisation de ces chimères, l'emploi de la force et les violences et les fureurs et les cruautés : voilà la partie révolutionnaire de la Révolution ; et voilà à la fois ce qui en était caduc, et ce qui, néanmoins, a laissé, à travers le XIX$_e$ siècle, dans les esprits, dans les doctrines, dans les préjugés, un peu dans les mœurs mêmes, des débris, des résidus, que le temps a usés, que les nécessités de l'existence sociale ont peu à peu éliminés, ou à peu près, mais qui ont une place cependant considérable, on le sait assez, dans notre histoire contemporaine.

Mais la centralisation et le nivellement, voilà la partie évolutionnaire et la partie durable de la Révolution. Centralisation : une seule loi au lieu de différentes lois et coutumes, et cette loi imposée aux provinces dont elle peut contrarier les habitudes et les idées, précisément pour qu'il n'y ait plus de provinces et que le particularisme soit définitivement aboli ; un seul gouvernement (ce qui était déjà acquis) ; plus d'autonomies provinciales, plus de villes libres ou quasi libres, plus de places de sûreté sous prétexte de religion, plus d'États dans l'État ; un seul conseil national, parlement central, qui fait la loi, surveille l'application de la loi, surveille l'administration et finit par en être le vrai chef, qui connaît de toute la matière financière, à ce point que départements et communes, même pour leur économie domestique et l'emploi de leurs ressources propres à leurs besoins propres, seront en éternelle tutelle, toutes les forces vives du pays ramenées au centre, pour être dirigées, distribuées et réparties par le centre.

Nivellement, qui n'est, à vrai dire, qu'une forme de centralisation : plus de classe, plus de noblesse, plus de clergé, plus de magistrature, plus de corporations ouvrières, plus d'aristocratie, ou seulement d'élément aristocratique dans la nation. La classe, le groupe, l'association héréditaire ou se maintenant dans le temps par quelque moyen que ce soit, c'est encore (rien n'est plus vrai) un État dans l'État, une ville libre morale, un camp retranché, une place de sûreté ; c'est quelque chose de constitué dans le sein de la République ; pour que la centralisation puisse se faire complète, il faut qu'il n'y ait de constitué dans l'État que l'État lui-même ; qu'il n'y ait sur toute l'étendue du territoire que des individus.

Centralisation et nivellement, voilà ce que la Révolution a laissé de durable, parce qu'elle n'a fait que l'achever ; parce que ce travail avait été celui de la royauté française avec collaboration de la nation elle-même depuis deux et même trois siècles. Cette partie de l'œuvre de la Révolution est son œuvre solide, justement parce qu'elle n'est pas son œuvre. De l'œuvre de chaque siècle, peut-être de chaque homme (je ne parle pas des ouvrages d'art) on en pourrait dire autant.

Cela n'empêche point, dirait Taine, que ce legs ne soit funeste. Il est possible ; mais cela tend à faire croire qu'il est nécessaire. Car, et ceci est la seconde chose que j'ai dit qu'on oublie trop et que Taine lui-même n'a pas laissé d'oublier un peu, la centralisation française n'est pas l'ouvrage seulement de la Révolution française ; elle n'est pas l'ouvrage seulement de l'histoire de France ; elle est l'ouvrage de l'histoire européenne. Jamais les hommes ne se centralisent pour leur plaisir ; jamais les hommes ne diminuent leur autonomie personnelle et leur droit d'association libre dans le seul dessein de s'amoindrir. Les grandes agglomérations centralisées ont pour causes les grandes guerres continues ou toujours imminentes, l'état de guerre perpétuel, soit dans la guerre même, soit dans la paix préparant la guerre. L'énorme machine centralisatrice de l'empire romain n'est pas née autrement.

Or cet état de guerre est celui où a toujours vécu l'Europe moderne ; elle n'en a jamais connu d'autre. Il y aurait à remarquer que même nos idées générales sur la civilisation, sur le progrès, sur les conditions de l'existence de l'humanité, sur la nature de l'homme, supposent, très souvent, cet état ancien, prolongé, de la partie de la planète que nous habitons. Du moins à cet état il est bon de songer toutes les fois qu'on étudie une des idées directrices, un des préjugés, une des opinions persistantes de l'Européen moderne.

Sans généraliser la question jusque-là, remarquons seulement que l'état de guerre est l'état normal de l'Europe depuis le moyen âge. Il est cause de la formation des grands États; car c'est pour y échapper que les peuples se sont constitués en grands États, et il est l'effet de la formation des grands États; car, loin d'y échapper en se concentrant en grandes nations, les peuples n'ont fait que le rendre plus violent. Premier résultat de l'état de guerre : la concentration ; second résultat : dans la grande nation formée par concentration, la centralisation de plus en plus forte; troisième résultat : dans la grande nation concentrée et centralisée : le nivellement. De grandes démocraties centralisées, égalitaires avec un gouvernement despotique, qu'il soit du reste dynastique ou républicain, c'est de quoi l'Europe, après mille ans de guerres locales et quatre cents ans de guerres entre grandes nations, est formée et a dû être formée par une sorte de nécessité mécanique. L'Europe, c'est cinq ou six camps. Dès lors, que l'État soit une « caserne », comme dit Taine, cela va de soi. Or ni dans un camp ni dans une caserne, il ne peut y avoir ni liberté, ni association libre, ni autonomie des « chambrées », comme dirait Taine qui aime à suivre les métaphores, sinon dans une mesure excessivement restreinte et précaire.

Si donc l'œuvre durable de la Révolution est l'œuvre, non seulement de l'histoire de France, mais de toute l'histoire européenne, elle peut être mauvaise, mais elle a en elle une force invincible à l'attaque sinon à la critique, et à la destruction sinon à la correction. Ce n'est que dans le détail qu'on pourra la redresser, ce que, du reste, je crois qui est passionnément désirable; mais dans son ensemble elle restera.

J'ai dit qu'il y avait deux parties vraiment distinctes, bon gré mal gré qu'en ait l'auteur, dans *les Origines de la France contemporaine*, l'une dans laquelle Taine était guidé par le désir de voir clair dans les transformations historiques de la France, et c'est celle que nous venons d'examiner ; l'autre dans laquelle Taine obéissait au désir un peu inconscient de poursuivre ses études sur l'homme.

L'ancien moraliste chagrin et amer que nous avons déjà considéré s'est retrouvé quand Taine eut pénétré un peu avant dans l'histoire de la Révolution française. Fidèle à ses habitudes d'étudier les organes dans leur état pathologique, comme il avait observé l'intelligence chez les fous, il observa la sensibilité, les passions, les rêves aussi et les chimères dans les hommes mêlés à la Révolution française. Il y vérifia son pessimisme et sa misanthropie. Le carnassier primitif, le « gorille » qu'il avait toujours entrevu ou vu clairement sous la surface de l'homme, lui apparut pleinement dans cette époque de commotions violentes et de déchaînement. Ce n'est pas un « sectaire » qui s'est étendu avec tant de complaisance sur les horreurs et les misères et les scènes de sauvagerie de l'époque révolutionnaire ; c'est l'auteur de *Thomas Graindorge*, c'est le La Rochefoucauld ou le Chamfort de 1855, qui n'était pas fâché de reconnaître et de montrer à quel point ses premières vues générales sur l'homme étaient justes et bien fondées.

De là ce soin passionné à relever dans les « anarchies » soit spontanées soit organisées, dans tous les troubles sociaux de cette époque, tout ce qui montre à quel point l'homme, débarrassé du poids des contraintes séculaires, est un animal aveugle, halluciné, furieux et cruel. Étudier la complexion humaine dans une crise maladive de l'humanité, telle était la préoccupation secrète de Taine en écrivant ces pages qui firent tant de bruit.

La méthode n'est pas mauvaise, à la condition qu'elle

soit seulement complétive et supplémentaire. On ne connaît pas l'intelligence quand on ne connaît pas la folie, je le crois; on ne connaît pas l'homme quand on ne l'a pas vu dans une période révolutionnaire, je le crois encore; mais il faut d'abord étudier l'intelligence dans son état d'équilibre et l'homme à une époque normale. Car enfin ces contraintes traditionnelles qui font l'homme ordinaire ce que nous voyons qu'il est, c'est l'homme encore qui les a faites, qui les a instituées pour se réprimer et se dresser lui-même; elles font partie de lui; il est lui en elles, et on l'étudie en elles comme on l'étudie quand il s'en est affranchi.

On dit: la société bouleversée, c'est le *fond* de l'homme qui apparaît. Pourquoi le fond à ce moment et non pas la veille? Où est le fond? Est-ce le fond de l'homme qui fait les sociétés réglées ou en est-ce le fond qui les bouleverse? Il n'y a pas de fond, à vrai dire, ou nous n'avons aucun moyen de le connaître. Il y a des parties diverses du tempérament humain, et à telle ou telle époque c'est telle partie qui domine ou telle autre. Une révolution sanguinaire prouve que l'homme est quelquefois sanguinaire, rien de plus, comme une société pacifique et réglée prouve que l'homme a des instincts d'ordre, auxquels, du reste, il ne faut pas se fier, et rien de plus. Mais, pas plus que « l'homme primitif », le « fond de l'homme » ne nous est connu. La vérité sur ce point, comme sur beaucoup d'autres, sera toujours fragmentaire.

Du reste, encore qu'il soit vrai que c'est surtout le philosophe pessimiste qui a écrit les pages proprement narratives des *Origines de la France contemporaine*, il faut ajouter qu'au ton dans lequel ces pages sont écrites quelquefois on surprend chez Taine autre chose que le calme d'un philosophe, même pessimiste. Beaucoup de passages sentent l'indignation, la haine et la colère, sur quoi les critiques de Taine se sont un peu amusés. « Eh quoi! vous êtes déterministe résolu, et vous pouvez condamner ou flétrir! S'il n'y a aucune espèce de libre arbitre dans l'homme, il ne faut pas plus s'irriter contre l'homme qui commet un crime que contre le végétal qui secrète un poison! Voici un naturaliste qui étudie les hommes en naturaliste et qui croit qu'on ne doit les étudier qu'en naturaliste, et qui, au lieu de dire le bien et le mal qu'ils ont faits, avec une égale curiosité indifférente, finit par s'emporter contre eux comme ferait un sermonnaire! »

Vous êtes fataliste et vous vous emportez !

Il est vrai; mais c'est une occasion de vérifier que jamais un système ne s'empare d'un homme jusqu'à abolir en lui les instincts intimes, illusions peut-être, mais très probablement conditions mêmes de notre existence, qui sont comme la racine de nos sentiments généraux. Le philosophe qui ne croit pas à la liberté humaine croit à la sienne, ou agit comme s'il y croyait, ou agit comme s'il ne faisait que croire qu'il n'y croit point. Il le confesse quand il est sincère et dit : « Je suis dupe d'une illusion dont il faut que je sois la dupe pour pouvoir vivre, et tout ce que je puis faire c'est m'en affranchir quand je ne vis que d'une vie intellectuelle. » De même Taine ne croit pas à la liberté humaine et ne peut s'empêcher de s'irriter, comme s'il y croyait, contre des actes qui ne sont des crimes que si elle existe. Nous sommes enveloppés dans le tissu des croyances nécessaires, de manière à retomber sous leur empire dès que nos sentiments interviennent dans nos idées. Taine a laissé ses sentiments se mêler à ses idées en écrivant l'histoire de la Révolution française ; mais il y aurait eu quelque affectation à s'opposer absolument à ce que ce mélange se fît ou même à ce qu'il parût ; il y aurait eu affectation à paraître froid quand il était possible au philosophe, mais impossible à l'homme de l'être ; et, tout compte fait, si c'est la sincérité seule qui donne l'accent, les *Origines de la France contemporaine* gagnent quelque chose à ce que la sincérité de l'auteur n'ait pas été étouffée par une sorte de contrainte philosophique ; et elles sont déjà assez systématiques pour qu'il y ait lieu de se réjouir plutôt que regretter, quand, de temps en temps, elles oublient d'être systématiques pour être vivantes.

VI

Les conclusions générales de Taine sur l'homme et la vie humaine, la société et la vie sociale n'auront pas besoin d'être longuement développées. On les prévoit, on les connaît par ce qui précède.

Le monde, dont il n'est pas donné à l'homme de connaître ni la cause ni le but, ni s'il a un but ou une cause, est, au regard de l'observateur, une machine gouvernée par des lois invariables et rigoureuses, où n'intervient aucune volonté particulière qui interrompe l'action de ces lois ou qui les modifie. Ces lois, encore que plus compliquées et plus délicates, ont le même caractère de rigueur et d'invariabilité dans le règne animal, qui comprend l'homme, que dans tout le reste de la nature. L'animalité a pour lois générales, d'une part, la surproduction, et, d'autre part, la survivance des plus forts, en d'autres termes elle a pour loi générale la guerre. La nature, en chaque espèce animale, a une telle puissance de production qu'une seule espèce, laissée à elle-même, peuplerait la planète en un petit nombre d'années et s'y trouverait à l'étroit, et toutes les espèces ont cette même puissance, et elles sont innombrables : voilà la loi de surproduction. Il faut bien que les espèces se limitent elles-mêmes par la lutte, se disputent le terrain trop étroit et s'exterminent les unes les autres.

C'est ce qui a lieu : ou elles vivent les unes des autres, ou elles se battent pour se disputer la matière commune dont elles vivent ; survivent les espèces les plus fortes et, dans chaque espèce, les individus les plus forts ; entendez, par force, soit la force offensive, soit les forces défensives : adresse, ruse, cuirasses naturelles, ténuité, puissance plus grande ou plus rapide de multiplication qui répare le carnage et le gagne de vitesse, etc. Voilà la loi de survivance des forts.

Ces deux lois se résument en une seule : la guerre, le massacre universel pour l'existence, la mort pour la vie. Sur mille naissants, un seul survit ; sur dix adultes, un seul survit ; ces chiffres sont plutôt atténués. La généralité des cas, c'est donc la mort ; la vie d'un individu est une réussite, un succès inespéré, un bonheur invraisemblable, une chance inouïe. Si l'on personnifiait la nature, on dirait que l'animalité est un jeu cruel par lequel la nature appelle à la vie un nombre immense d'êtres pour les tuer les uns par les autres et en laisser souffrir quelques-uns un peu plus longtemps. Sans rien personnifier, disons que l'animalité a sa loi, qui est une loi tragique. Il ne faut point parler de la « présence » du mal sur la terre ; il faut dire, pour être exact, que l'animalité est le règne, le règne absolu de ce que l'homme appelle le mal.

L'homme lui-même vit dans cette loi et sous cette loi. Il est mangé par les animaux, il les mange ; d'autre part, il se fait la guerre à lui-même, de nation à nation, ce qui est particulier dans l'animalité, et ce qui a porté à croire que l'espèce humaine n'est pas une seule espèce, et qu'il y a au fond de toute guerre entre nations une guerre de races, et au fond de toute guerre de races une guerre d'espèces. Il importe peu ; ce qu'il y a de certain, c'est qu'entre nations et, dans chaque nation, entre individus, il y a une lutte pour la vie toute semblable à la grande guerre à laquelle se livre l'animalité entière. Là aussi règne le mal, et le fond de la vie humaine, comme de la vie animale, est crainte de destruction, désir de destruction pour se sauver.

L'homme, dans cet abîme, a trouvé quelques consolations d'une part, et d'autre part quelques secours. Il s'est créé des religions, parce qu'il avait de l'imagination, et il a inventé la science, parce qu'il avait de la mémoire et la faculté d'abstraction.

Les religions sont synthèses précipitées des notions fragmentaires que l'homme a de l'univers. Elles lui donnent pour un temps une hypothèse générale, explicative de tout ce qu'il voit, et à laquelle il attache fortement sa créance. Cela lui donne une sécurité, et à sa pensée comme une assiette ; cela diminue, pour un temps, son inquiétude éternelle.

Les religions sont encore formules synthétiques des instincts d'une race. Leurs fondateurs, à tel moment, « ont prononcé la parole unique, héroïque ou tendre, enthousiaste ou assoupissante, la seule qu'autour d'eux et après eux le cœur et l'esprit voulussent entendre, la seule qui fût adaptée à des besoins profonds, à des aspirations accumulées, à des facultés héréditaires, à toute une structure mentale et morale. » A ce titre, elles sont un élément essentiel et un ferment énergique de socialité. Elles concentrent la nation ou la race, lui donnent une conscience, décuplent sa vie, la font très forte, diminuent dans son sein la lutte entre les individus, font reculer « le mal » ; —et aussi jettent la nation ainsi fortifiée contre les autres, et ici « le mal » reparaît.

Et enfin les religions sont « de grands poèmes métaphysiques accompagnés de croyances » ; non seulement elles expliquent l'univers à l'homme, qui a le besoin invincible qu'on le lui explique ; non seulement elles ramassent ses instincts généraux en un seul instinct très élevé, mais encore elles séduisent, bercent et enchantent son imagination.

Tels sont les trois offices principaux des religions et les trois services que les religions rendent à l'homme : elles le rassurent, elles le fortifient, elles le ravissent ; et de ces trois façons elles le consolent. C'est quelque chose ; c'est assez peu. Quoi qu'elles fassent, les religions vivent des instincts généreux qui sont déjà dans le cœur de l'homme ; elles les lui rendent, il est vrai, plus forts qu'elles ne les lui prennent, et c'est là comme leur opération magique ; mais enfin elles n'ont rien qu'il n'ait déjà. Or ces instincts sont relativement faibles dans l'homme et ne peuvent pas être forts. Ils se ramènent à être le désir éprouvé par l'homme d'échapper à sa loi naturelle, qu'il réprouve et déteste, d'échapper à la loi de lutte pour la vie, à la loi d'égoïsme, à la loi de cruauté, à la loi de mort. Dire qu'un sentiment est le désir d'un être de se soustraire à sa loi, c'est dire à la fois qu'il est violent et qu'il est faible, qu'il peut avoir d'impétueux élans, mais qu'il aura de longues défaillances, et que, toujours destiné à renaître, il est surtout condamné à être toujours vaincu. Les religions sont touchantes et vénérables ; elles sont, dans l'histoire de l'humanité, des faits moraux d'une extraordinaire importance ; mais à la fois elles sont trop le contraire même de la loi de l'homme et l'expression de son désir, pour n'être pas à la fois éternellement consolatrices et éternellement décevantes.

Si les religions ont été les consolations de l'homme, la science a été son arme. C'est par elle qu'il a conquis le monde, comme il aime à dire, donné quelque sécurité à sa vie, prolongé son existence, qu'il s'est créé des forces inconnues par son combat contre la nature et contre la mort.

C'est quelque chose ; c'est assez peu ; car le plus grand ennemi de l'homme étant lui-même, tant qu'il n'aura pas détruit d'une part la guerre entre hommes, d'autre part la guerre qu'à chaque homme font ses passions mauvaises, il n'aura rien fait ; autrement dit tant que le progrès moral n'existera point, on ne pourra pas dire qu'il y ait aucune espèce de progrès accompli. Or c'est une illusion que de croire qu'aucun progrès moral ait été et soit l'effet du progrès scientifique. La science ne fait, en satisfaisant des besoins, qu'en créer d'autres, en contentant des désirs, qu'en susciter de nouveaux, de même aussi qu'elle ne fait qu'armer les hommes plus puissamment dans leur lutte les uns contre les autres, sans le moins du monde endormir le désir et émousser les stimulants de cette lutte. Elle n'établit donc ni la paix intérieure ni la paix d'homme à homme. Dès lors où est le mieux ? L'homme est-il dans un meilleur état? Non, puisqu'il n'est pas changé. Est-il plus heureux ? Non, puisqu'il n'est pas meilleur. Il est toujours l'être de proie et de combat qui égorge son semblable « pour un morceau de poisson cru ». La seule différence c'est qu'aujourd'hui le poisson est cuit. Plus on examine les prétendus progrès dus à la science, plus on voit qu'ils se ramènent tous à cette différence-là. L'avenir de la science consiste en ce qu'elle donnera aux désirs des hommes des satisfactions de plus en plus grandes et des excitations de plus en plus vives. Compensation très probablement exacte, et par conséquent, comme amélioration, résultat nul. Total égal.

Il ne faut donc pas croire à cette « nouvelle idole » de la science, ni en rien espérer. L'illusion est ici toute naturelle ; car la science change le monde ; mais c'est l'homme qu'il faudrait qu'elle changeât ; et la science ne tourne pas, comme les philosophies ou les religions, dans un cercle éternel ; elle va devant elle, elle marche, à des conquêtes elle en ajoute d'autres qui ne sont pas la destruction des précédentes ; à cause de cela on croit qu'elle fait œuvre. Elle agit en effet, mais elle ne fait rien pour nous, rien dont nous tirions un profit réel. Elle nous est beaucoup plus extérieure que nous ne pensons communément ; car elle change la planète, elle modifie son aspect extérieur, flore, faune, configuration géographique, sans nous changer nous, le moins du monde ; de sorte que ce que nous faisons par elle semble une œuvre gigantesque que nous accomplissons pour le plaisir de témoins sublimes qui nous regarderaient avec curiosité d'un coin de l'espace. Mais ce qui nous revient de tant d'efforts est un pur rien.

Sans doute, nous ne pouvons nous soustraire au travail scientifique ; nous sommes embarqués ; chaque pas que nous faisons nous met dans la nécessité presque physique d'en faire un second ; curiosité d'une part, exigences de la concurrence et de la lutte pour la vie, soit entre hommes, soit entre peuples, d'autre part, nous poussent à poursuivre le travail scientifique indéfiniment ; mais n'ayons pas la candeur de croire qu'il nous mène ni au bonheur moral ni même au bonheur physique ; il nous mène à d'autres façons de désirer, de convoiter, de lutter et de souffrir.

A quoi donc faut-il croire, ou plutôt, car nous voyons bien qu'il n'y a lieu de croire à rien, quel parti faut-il prendre ? Travailler d'abord, pour vivre ; et puis, pour les instants de relâche où l'homme a besoin d'une philosophie et d'une morale, s'entretenir dans des pensées de résignation, ou, si l'on peut, s'élever aux délices de la contemplation artistique. Le premier conseil est « pour tout le monde », le second « pour quelques-uns. » A tout le monde on peut dire : « Essaie d'endurcir ta patience et ton courage. Habitue ton être à subir convenablement ce qui est nécessaire. Évite les contorsions et les agitations grotesques... A la longue, les malheurs humains te paraîtront dans la règle. Le meilleur fruit de la science est la résignation froide, qui, pacifiant l'âme, réduit la souffrance à la douleur du corps. » — Et à quelques-uns on peut dire de plus : « Quand tu auras fait ton coup de fusil et gagné ton repas du soir, laisse les mercenaires battre la plaine ; qu'ils se chargent et qu'au retour ils se gorgent. Quel besoin as-tu d'encombrer ton carnier et d'alourdir ta marche ?... Regarde autour de toi, voici une occupation moins animale : la contemplation. Cette large plaine fume et luit sous le soleil généreux qui l'échauffe ; ces dentelures des bois reposent avec un bien-être délicieux sur l'azur lumineux qui les borde ; ces pins odorants montent comme des encensoirs sur le tapis des bruyères rousses. Tu a passé une heure, et pendant cette heure tu n'as pas été une brute ; tu peux presque te vanter d'avoir vécu. »

Résignation et contemplation, la science et la philosophie de la science ramènent à cette conception de la vie qui a été celle de certains ordres religieux. C'est que la science, quand elle n'est pas dupe d'elle-même, ne peut enseigner à l'homme que la petitesse de l'homme et la vanité de ses efforts et aboutit aux mêmes conclusions que la religion, moins l'espérance.

Quant à l'homme considéré dans la société et quant à la façon dont les hommes doivent s'organiser sur la terre, Taine n'a donné un conseil ni à ses concitoyens, ni à ses semblables. Il croyait, comme c'est le dernier mot de ses *Notes sur l'Angleterre* et comme ç'aurait été sans doute le dernier de ses *Origines de la France contemporaine*, s'il l'avait écrit, que chaque peuple a l'histoire que comportent son organisme physiologique, ses tendances essentielles, les forces intimes et les faiblesses profondes de son tempérament, et qu'il a, par conséquent, à chaque stade de son évolution, le régime politique que comportent et les précédents et le « moment » de cette évolution. Un peuple ne fait pas plus son histoire qu'un homme ne fait sa vie, et peut-être moins encore, à supposer qu'il puisse y avoir du plus et du moins en cette affaire. Nul conseil donc à donner, et il ne peut pas y avoir de politique didactique.

Quant à ses préférences, Taine ne les a point cachées et on les connaît déjà. Les meilleures constitutions politiques, les meilleurs organismes sociaux sont ceux qui sont conformes à la nature. Or la nature a fait les hommes essentiellement inégaux. « Le bon Dieu est aristocrate », disait un homme du peuple, pendant la Révolution, un jour que la pluie contrariait une émeute. On peut dire que la nature est aristocrate. C'est elle qui a mis des différences extraordinaires entre un homme et un autre ; c'est elle aussi qui a prédisposé les hommes à être hiérarchisés par classes. C'est la sélection seule qui fait des hommes supérieurs ; ce n'est que dans une classe, soumise séculairement à un certain régime, que peuvent se recruter les « états-majors » d'une nation. Ce que la nature établit, le cours de la civilisation ne fait que le confirmer et l'accuser davantage : une société qui dure et qui s'élève de l'état rudimentaire à l'état de civilisation n'est autre chose qu'un organisme qui se complique ; un organisme qui se complique comporte, et crée parce qu'il les comporte, la division des fonctions et la subordination des fonctions, c'est-à-dire, en langue politique, la spécialisation et la hiérarchie.

Donc, plus une société est civilisée, plus les citoyens sont forcément spécialisés chacun dans sa fonction et subordonnés, de proche en proche, à des organes de gouvernement superposés les uns aux autres. C'est le régime même des classes intermédiaires dépendantes les unes des autres, ou des « pouvoirs intermédiaires dépendants », dont parlait Montesquieu. Il arrive que dans une société ainsi organisée par la nature même et par la suite du travail des temps, un préjugé, une opinion rationnelle, acceptée avec engouement, introduit le gouvernement de tous par tous. Par définition le gouvernement de tous par tous est contraire à la spécialisation, à la compétence, à la subordination, à la hiérarchie, en un mot à la nature. C'est un gouvernement antiscientifique, antihistorique et antinaturel. Il n'est pas viable et n'a pour effet qu'un affaiblissement, qui peut être assez rapide, du corps social.

Mais encore une fois chaque peuple suit son tempérament et ne peut pas y résister. On peut dire seulement que celui-là est plus heureux que les autres, dont le tempérament propre est plus conforme aux indications générales de la nature, plus conforme à la nature générale de l'humanité. Être exceptionnel en cela est dangereux.

VII

On voit que Taine a donné, avec la probité laborieuse qui était le fond de son caractère, son avis sur la plupart des questions qui intéressent l'humanité moderne. Il l'a donné loyalement, scrupuleusement et tristement. Il était triste. La raison en est assez simple. Il ne croyait pas à la religion, et il n'aimait que la science, sans y croire, ou si l'on aime mieux parler ainsi, il ne croyait qu'à la science et n'en attendait rien.

Ce fut son originalité. Les hommes qui ont été emportés par l'admirable mouvement scientifique du XIX° siècle n'en ont pas été seulement emportés : ils en ont été ravis. Ils y ont mis leur espérance. Ils ont cru tous, plus ou moins, et seulement avec les différences que met dans l'intensité de l'espoir la plus ou moins grande ardeur du tempérament, mais tous ils ont cru que l'amélioration, même morale, que le progrès, que l'ascension, que le « salut » de l'humanité était dans la science et dépendait de ses conquêtes. En un mot la science a été pour eux une foi. Tous ont été des Condorcet, plus ou moins échauffés, plus ou moins candides, plus ou moins réservés. Taine, peut-être seul, a eu, dans la science, la piété sans la foi et le zèle sans la croyance.

Cousin l'avait complètement dégoûté des actes de foi précipités. Comme un autre avait dit : « Je ne ferai pas d'hypothèses », il a dit : « Je ne ferai pas d'acte de foi. » Sa probité même, s'il avait eu besoin d'être arrêté sur cette pente, l'eût retenu. Il voyait dans toute confiance et dans tout abandon à la confiance, quelque chose qui n'est pas éloigné d'un peu de charlatanisme par où l'on trompe les autres en se pipant soi-même. Partant de là, il a promené sur toute chose un regard froid, curieux sans ardeur, diligent sans excitation, acharné sans espoir et à l'avance désabusé.

Que son ton didactique et même tranchant ne trompe pas. Ce n'est pas sa pensée qui est dogmatique, c'est sa méthode. Il croit sa méthode bonne, et c'est la seule chose où il ait confiance ; mais de la science elle-même il ne croit rien, si ce n'est qu'elle est vraie, qu'elle est bornée, qu'elle est nécessaire, et qu'en dernière analyse elle est inutile. Elle est vraie et elle est par cela une satisfaction pour l'esprit ; mais quand elle se résigne loyalement à être *vraiment vraie*, son domaine est si restreint qu'elle cesse de satisfaire les curiosités les plus vives et éternelles de l'esprit. Elle est nécessaire et l'homme ne peut pas cesser de se servir de l'instrument qui l'a fait ce qu'il est ; mais ne l'améliorant pas en son fond, elle n'a qu'une utilité apparente et constitue encore une de ces illusions que l'homme détruit quand il les creuse.

Ainsi, Taine a donné à l'humanité l'exemple du travailleur attaché à une œuvre dont il n'espère aucun résultat. L'impression d'austère tristesse qui reste en nous quand nous avons fini de le relire vient de cette absence de tout enthousiasme, de toute confiance et de tout espoir. Il inspire un pessimisme qui n'a pas même la saveur tonique de l'amertume. Il nous promène dans un monde étroit, dont les avenues lointaines sont interdites à nos curiosités, qui n'est pas beau, qui n'est pas bon, et qui ne deviendra ni plus beau ni meilleur. Les philosophes du XVIIIe siècle, quelques-uns du moins, avaient fait descendre l'espoir du ciel sur la terre ; Taine l'a exilé de la terre sans lui rouvrir le ciel.

Il a eu une très grande influence. Le goût du pessimisme revient périodiquement dans l'humanité. On se lasse de tout, même de l'espérance, comme nous le dit un vers, très isolé, de Lamartine. Il est des périodes où les hommes aiment, pour un temps, à ne pas se bercer, à rester immobiles et pensifs et à goûter « les sombres plaisirs d'un cœur mélancolique. » Si certaines circonstances douloureuses se joignent à ce besoin né de certaines déceptions, en voilà pour nombre d'années.

Après la période romantique, où la mélancolie n'avait guère été qu'une attitude, et qui avait été très féconde en enthousiasmes, en gaietés artistiques et en beaux enivrements, l'âme française s'assombrissait déjà quand Taine commença à écrire ; elle s'assombrit plus encore après 1870 ; Taine fut en conformité avec l'état d'esprit général. Aussi son influence s'insinua-t-elle jusque dans la littérature courante : le roman, depuis 1870, et le théâtre même, depuis 1880, eurent des tendances pessimistes et misanthropiques très marquées. Quoiqu'il n'aimât pas qu'on retrouvât son esprit dans ses productions peu aimées de lui, il est très difficile de ne pas l'y apercevoir.

Ce n'est même pas assez de dire qu'il a eu une influence, il en a eu deux : celle que nous venons de dire et une autre toute contraire. La réaction contre le positivisme et le pessimisme, l'essai de renaissance spiritualiste auquel nous assistons en ce moment doit lui être attribué en partie. Ce sont les hommes très méthodiques et très systématiques qui provoquent les réactions contre leur pensée et qui en sont les véritables auteurs. On ne réagit point contre les esprits ou si souples ou si compréhensifs, qu'ils exposent à la fois la thèse et l'antithèse de leur doctrine, leur pensée et en même temps l'objection qu'elle soulève. Ceux-ci ont des admirateurs, des imitateurs, des lecteurs surtout et en quelque sorte des spectateurs ; ils n'ont très précisément ni des disciples ni des destructeurs. Voltaire n'a eu de disciples et d'adversaires que pour une partie de son œuvre, celle où il fut décisif, tranchant et obstiné. Mais les hommes qui donnent à une pensée générale la forme d'une doctrine, et à cette doctrine la disposition d'un système, qui ramassent et fixent en un monument aux lignes très nettes la matière éparse de toute une conception d'ensemble, ceux-ci ont deux générations qui sortent d'eux, qui sans eux n'auraient pas existé, du moins d'une manière aussi précise : une première de disciples et une seconde de contradicteurs.

Le positivisme — non plus jusqu'à un certain point se combattant lui-même, ou, du moins, s'amplifiant jusqu'à faire oublier aux esprits inattentifs la netteté de ses lignes primitives, j'entends celui d'Auguste Comte ; mais se contractant et se ramassant sur lui-même et se présentant aux hommes dans toute sa rigueur et dans la sécheresse de ses définitions rigoureuses, j'entends celui de Taine — devait avoir son école et créer une école adverse : ses disciples résolus, sachant bien ce qu'ils défendaient ; et ensuite ses adversaires décidés, sachant bien ce qu'ils voulaient combattre ; et il était le père des uns et l'aïeul des autres.

Le mouvement intellectuel dont Taine est le point de départ a donc été très considérable et occupe une grande place dans l'histoire de la pensée européenne. L'avenir nous en dira les suites lointaines. Pour le moment, c'est une gloire suffisante pour un homme né en 1828, que le mouvement qui part de lui soit, en 1899, une des préoccupations de l'esprit humain.

ERNEST RENAN

Ernest Renan semble avoir été mis au monde « par décret nominatif de la Providence », — pour lui emprunter une de ses formules, — afin de montrer aux hommes ce que c'est que l'*intelligence*, en donnant à ce mot tout son sens ; de quelle souplesse elle est capable ; quelles extensions successives elle peut prendre ; quelle action elle peut avoir même sur le caractère ; quelles transformations naturelles elle peut subir ; à quels jeux elle peut se livrer ; dans quels écarts même, passagers, rapides, elle peut donner.

Personne ne fut plus que Renan, pour parler comme à l'époque classique, un homme d'*esprit*. Il était né pour avoir des idées et ne jamais se lasser d'en avoir, pour comprendre toutes les idées des autres et ne jamais se lasser de les comprendre, au moins aussi bien qu'eux ; pour vivre aisément, voluptueusement, et comme en son élément naturel, de la vie spirituelle la plus intense, la plus compréhensive, et, de quelques contradictions qu'elle fût pleine, dès qu'il le voulait la plus harmonieuse. Un homme chez qui l'intelligence l'a emporté sur toutes les autres facultés et a dominé l'être tout entier, c'est Renan.

Son caractère, son premier caractère, car il en eut

au moins deux, ne s'y opposait pas trop. Il était doux, timide, patient et entêté. C'était de quoi tenir tout d'abord infiniment à ses idées, ce qui est un moyen de ne jamais en avoir. Mais il était curieux extrêmement, et d'une probité intellectuelle, aussi bien que morale, très forte. La curiosité et la probité sont même les deux sentiments qu'il a le plus honorés, preuve qu'il les sentait très puissants en lui. Il a toujours appelé la science une « haute curiosité », et il semble que c'est surtout à titre de curiosité qu'il la vénère ; et l'acte dont il s'est le plus loué toute sa vie, et que du reste il a renouvelé plus d'une fois, est un acte de probité courageuse et de haute loyauté. — C'est ce caractère, très beau d'ailleurs, que je dis qui n'a pas trop gêné tout d'abord l'essor de son intelligence conquérante. Assez curieux pour s'enquérir de toutes les idées, assez intelligent pour les saisir et pour en mesurer d'abord toute la portée, assez entêté aussi pour ne pas se détacher facilement de ses idées anciennes ; restait qu'il gardât toutes ses anciennes idées en en acquérant sans cesse de nouvelles, qu'il élargît ainsi indéfiniment le cercle de ses conceptions, qu'il accueillît toujours sans jamais éliminer, jeu où ce qu'il y avait de puissant dans son intelligence trouvait son compte et où ce qu'il y avait d'alerte dans son intelligence trouvait son plaisir ; et qu'enfin il devînt comme l'arène pacifique où toutes les idées possibles se jouent, se battent ou se groupent.

Et telle fut à peu près sa destinée, qui est celle d'un esprit s'enrichissant sans cesse, jouissant de ses richesses jusqu'à y prendre un certain goût de somptuosité et de faste, jouissant surtout de les acquérir et de les entasser sans confusion ; mais s'en faisant quelquefois un amusement. La vie de Renan, c'est une intelligence faisant fortune et qu'on surprend quelquefois en bonne fortune.

I

Il commença par la foi chrétienne dans toute sa pureté et dans toute sa rigueur. Il croyait avec naïveté, ardeur et joie. Ses premiers maîtres, qui furent des prêtres catholiques, lui inspirèrent une vénération et un attachement dont la religion bénéficia et qu'il ne cessa jamais tout à fait d'avoir pour elle ; car ses sentiments, tout comme ses idées, étaient tenaces et faisaient une place aux nouveaux arrivants, mais ne quittaient pas pour cela la maison. — Ce qu'il croyait dans la religion, c'était toute la religion, comme on la lui enseignait, et cela devait passer ; mais ce qu'il aimait dans la religion, et cela devait ne passer jamais, c'était l'élévation morale, l'austérité, la pureté, l'habitude de vivre avec une idée pure, de l'aimer, de s'en entretenir perpétuellement et de n'avoir pas besoin d'autre chose. Il y a des parties dans la religion qu'il ne me semble pas que Renan ait jamais senties très profondément. Ni la charité, ni l'humilité, ni l'instinct de fraternité humaine ne paraissent avoir été embrassés très ardemment par lui, encore qu'il ait connu ces sentiments. Mais le recueillement de l'âme en face, ou plutôt au sein du mystère, une vie intérieure très riche, très silencieuse et un peu jalouse, la retraite dans la contemplation : voilà ce qui prenait Renan d'une forte étreinte, ce qui a laissé sur lui une marque éternelle. La religion, pour lui, c'était « l'adoration perpétuelle », et il n'a jamais cessé entièrement d'être de cette religion-là.

Joignez-y un certain goût de la *dignité*. La religion, l'état ecclésiastique surtout, mais l'état d'âme religieux lui-même, étaient pour Renan une distinction. L'horreur de la vulgarité, des trivialités, des amusements grossiers, des plaisirs faciles, de l'habitude de penser bassement, de tout ce qui est un peu gros et un peu bête, était la moitié de la religion de Renan jeune. Il nous dit que, tout enfant, il ne se plaisait pas avec les garçons, craignait leurs jeux bruyants et leurs cris de joie, se plaisait mieux avec les petites filles tranquilles, sages et proprettes. L'influence des femmes, de sa mère d'abord, de sa sœur ensuite, fut immense sur lui. Son âme fut toujours féminine par bien des côtés. Il aima la religion un peu comme les femmes l'aiment et pour les raisons qui font qu'elles l'aiment. Il voyait, soit dans le prêtre, ou simplement dans l'homme religieux, un être qui se sépare du commun, un élu de lui-même qui se fait une place à part, qui cultive en soi certaines qualités d'esprit et d'âme par où il s'isole pour s'épurer. Non seulement cela n'est pas bien démocratique, mais cela risque un peu de n'être pas très chrétien; mais il y a tant de façons très diverses de comprendre une religion et surtout de la sentir! Celle-là était la sienne. Il était d'Église. Dans la vaste humanité, un peu confuse et trouble, il lui plaisait de voir, circonscrite, retirée à une certaine hauteur, une société d'esprits, non point raffinés, mais graves, réfléchis, réservés, et comme pudiques, disant un peu au reste du monde : *noli me tangere;* et il ne lui déplaisait point d'appartenir à une société ainsi faite.

Il était doux, il était bon, il était tendre ; il n'était rien moins que familier. Sa timidité fière et un peu ombrageuse s'y opposait. Il lui faudra trente ans de succès et de caresses de la fortune et du monde venant le chercher, non pas pour qu'il le devienne, mais pour qu'il s'efforce et affecte un peu de le paraître, sans l'être jamais. La religion était pour lui une sélection, un moyen de se tenir un peu à l'écart pour se préserver des contacts rudes et des contagions avilissantes. Il y a des âmes qui ont comme un épiderme très sensible, et pour elles ce que nous appelons la société est une manière de promiscuité. Presque en tous les temps, — et les religions à « mystères » et les philosophies ésotériques de l'antiquité sont là pour nous en faire certains, — les âmes de cet ordre ont cherché, au sein de la société proprement dite, une société religieuse, et au sein même de la société religieuse un sanctuaire plus réservé, plus ou moins défendu, plus ou moins cloîtré, aux bruits plus doux, aux gestes plus lents, à l'atmosphère plus calme, où la pensée, fût-elle la même, semble plus pure, comme étant plus pénétrée de silence. La religion catholique et l'état ecclésiastique furent pour Renan jeune une espèce d'Orphisme.

Et enfin ses instincts d'artiste y rencontraient une satisfaction qu'ils ne trouvèrent jamais nulle part autant que là, et qu'aussi bien ils y retrouvèrent toujours. Son esprit fut français ; il a même dit gascon ; mais son âme fut toujours bretonne, septentrionale plutôt ; sa conception du beau, son goût poétique a toujours eu quelque chose d'antipathique au Midi. Il n'a jamais aimé franchement la littérature classique, même antique ; et il a vraiment répugné à la littérature française antérieure à Chateaubriand. Chez les modernes mêmes l'éclat violent de Victor Hugo l'a blessé. Un art un peu pâle et triste, évoquant des mers brumeuses, des côtes aux rochers noirs, des forêts mystérieuses, convient mieux à sa nature d'esprit. Quand il devient poète lui-même, il rappelle Ossian : « Je suis né, déesse aux yeux bleus, de parents barbares, chez les Cimmériens bons et vertueux qui habitent aux bords d'une mer sombre, hérissée de rochers, toujours battue par les orages. On y connaît à peine le soleil ; les fleurs sont les mousses marines, les algues et les coquillages coloriés que l'on trouve au fond des baies solitaires. Les nuages y paraissent sans couleur, et la joie même y est un peu triste ; mais des fontaines d'eau froide y sortent du rocher et les yeux des jeunes filles y sont comme ces vertes fontaines où, sur des fonds d'herbes ondulées, se mire le ciel... J'entendis, quand j'étais jeune, les chansons des voyages polaires ; je fus bercé au souvenir des glaces flottantes, des mers brumeuses semblables à du lait, des îles peuplées d'oiseaux qui, prenant leur vol tous ensemble, obscurcissent le ciel... »

Ce goût, cet instinct artistique trouvaient un élément et un entretien dans la religion catholique telle qu'elle était pratiquée dans sa chère Bretagne. Ni le catholicisme méridional avec ses pompes somptueuses, son appareil d'opéra, ses dorures criardes, ne lui aurait agréé ; ni, non plus, le catholicisme mêlé d'humanisme, littéraire, élégant, se plaisant aux jolis vers latins, fidèle aux traditions des Jésuites, et quand il rencontra cette forme particulière d'éducation religieuse, chez M. Dupanloup, à Saint-Nicolas-du-Chardonnet, il en fut profondément blessé, scandalisé, humilié comme chrétien, froissé comme artiste, et en garda toujours contre la religion mondaine d'une part, d'autre part contre l'éducation classique, purement littéraire, comme une manière de ressentiment.

Mais il existe un esprit catholique d'une tout autre

sorte, sérieux jusqu'à l'austérité, mélancolique jusqu'à la tristesse, dans lequel survit la profonde poésie du moyen âge. C'est celui dont nos cathédrales gothiques sont comme les témoins égarés et nous donnent, au milieu de nos villes modernes, la sensation étrange. Ce catholicisme-là est plus poétique et fait pénétrer en nous plus profondément que tout Ossian et que tout Shakespeare la poésie propre aux races septentrionales ; et c'est de celui-là et de la poésie qu'il contient que Renan se remplit jusqu'au fond de l'âme dans sa ville d'enfance, « vieille ville épiscopale, riche en poétiques impressions, grande cité monastique à la façon galloise et irlandaise » ; dans sa cathédrale hardie, aventureuse et troublante comme un rêve : « La cathédrale, surtout, très bel édifice du xiv° siècle, avec ses nefs élevées, ses étonnantes hardiesses d'architecture, son joli clocher prodigieusement élancé, sa vieille tour romane, reste d'un édifice plus ancien, semblait faite exprès pour nourrir de hautes pensées. Le soir on la laissait ouverte fort tard aux prières des personnes pieuses ; éclairé d'une seule lampe, rempli de cette atmosphère humide et tiède qu'entretiennent les vieux édifices, l'énorme vaisseau vide était plein d'infini et de terreurs. »

Les premiers instincts, les plus forts, d'Ernest Renan : rêve indéfini s'égarant de pensée en pensée jusqu'aux profondeurs du ciel, comme de flot en flot jusqu'à l'horizon de la mer armoricaine ; goût de recueillement loin des foules bruyantes et vulgaires ; soif de quelque chose qui soit à la fois sans borne, sans définition précise et très mystérieux et très doux, trouvaient là leur aliment, leur entretien, leur patrie et leur repos : « Ces temples me plaisaient ; je n'avais pas étudié ton art divin ; j'y trouvais Dieu. On y chantait des cantiques dont je me

souviens encore : « Salut, étoile de la mer ; reine de
« ceux qui gémissent..., rose mystique, tour d'ivoire,
« étoile du matin. » Tiens, Déesse, lorsque je me rappelle ces chants, mon cœur se fond. Pardonne-moi ce
ridicule ; tu ne peux te figurer le charme que les magiciens barbares ont mis dans ces vers, et combien il m'en
coûte de suivre la raison toute nue. »

Tel fut Renan catholique. Spiritualisme profond,
besoin d'appartenir à quelque chose qui ne soit pas la
foule humaine, sens artistique tourné vers une beauté
mélancolique et grave, voilà de quoi était fait son catholicisme, en dehors de la foi apprise et héritée. — Et
nous verrons peut-être que, sauf la foi héritée et
apprise, tout lui en est resté, même quand il y eut
ajouté beaucoup d'autres choses.

II

La foi tomba quand il l'analysa, quand il y appliqua,
non plus seulement sa sensibilité, mais son intelligence. Le christianisme est fondé sur la connaissance
du cœur humain, sur la médication des maladies de
l'âme que la connaissance du cœur humain lui a enseignée, sur les règles et préceptes de conduite intérieure
et extérieure, personnelle et sociale qu'il a donnés au
monde ; — c'est là son fondement moral, très profond,
d'une solidité presque inébranlable et très probablement indestructible.

Il est fondé, d'autre part, sur l'idée providentielle,
sur cette idée que Dieu, qui est bon, s'occupe de l'humanité, intervient dans sa vie par des actes de faveur et

de grâce qui sont des infractions aux lois universelles de la nature, et est intervenu particulièrement en personne par la première et la seconde révélation ; — et c'est là le fondement proprement théologique du christianisme.

Il est fondé enfin sur sa suite même, sur ce que, de toute mémoire d'humanité, il a été annoncé par des prophéties, vérifié par l'accomplissement des prophéties, manifesté par la venue du Christ et son passage sur la terre, vérifié par l'authenticité et la concordance des histoires relatives à la venue du Christ, etc. ; — et c'est là le fondement historique du christianisme ; c'est le christianisme présenté comme une série de faits qui sont prouvés, qui concordent et, partant, qui forment un système recevable à la raison.

Les études que fit Renan au séminaire l'amenèrent à mettre en doute la légitimité de ce dernier fondement ; les études qu'il fit ensuite firent qu'il rejeta le second ; il n'a jamais eu un doute sur le premier.

L'exégèse, où il s'appliqua de toute l'ardeur et avec toute la loyauté d'esprit dont il était capable, eut pour lui ce résultat, qu'il crut voir que le christianisme n'était pas fondé en fait. Cette authenticité et cette concordance des témoignages qu'on lui montrait, il les trouva factices et forcées. D'abord il n'y trouva que des probabilités, ce qui est insuffisant pour l'affirmation ; puis il n'y trouva plus même de probabilités assez fortes. Il arriva à cette conclusion : le christianisme n'est pas démontré par l'histoire ; il ne doit pas essayer de se démontrer par l'histoire. Ce n'en était pas assez pour n'être plus chrétien, c'en était assez pour n'être pas prêtre. Car le prêtre catholique doit démontrer le catholicisme et par sa morale et par sa théologie et par son histoire, et la démonstration historique du catholicisme fait partie du dogme. Désespérément, courageusement, Renan renonça aux ordres. Il était encore chrétien, dans le sens un peu large du mot, sans doute ; mais beaucoup plus que ne le sont bien des hommes qui fermement croient l'être.

Mais l'avidité de son intelligence et la tournure même d'esprit que ses études théologiques lui avaient donnée le jetèrent dans les lectures et les méditations philosophiques. Il y trouva assez vite (et probablement tout d'abord) un principe qui le frappa par son air de justesse, qui eut pour lui, dès qu'il lui apparut, et qui garda toujours pour lui le caractère de l'évidence. C'est le grand principe rationaliste que « Dieu n'agit pas dans le monde par des volontés particulières. »

Cette idée, qui est d'un chrétien, Malebranche, d'abord n'est pas prouvée, ensuite contient en elle-même l'antichristianisme, et l'exclusion même de toute religion, et, pour parler franc, l'athéisme lui-même.

Elle n'est pas prouvée ; elle est trop générale pour l'être. Que jamais aucun de nous n'ait vu un acte contraire aux lois de la nature s'accomplir et par conséquent avoir pour agent un être libre et puissant qui a des volontés particulières, je ne songe pas à le contester ; que jamais un fait contraire aux lois de la nature ne se soit produit devant une académie des sciences, comme Renan aimait à le répéter, d'accord aussi ; mais que *jamais*, et songez à ce que veut dire jamais, un fait contraire aux lois de la nature ne se soit produit, nous n'en savons rien du tout ; et il est d'un dogmatisme effréné de le dire. Oui, certes, quand ce que nous connaissons de l'histoire du monde se réduit, comme connaissance un peu précise (et fort peu détaillée) à trois cents ou quatre cents ans, et quand, comme Renan l'a dit très spirituellement lui-même, « ce qu'on appelle l'histoire est l'histoire de la dernière heure, comme si pour comprendre l'histoire de France nous en étions réduits à connaître ce qui s'est passé depuis une dizaine d'années. » Et oui, certes, quand, du reste, ce que nous connaissons des « lois invariables de la nature » est tout aussi borné et tout aussi fuyant sous nos prises que ce que nous savons de l'histoire du monde. Il est assez curieux de voir un homme abandonner le christianisme parce qu'il n'est pas prouvé historiquement, et s'emparer, pour y fonder sa conviction, d'un principe qui ne peut être prouvé qu'historiquement et qui ne l'est pas et qui ne le sera jamais. Ce principe, très satisfaisant du reste pour la raison, n'en est pas moins une simple affirmation, comme toutes les idées si générales qu'elles dépassent les bornes du contrôle humain.

Il faut remarquer de plus, comme j'ai dit, qu'il contient l'exclusion de toute religion, même naturelle, et conduit au pur athéisme, ce que Malebranche n'a pas remarqué, mais ce dont Renan a très bien fini par s'apercevoir. Si Dieu n'agit jamais par des volontés particulières, ce n'est point à dire qu'il n'existe point ; mais il est pour nous comme s'il n'était pas ; il se confond avec ces lois invariables de la nature où on l'emprisonne ; il n'est plus qu'elles : il est la loi des lois, la loi suprême ; mais rien qu'une loi. Le Dieu vivant n'existe plus. Et les hommes n'ont jamais adoré qu'un Dieu vivant, qu'un Dieu providentiel, qu'un Dieu qu'on peut prier, qu'un Dieu à qui l'on peut demander quelque chose, qu'un Dieu, par conséquent, capable d'agir par des volontés particulières. Toute religion est cela même ; la confiance en un être que la nature n'asservit pas et qui peut quelque chose pour nous. — Et, sans doute, ce Dieu est un Dieu de païens, nous le savons parfaitement ; sans doute ce Dieu, tant qu'il ne sera pas dépouillé de toute puissance gracieuse ressemblant au caprice humain, aura quelque chose de l'ancien fétiche ; sans doute on n'échappe pas complètement au paganisme tant qu'on prie et tant qu'on espère ; mais il faut savoir aussi qu'à ce compte on n'échappe complètement au paganisme que par l'athéisme pur et simple, ou du moins par un athéisme pratique, qui, sans nier Dieu, l'ignore, et à force de l'abstraire des préoccupations de l'âme en perd absolument la pensée. Un esprit subtil et raffiné se tire peut-être de ces difficultés par des adresses de dialectique ou d'abstraction ; et nous verrons assez cela ; mais l'humanité, ou croira au Dieu providentiel, ou cessera de croire en Dieu.

Au fond même, cette affirmation que Dieu n'agit point par des volontés particulières, quand on n'y échappe pas après l'avoir eue, comme a fait Malebranche, par des distinctions entre Dieu le père et Dieu le fils, quand on l'accepte pleinement et sans détour, et sans retour, elle est le signe qu'on ne croit plus. On ne l'aurait pas si l'on croyait encore ; car on ne croit pas en Dieu sans se le figurer, et l'on ne se le figure pas sans le voir plus ou moins comme un être vivant, comme un être agissant d'une manière analogue à notre façon d'agir, comme un être qui nous ressemble. L'infirmité de notre conception n'est pas la mesure de notre croyance, mais elle en est la marque. Si nous concevons Dieu un peu bassement, c'est que nous l'*imaginons*, avec notre imagination débile ; mais si nous ne l'imaginions pas, c'est que nous aurions cessé d'y penser. On peut considérer la négation du Dieu providentiel comme la limite extrême où cesse le Déisme convaincu, et comme le signe que Dieu s'est retiré de l'âme. « Tu ne me chercherais pas si tu ne m'avais pas déjà trouvé », disait Dieu à Pascal. « Tu ne me verrais qu'agissant si tu songeais à moi », dirait Dieu à l'homme qui cesse de croire.

Quoi qu'il en soit, c'est à cette limite qu'était arrivé Renan, et, cette fois décidément, il n'était plus chrétien. Mais nous allons voir que tout ce qu'il avait trouvé de particulièrement beau et précieux dans le christianisme, que tous les sentiments que le christianisme avait fait naître ou avait développés en lui, il trouva le moyen comme de les transporter dans un autre culte.

C'était en 1848, c'était l'époque où il écrivait l'*Avenir de la Science*, publié seulement quarante ans plus tard. Il était tout rempli alors de philosophie allemande, de science allemande et de « libéralisme » français. Fichte lui enseignait le culte de la science; Herder la philosophie de l'histoire ; Hegel la théorie du « devenir » et de l'éternelle transformation ; le libéralisme français une confiance généreuse dans les promesses de l'avenir. Il accueillit tout cela, en donnant à tout cela un tour particulier, en y faisant pénétrer, pour ainsi parler, la plupart des sentiments qu'il avait jusque-là appliqués à sa religion et qui se trouvaient comme sans emploi. La Science fut pour lui ce qu'avait été jusqu'alors la Foi. Il l'embrassa avec ferveur, avec une confiance absolue et avec une espérance sans bornes. Elle fut sa nouvelle divinité.

Ce ne sont pas ici des métaphores. Les termes qu'il employait à cette époque, en parlant d'elle, sont d'un croyant si enthousiaste qu'il en est jaloux et impérieux. Il méprise la science qui n'est qu'utile ; il somme ce Dieu de nous donner le grand secret, d'être révélateur *comme l'était l'autre ;* il lui dit qu'il n'est rien s'il n'est tout ; il lui enjoint d'atteindre et d'ouvrir l'infini : « *La science ne vaut qu'autant qu'elle peut remplacer la religion...* Je ne connais qu'un seul résultat à la science, c'est de résoudre l'énigme, c'est de dire *définitivement* à l'homme le mot des choses, c'est de lui donner le symbole que les religions lui donnaient tout fait et qu'il ne peut plus accepter. » — « La science ne vaut qu'autant qu'elle peut rechercher ce que la révélation prétend enseigner. Si vous lui enlevez ce qui fait son prix, vous ne lui laissez qu'un résidu insipide. Je félicite les bonnes âmes qui s'en contentent. Pour moi, dès qu'une doctrine me barre l'horizon, je la déclare fausse ; je veux l'infini seul pour perspective. » — On retrouve ici l'homme des solutions définitives et des vérités absolues, l'homme qui ne souffre pas l'inconnaissable et qui n'admet pas qu'une doctrine n'explique que quelque chose ; l'homme qui veut et qui exige la solution totale. Seulement, il la recevait tout à l'heure de la religion et la demande maintenant à la science. L'orientation a changé, l'homme est resté le même. Il n'est que lévite d'un autre autel.

Aussi bien, écoutez-le : il prie encore. L'hymne s'échappe de ses lèvres pour la nouvelle idole : « ... Si je voyais une forme de vie plus belle que la science, j'y courrais... Oh ! Vérité, sincérité de la vie ! O sainte poésie des choses, avec quoi se consoler de ne pas te sentir ? Vivre ce n'est pas jouer avec le monde pour y trouver son plaisir ; c'est consommer beaucoup de belles choses, c'est être le compagnon de route des étoiles, c'est savoir, c'est espérer, c'est aimer, c'est admirer, c'est bien faire. Celui-là a le plus vécu qui, par son esprit, par son cœur et par ses actes a le plus adoré. »

Dès lors la volte-face est accomplie. Tout ce que Renan espérait de la religion, il va l'espérer de la science ; tous les hommages qu'il rendait à celle-là, il va les adresser à celle-ci ; tout l'office qu'il attribuait à celle-là, l'autre en est investie. La science organisera scientifiquement l'humanité comme la religion a essayé de l'organiser théocratiquement ; « organiser scientifiquement l'humanité, tel est le dernier mot de la science moderne, telle est son audacieuse, mais légitime prétention. » La raison doit gouverner le monde. Si elle n'y prétendait, à quoi prétendrait-elle ? Si on s'y opposait, par quoi voudrait-on donc être gouverné ? Une raison qui ne voudrait pas être directrice de l'humanité confesserait qu'elle a quelque chose au-dessus d'elle : revenons à la religion. Une humanité qui n'accepterait pas d'être gouvernée par la raison réclamerait par cela même une religion pour se laisser conduire par elle. Il y a le choix, il n'y a pas de milieu. Ou plutôt il n'y a ni choix ni milieu. La religion a fini son œuvre ; c'est à la raison de faire la même autrement ; il faut l'investir de la même autorité que la religion posséda naguère. Autrement dit, Renan est resté prêtre, il a toujours les mêmes « prétentions, » les mêmes exigences, les mêmes sentiments et le même ton ; ce n'est que sa divinité qui n'est plus la même.

Aussi la société idéale qu'il avait rêvée, il la rêve encore, toute semblable, avec cette différence seulement que ce ne sont plus les prêtres, mais les savants qui sont à sa tête. Un clergé de savants, voilà ce qu'il réclame maintenant: « Les temples de cette doctrine, ce sont les écoles, où les hommes se réunissent pour prendre ensemble l'aliment suprasensible. Les prêtres, ce sont les philosophes, les savants, les artistes, les poètes, c'est-à-dire les hommes qui ont pris l'idéal pour la part de leur héritage et ont renoncé à la portion terrestre. » — Ce clergé doit être à la fois église et gouvernement ; il doit enseigner et commander ; il doit éclairer et administrer ; il doit être et la lumière et la loi. « L'idéal d'un gouvernement serait un gouvernement scientifique où des hommes compétents et spéciaux traiteraient les questions gouvernementales comme les questions scientifiques et en chercheraient rationnellement la solution. Jusqu'ici c'est la naissance, l'intrigue ou le privilège du premier occupant qui ont généralement conféré les grades aux gouvernants. Je ne sais si un jour... le gouvernement ne deviendra pas le partage naturel des hommes compétents, d'une sorte d'académie des sciences morales et politiques. » C'était la conception du « nouveau pouvoir spirituel, » si cher, non seulement à Saint-Simon, mais à presque tous les penseurs de 1825 à 1848, qui s'emparait de Renan, qui, en vérité, n'avait pas grand'peine à s'emparer de lui ; car il l'apportait comme toute faite de son ancienne Église dans son Église nouvelle. Prêtres de Dieu, prêtres de la science, c'étaient toujours pour lui « les serviteurs de l'idéal, » qui, par leur dignité, par leur supériorité morale, par leur mépris des choses vulgaires et un peu des hommes du commun, constituant chez eux une vocation, étaient désignés au gouvernement du monde.

Et Renan ne faisait même pas la distinction, que d'autres établissaient ou à laquelle ils se résignaient, entre le pouvoir temporel et le pouvoir spirituel ; il les confondait volontairement tous les deux et les assemblait sur les mêmes têtes. Prêtre devenu savant, il organisait ou esquissait une *théocratie scientifique*. La Révolution lui apparaissait comme la transmission des pouvoirs du gouvernement religieux au gouvernement de la raison.

Ce n'est pas qu'il n'y eût dans ce manuscrit de l'*Avenir de la Science*, où Renan déposait en 1848 tous ses rêves, tous ses projets, et toute sa pensée sur l'organisation du monde nouveau, bien des réserves et des demi-rétractations. Jamais Renan, depuis qu'il eut quitté la foi religieuse, n'a eu de dogmatisme sans tempéraments. Il se disait déjà que peut-être la foi au progrès indéfini par la raison est-elle un leurre, que peut-être les préjugés sont nécessaires, qu'il semble même qu'eux seuls ont la vraie force à conduire ou à pousser les masses, que la raison semble éclairer sans échauffer et animer, sans donner la puissance d'agir ; que s'il en était ainsi, « le légitime développement de l'humanité » aboutirait à en être la dégradation ; qu'elle serait condamnée à chercher le vrai pour obéir à sa propre loi qui est le progrès rationel, et à languir ensuite pour l'avoir trouvé, *quærens lucem, ingemens reperta*; qu'ainsi elle « serait engagée dans une impasse » où il lui est inutile de persévérer, et où il était même inutile qu'elle entrât.

Mais ces réflexions ne se présentaient que comme fugitivement à son esprit ; et son optimisme rationaliste reprenant aussitôt le dessus, il s'écriait : oui, au fond, notre doctrine n'est pas sûre d'elle-même, ne peut pas prouver qu'elle est la plus sûre ; elle s'affirme comme légitime plus qu'elle ne se démontre comme salutaire ; elle a un peu « le mérite » ou plutôt le caractère « de la foi, qui croit sans avoir vu » ; l'optimisme qu'elle contient est comme une « générosité faite à Dieu en toute gratuité » ; mais qu'importe encore ? « Je verrais l'humanité crouler sur ses fondements, les hommes s'égorger dans une nuit fatale, que je proclamerais encore que la nature humaine est droite et faite pour le parfait, que les malentendus se lèveront et qu'un jour viendra le règne de la raison et du parfait. »

Tel était l'état d'esprit de Renan à cette époque. Il était un savant pieux et presque un savant mystique. Dans le temple de la science, il transportait toutes les vertus religieuses, et à la science il attribuait tous les caractères de la religion : force moralisante, force gouvernante, certitude, infaillibilité ; et de la science il était le ministre passionné, impétueux, presque intolérant et presque extatique, comme il avait voulu l'être de Dieu.

III

Mais de quelle science ? — De la science totale, qui va de l'histoire naturelle à l'histoire de l'homme et de l'histoire de l'homme à la métaphysique. — Mais encore, car il faut choisir ? — Soit. Eh bien, la science que Renan prendra pour sa part, ce sera la science de l'homme par l'histoire, la science des développements successifs de l'esprit humain étudiés avec toutes les lumières des découvertes historiques et des méthodes historiques nouvelles. Ce n'est sans doute pas là toute la science ; mais c'en est le centre. Si la science doit être ou doit devenir une religion, il faut qu'elle soit avant tout une révélation faite à l'homme de ses destinées. La révélation divine étant écartée, ce qui reste c'est que l'humanité se révèle à elle-même par la connaissance de soi, par la connaissance de ce qu'elle a été menant à celle de ce qu'elle doit être. Le savant doit être avant tout un historien, un *philologue* (dans le sens le plus étendu du mot, c'est-à-dire un expert en esprit humain d'après les monuments et témoignages les plus éloignés et les plus récents), et la science doit avoir une base historique et philologique qui ne sera jamais assez large.

Vue très profonde et qui explique la passion toute moderne des hommes pour l'histoire générale. L'histoire chez les anciens est nationale et n'a pour but que de constituer et confirmer la cité par le souvenir des gestes des ancêtres ; l'histoire chez les modernes est générale, et, autant qu'elle peut l'être, universelle, depuis surtout que la foi décline, parce qu'avec la foi les hommes n'ont besoin que de la foi pour savoir leur but, la foi manquant, ils ont besoin de chercher l'indication de leur but dans le chemin parcouru déjà. Renan sera donc prêtre de la science en étant historien de l'esprit humain, et cette histoire de l'esprit humain, il l'étudiera spécialement dans les grands changements religieux qui sont arrivés dans l'humanité. Ce sera sa tâche propre.

Cependant, il lui est dur de renoncer absolument à toute spéculation métaphysique. Il sait bien que, logiquement, il devrait s'interdire les recherches de ce genre ; le point de vue nouveau où il s'est placé le lui défendrait. Si le mot du grand problème est dans la connaissance complète de l'histoire, tant que cette connaissance sera fragmentaire, la métaphysique n'est pas atteinte et ne doit pas être tentée. La religion est une métaphysique complète précisément parce qu'elle est une révélation intégrale donnée par celui qui sait tout ; elle est une métaphysique parce qu'elle n'est pas humaine. Mais, pour tirer une métaphysique de la connaissance de soi-même et de ses entours, l'humanité devra attendre qu'elle sache tout d'elle-même et même tout de tout. La métaphysique est ajournée jusqu'au développement définitif et même surhumain de l'humanité.

Renan n'a pas le courage de remettre à de si lointains successeurs l'élaboration de la métaphysique. Justement parce qu'il a des habitudes d'esprit religieuses, il ne peut se résoudre à n'être aucunement métaphysicien. Après tout, si la métaphysique doit, en effet, être le couronnement de toutes les sciences quand elles seront faites, sur les sciences telles qu'elles sont on peut bâtir une métaphysique provisoire, qui sera suivie d'une autre et d'une autre encore. Seulement, elles devront ne pas se croire définitives, ne se tenir que pour pierre d'attente, et, à dire le mot, se constituer sans croire à elles-mêmes, et subsister sans croire qu'elles existent. — Renan sera donc métaphysicien et historien, historien en croyant fermement à l'histoire, métaphysicien sans croire à la métaphysique. Deux tâches : l'une très sérieuse, qui consistera à savoir comment l'esprit humain a pu passer de l'antiquité au monde moderne et opérer sur lui-même une révolution si profonde : *Origines du Christianisme* ; — l'autre très brillante à laquelle on donnera un coup d'œil et quelques heures de méditation de temps en temps : spéculations de philosophie générale.

Ainsi Renan régla sa vie vers 1850 ; et il n'a pas dévie de son programme jusqu'à sa mort. A ce régime sa pensée s'agrandit et s'assouplit. L'étude des petits faits contre-balancée par le goût persistant des idées générales, l'élaboration des idées générales accompagnée des travaux minutieux de l'érudition, est une excellente discipline d'esprit. Dans cette intelligence ainsi remuée, exercée et aérée constamment, un ensemble, sinon un système d'idées générales se forma où entraient toutes les anciennes conceptions et aussi tous les anciens sentiments d'Ernest Renan et où de nouvelles idées et de nouvelles façons de sentir trouvaient leurs places.

Cette philosophie, volontairement assez flottante, mais permanente en ce sens que Renan y revient toujours, quelquefois par les chemins les plus détournés, a pour point de départ l'idée de progrès et pour point d'aboutissement le perfectionnement moral de l'homme. Le progrès existe : il existe partout, dans l'histoire matérielle du monde comme dans l'histoire de l'humanité, comme dans l'histoire personnelle de chacun de nous. L'essence de ce progrès, c'est un effort pour exister d'une façon de plus en plus organisée et harmonieuse. Ce que les hommes appellent création est un élan, un essor, un *nisus* de la matière qui veut sortir du chaos et entrer dans un état eurythmique. — C'est ce que Gœthe avait dit d'un mot si profond dans le *premier Faust :* « Au commencement était le verbe... Non. Effaçons. Au commencement... *au commencement était l'action.* » — Toute naissance d'être est même chose, un mouvement en avant vers la lumière, une soif de jour. Toute naissance d'espèce est même chose encore, un effort pour exister d'une manière plus forte, plus organisée, plus complète. De tous ces efforts multipliés et accumulés s'est formée la hiérarchie des êtres qui remplissent le monde. La vie universelle est une ascension. Elle s'élève du minéral où elle dort à la plante où elle sommeille, à l'animal où elle palpite, à l'homme, où enfin elle prend conscience d'elle-même. Une fois là elle devient morale, c'est-à-dire que sachant ce qu'elle est, elle cherche à être davantage, non plus, comme tout à l'heure, par un mouvement aveugle, mais par une combinaison de réflexions, de comparaisons, de souvenirs et d'aspirations précises. En ce sens l'homme est la conscience de l'homme et la conscience de l'univers. D'une part, il est le point d'aboutissement où l'univers prend conscience de lui-même, d'autre part il est le seul être qui réfléchisse sur lui-même et sur le monde. L'homme est l'âme de l'univers ; il est le terme où le *nisus* universel aboutit pour savoir qu'il existe et se rendre compte de ce qu'il est. Être conscient, c'est donc la dignité la plus haute qui existe ; c'est elle qui nous crée nos devoirs ; nos devoirs sont nos obligations envers l'âme du monde que nous portons en nous.

Ce *nisus* universel s'arrête-t-il à l'homme, comme nous semblions le dire tout à l'heure ? Point du tout ; car on peut être, et puis être davantage, et davantage encore, indéfiniment. Le progrès universel se continue dans l'homme à mesure que l'homme est davantage ce qu'il est, à mesure qu'il est davantage la conscience et de lui-même et du monde, c'est-à-dire à mesure qu'il est plus savant et plus pur ; plus savant, voilà pour le monde, qu'il s'agit, en le comprenant mieux, de contenir plus pleinement ; plus pur, voilà pour lui-même, qu'il s'agit, en le détachant des sens, de rendre plus capable de science et de conscience. L'homme, à le considérer comme isolé, est donc agent de progrès non pas seulement personnel, non pas seulement humain, mais universel, quand il sait mieux le monde et se rend plus capable de le savoir. L'humanité, à la considérer dans son ensemble, a donc comme le dépôt du monde, qu'elle porte en elle, puisque c'est en elle qu'il a conscience de lui ; et elle le fait progresser en progressant, elle le porte en avant en le sachant mieux. Le progrès de l'humanité, c'est le progrès de l'univers.

Et l'on voit ainsi que les idées anciennes et les idées nouvelles de Renan se rejoignent ici et se fondent ensemble. Il était dévot de religion, il fut dévot de science, et maintenant ce qu'il fait, c'est l'éloge à la fois du savant et de l'ascète. Le savant ne sera vraiment savant que s'il est pur ; l'ascète n'aura de mérite en son ascétisme que s'il y trouve le moyen de comprendre mieux et de mieux savoir l'univers. Non seulement « science sans conscience est ruine de l'âme », comme dit Rabelais ; mais science sans conscience n'existe pas, et conscience sans science manque le but, qui est de faire vivre l'univers en nous ; et aussi bien science sans conscience que conscience sans science est ruine et de l'âme et de l'univers. Le vrai savant est un savant qui est ascète, le vrai ascète est un ascète qui est savant. Donc, sinon la religion, du moins ce qui était pour Renan l'essence de la religion, rentre dans la conception générale qu'il se fait des choses. C'est avec plaisir sans doute qu'il se dit qu'en quittant la religion pour la science, il n'a rien abandonné véritablement ; qu'au fond religion et science sont mêmes choses, tentatives toutes deux pour embrasser l'infini, pour, au moins, avoir commerce avec lui, et lui sacrifier tout le reste, ces vaines apparences dont « ceux qui sont du monde » se repaissent. Le prêtre, ou l'homme né pour l'être, reprend dès lors toute sa sécurité, toute son assiette et peut-être tout son orgueuil. En tout cas, Renan respire plus à l'aise dans une conception plus large où se concilient, semblent se concilier tout au moins, circulent ensemble, des idées qu'il avait crues contraires.

Mais Dieu? Car enfin Renan ne semble plus déiste du tout. Un monde gouverné par le progrès, c'est-à-dire par une conscience obscure qui finit par être moins obscure dans l'homme ; voilà qui est exclusif de Dieu ; ou bien le Dieu de ce monde-là sera l'être où ce monde prend conscience de lui, et le Dieu de Renan sera l'homme, et plus particulièrement le savant, comme le sage était le vrai Dieu des Stoïciens. — Il y a un peu de cela, comme nous le verrons ; mais qu'une des idées primitives de Renan ne réapparaisse pas dans l'ensemble de ses conceptions de l'âge mûr, n'y comptez point. Dieu un peu changé, un peu métamorphosé, et comme raffiné, dirait peut-être Renan lui-même, va revenir dans le monde tel que Renan le comprend désormais et le décrit.

En effet, qu'est-ce que les hommes, depuis qu'ils adorent un seul être surnaturel, ont appelé Dieu? D'abord la cause et l'auteur de tout ; ensuite l'être moralement parfait dans lequel ils placent, agrandies, poussées à leur dernier degré de pureté et de beauté, toutes les vertus, qualités, choses morales estimées bonnes, qu'ils portent en eux. Or la cause de tout, dans le système exposé ci-dessus, ce n'est pas une cause extérieure au monde, un être qui donne au monde, une fois pour toutes, la « chiquenaude » de Descartes. Cette conception toute mécanique de l'univers n'est plus la nôtre. La cause de tout, c'est cette force intime, ce secret ressort, qui « pousse le possible à exister » et qui pousse tout ce qui existe à exister davantage et plus pleinement ; c'est ce *nisus* universel qui, avec ces deux facteurs : temps et tendance au progrès, a, de la matière cosmique, fait des mondes organisés, puis des êtres vivants, puis des êtres pensants et qui pensent d'une façon de plus en plus étendue, de plus en plus compréhensive de l'univers. Cette cause, c'est ce que les hommes ont appelé Dieu. — Seulement remarquez qu'elle n'est pas extérieure au monde, mais immanente en lui, et, surtout, qu'elle n'est pas immobile au commencement des temps ; mais qu'elle marche avec eux, se développe, s'étend, s'organise et s'affine avec ce qu'elle développe, étend, organise et affine. Elle est dans le temps et dans le progrès, ou plutôt elle est le progrès et le temps eux-mêmes, ou plutôt, temps et progrès étant même chose sous deux aspects, car sans le temps le progrès ne serait pas, et sans progrès on ne s'apercevrait pas que le temps existe puisqu'il ne serait mesuré par rien et vraiment il ne serait pas, cette cause c'est le progrès indéfiniment continué et se poursuivant indéfiniment. Dieu est progressif ; il se cherche, s'essaie, se trouve, se réalise, se cherche encore pour se trouver davantage, s'essaie encore pour se réaliser plus pleinement ; et recommence ; car il a l'infini à épuiser dans ces indéfinies métamorphoses et dans cette ascension éternelle.

Et ainsi s'expliquent et la « création continue » de certains anciens docteurs chrétiens, et ce mot singulier de certains philosophes allemands que « Dieu n'est pas, mais qu'il se fait ». Le *fieri*, le Dieu qui se fait sans cesse, c'est la création continue ; seulement nous comprenons mieux peut-être que la création continue c'est la création progressive ; ce n'est pas seulement l'action incessante de Dieu sur le monde pour qu'il subsiste, c'est l'action incessante de Dieu dans le monde pour qu'il progresse. A le prendre ainsi, la création, encore qu'étant à tous les moments du monde, est plutôt à la fin des choses qu'à leur commencement, puisqu'elle ne sera complète et définitive que dans l'avenir. Le monde marche vers sa création. Dieu s'achemine vers la réalisation de lui-même. Il est cause surtout en tant que cause finale, et ce qui le crée continûment c'est son aspiration à être. Voilà ce qu'il y a au fond des idées traditionnelles des hommes sur le créateur et la création.

Tout le monde ici a raison (ce qui est, et de plus en plus sera un des plaisirs intellectuels de Renan) : Vous dites que Dieu est, et vous dites vrai ; car le voilà qui se forme ; vous dites que Dieu n'est pas, et vous dites vrai, car il n'est pas encore arrivé à sa réalisation dernière. — Vous dites que le mal sur la terre prouve que Dieu n'existe pas, et cela est juste, car c'est l'élimination du mal qui sera la vraie création, qui signalera la naissance de Dieu. — Vous dites que le mal dans le monde ne prouve rien contre Dieu : certes non, puisque Dieu se forme précisément par l'anéantissement progressif de l'impur. — Et ainsi de suite on pourra répondre à toutes les questions de tous les points de l'horizon. Renan a trouvé une de ces théories larges et flottantes où se plaisent et son intelligence pour s'y mouvoir à l'aise et son hospitalité intellectuelle pour y accueillir toutes les opinions.

Mais par ce mot de Dieu, les hommes n'ont pas entendu seulement la cause du monde ; ils ont entendu aussi l'être parfait. Ils ont eu raison, et beaucoup plus raison dans la conception de Renan que dans la leur. Car, dans la leur, dans la conception traditionnelle,

Dieu, être parfait, est au commencement, et de lui sortent et tombent des choses imparfaites et des êtres au moins à demi mauvais. Le monde est une dégradation de Dieu. C'est le scandale de la piété et l'étonnement de la raison. Prenez les choses à l'inverse. Le monde commence, la matière s'organise : Dieu tend à être ; la matière poursuit des organisations plus compliquées et plus délicates, les soleils brillent, les planètes bouillonnent, puis se refroidissent : Dieu est ; la vie apparaît : Dieu existe davantage ; l'homme naît, la conscience obscure de l'univers se précise dans un être qui le comprend : Dieu grandit ; l'homme progresse : Dieu progresse avec lui. Quand sera-t-il l'être parfait ? quand nous serons parfaits nous-mêmes. Nous disions plus haut que l'homme était dépositaire du monde ; disons maintenant, ce qu'implicitement nous disions déjà, que l'homme a le dépôt de Dieu.

— Autrement dit, c'est l'homme qui est Dieu ! — Oui, en ce sens que de tout ce qui est Dieu, c'est l'homme qui l'est le plus, étant celui-là seul qui, en l'étant, a conscience de l'être ; non, en ce sens que tout étant Dieu, Dieu est dans le tout et non dans une partie à l'exclusion du reste ; mais que cet immense effort vers le mieux, qui est Dieu lui-même, ne trouve son expression consciente, lumineuse, et définitivement progressive, parce que volontairement progressive, que dans l'homme, c'est ce qu'il faut reconnaître. L'homme sur la terre, les êtres conscients d'eux-mêmes et compréhensifs de l'univers dans les autres planètes, s'il en est, voilà les êtres qui ont vraiment part à la formation de Dieu. Ils le forment, ils « l'organisent » en le pensant ; ils le créent ; ils le font avancer vers la création. Ils sont « les enfants de

Dieu »; le mot est juste; c'est-à-dire qu'ils sont comme sa chair; ils sont ce dont il est fait, plus que quoi que ce soit dans l'énorme univers. Ils disent : « que votre règne arrive », le mot est juste; c'est-à-dire : « pressons, hâtons, amenons, forçons à être l'avènement de Dieu ». Le but du monde est que la raison règne; c'est-à-dire le but du monde est que Dieu soit. C'est à cette œuvre que travaille et doit travailler l'humanité. Nous sommes créateurs de Dieu quand nous le comprenons, comme il est notre créateur en ce qu'il nous a choisis pour le comprendre, ce qui est la vie véritable, la vie éternelle.

« Vie éternelle », encore un mot très juste : il signifie que tout passe, excepté l'être qui a conscience de tout, de son progrès, de son infinité, de son éternité, de sa direction et de son but. Cet être-là participe à l'infini et à l'éternité. Il a quelque chose d'éternel et d'infini parce que l'infini et l'éternel sont dans sa pensée. « La partie éternelle de chacun, c'est le rapport qu'il a eu avec l'infini. » Les hommes ont ainsi personnellement une communication avec l'éternité, et en commun ils forment ou peuvent former une société intellectuelle qui est éternelle; ils communient dans l'infini et dans l'idéal. Rien de plus précis que l'idée de la communion chrétienne; l'homme qui pense l'idéal, l'éternel, l'infini, reçoit Dieu dans son cœur, l'embrasse pour ainsi dire et le contient, le mêle à sa vie et en est animé comme d'une âme.

Et cette âme est immortelle. L'immortalité de l'âme a été comprise par les hommes d'une façon un peu grossière et intéressée. Elle n'en est pas moins une vérité. Elle est la vérité même. A la bien comprendre elle signifie que comprendre l'infini c'est y participer, que concevoir l'éternel c'est faire acte d'éternité. L'âme est sortie du temps si elle a compris l'infinitude des temps ; elle a trompé la mort, qui ne frappe que ce qui ne vit qu'en soi et pour soi. Vous êtes immortel dès que vous comprenez qu'il y a quelque chose qui ne meurt pas ; car dès que vous le comprenez, vous en faites partie ; vous êtes associé à cette âme du monde qui a ses transformations innombrables, dont vous êtes l'une, mais qui existait avant tout commencement et existera après toute fin.

C'est ainsi que Renan, après avoir éliminé tout le christianisme de sa conception scientifique, le fait rentrer tout entier dans sa conception philosophique par des métaphores. Dans ce panthéisme idéaliste, si beau, si brillant, si inconsistant aussi, le christianisme reparaît comme un système d'idées très justes en leur fond et qu'il suffit d'expliquer et de subtiliser pour les pouvoir admettre sans la moindre peine.

Et non seulement le christianisme, mais toutes les religions à vrai dire, sont ici accueillies comme des formes fragmentaires ou élémentaires de la religion nouvelle qui consiste dans l'idée de l'union intime de Dieu avec le monde et de Dieu avec l'homme. Toutes ont dit ou balbutié quelque chose de cela. Il suffit ; elles avaient la vérité en elles ; qu'elles soient bien venues. Ce Panthéisme est un Panthéon.

A la vérité, c'est par un parti pris continuel d'équivoques que Renan soutient ainsi cette gageure de haut syncrétisme. Les mots ayant toujours pour lui trois sens, celui qu'ils ont dans les doctrines constituées, celui que la foule leur donne et enfin celui qu'il leur attribue, il les emploie indifféremment dans l'un ou l'autre, selon les besoins de sa démonstration, et selon qu'il veut définir ou concilier. Il dira « le Divin » au lieu de dire Dieu, quand il voudra faire entendre sa théologie à lui, sa manière de concevoir ce qu'il y a d'éternel dans le monde ; et tout de suite après, pour exprimer la même idée, il dira Dieu, afin de laisser croire qu'il n'y a au fond nulle différence entre les déistes et lui. Dieu, conscience, immortalité sont pour lui de « bons gros vieux mots », un peu vulgaires, à conserver pour ce qu'ils contiennent de vrai, et qu'il conserve surtout pour les moments où il a besoin de n'être pas absolument précis. C'est ainsi que, toujours très attaché à la négation du supranaturalisme, toujours très ferme sur ce point que Dieu n'agit jamais sur le monde par des volontés particulières, il emploie très souvent le mot de Providence, qui n'a pas de sens s'il ne désigne le Dieu personnel, distinct des lois invariables du monde et s'y dérobant.

Il y a ainsi dans Renan toute une terminologie à double ou à triple face dans laquelle il se joue avec une parfaite désinvolture, et du reste, jusqu'à présent, avec une entière bonne foi, mais qui est très décevante et très dangereuse pour l'esprit du lecteur, et qui finira par être l'un et l'autre pour l'esprit de Renan lui-même. Jusqu'à présent il y est, comme je dis, de très bonne foi, parce qu'il est persuadé que la vérité est dans les nuances, et que si tout, dans la réalité même, se transforme indéfiniment, tout, dans la pensée, doit être ondoyant et souple pour comprendre et pour refléter et pour exprimer l'évolution incessante de son objet. Il dirait au besoin, je crois, que tout ce qui a été pensé, a été en effet, et que tout ce qui a été a, au moins partiellement, été pensé, tant la pensée de l'homme n'est pour lui que l'univers s'exprimant, et tant, pour lui, l'univers n'existe vraiment que dans la pensée humaine, par suite de quoi il n'y a pas de pensée fausse, mais il y a une suite de pensées se rapprochant de plus en plus de la vérité.

Un scepticisme d'un genre particulier est contenu dans cette disposition d'esprit, un scepticisme qui consiste à affirmer tout, puisque tout a été, est, ou sera vrai, et par synthèse, le temps supprimé, en absolu, est vrai puisqu'il l'a été, l'est ou le sera. Ce scepticisme, Renan y atteindra peu à peu, et y versera tout entier, au moins en apparence. Pour le moment il en est à un idéalisme très élevé, de nature panthéistique, acceptant toutes les spéculations des religions et toutes les affirmations de la conscience comme des ébauches grossières et respectables, comme des images enfantines et précieuses de cette vérité, subtile et fuyante, qui est que *Tout* est une grande intelligence qui se forme et s'organise, et que le devoir de l'homme est de contribuer par adhésion d'abord, par collaboration ensuite, au grand et douloureux mystère du parfait se dégageant lentement et laborieusement du chaos.

Tel était, sans tenir assez compte, ce dont je m'accuse, des mille détails de la pensée la plus sinueuse et finement capricieuse qui fut peut-être jamais, l'esprit général de la philosophie de Renan depuis 1860 environ jusqu'à 1875 environ, la date des *Dialogues philosophiques* étant 1871 et celle de la lettre à Berthelot 1863. Il convient de s'arrêter à cette période pour voir l'influence de cette pensée générale sur les travaux historiques et politiques d'Ernest Renan dans le même temps. Cette seconde partie de la tâche qu'il s'était assignée était celle assurément à laquelle il avait consacré le plus de temps et de patients efforts. Il écrivit toute l'histoire des *Origines du Christianisme* depuis Jésus jusqu'à

Marc-Aurèle, et, pour compléter cette exposition, toute l'histoire des Juifs depuis leur origine jusqu'à Jésus. Cette histoire est celle de la plus grande crise morale qui se soit jamais produite, à notre connaissance, dans l'humanité. Ce qu'il fallait expliquer, c'est la banqueroute de l'antiquité. Ce qu'il fallait expliquer, c'est comment la « vieille nourrice », l'éducatrice du genre humain, avec sa philosophie séduisante, ingénieuse et profonde, avec sa littérature morale, vigoureuse et fortifiante, avec sa poésie adorable, et aussi avec la civilisation générale qu'elle avait répandue, avec la paix relative, mais très réelle et très bienfaisante qu'elle avait enfin fait régner sur le monde, n'a point suffi au genre humain. Ce qu'il fallait expliquer, c'est comment le mysticisme exalté des prophètes juifs s'est emparé si rapidement et du peuple juif et de tout le monde romain, et beaucoup plus du monde romain que du peuple juif. Fait miraculeux, dont l'étrangeté n'a pas été pour peu, dans les esprits réfléchis, à leur faire admettre la divinité du principal acteur de ce grand drame psychologique.

Ce problème psychologique en effet et historique n'a pas été complètement résolu par Renan et ne le sera sans doute par personne. Il en a du moins exposé les données et les éléments divers avec une clarté assurément inconnue avant lui. Les erreurs de détail ont ici peu d'importance. Ce qui est ici l'essentiel c'est la psychologie des peuples, et c'est où Renan est passé maître. Nul ne sait mieux, pour avoir poussé aussi loin que possible tous les travaux d'exploration et de reconnaissance, nul ne montre mieux, pour être d'une finesse merveilleuse dans l'analyse morale, ce que c'est qu'un Juif, qu'un Arménien, qu'un Corinthien, qu'un

Italien, qu'un Romain de Rome, qu'un Africain du premier, du second ou du troisième siècle après Jésus. Nul ne montre mieux les aspirations confuses et profondes qui s'agitaient dans tous ces cerveaux et dans tous ces cœurs. Le christianisme est suivi pas à pas dans sa rapide expansion, et à chacun de ses pas, une raison nouvelle (et quelquefois plusieurs; car c'est le beau défaut de Renan d'avoir trop d'idées) est donnée du nouveau succès qu'il remporte et du nouveau progrès qu'il accomplit.

Et de tout cela se démêle enfin et s'élève une grande idée générale qui est que le christianisme, depuis ses origines dans la prédication des prophètes jusqu'à son organisation sacerdotale est, d'une part, un prodigieux réveil de l'idée de justice, d'autre part une soif de moralité et de sainteté, et c'est-à-dire, à ces deux titres, l'avènement longtemps préparé, longtemps retardé du plébéianisme.

Le monde antique n'avait pas connu la justice, mais seulement le droit. Le droit est l'organisation rationnelle et le maintien précisément calculé des choses établies, pour qu'elles durent et ne soient pas lésées par les caprices de la violence ; c'est un système de garanties contre la force accidentelle ; mais c'est aussi une organisation et une consolidation de la force établie et traditionnelle. La justice, elle, ne reconnaît pas le droit de la force ; elle veut que le faible ait autant de droits que le fort, elle veut que les hommes soient des frères participant à titre égal à l'héritage universel. Idée plébéienne, que toute l'antiquité a ignorée, que les prophètes hébreux ont jetée aux quatre coins de leur horizon étroit, dont la facilité des communications dans l'Empire romain, et la disparition des aristocraties au sein de ce même empire a rendu après Jésus la diffusion possible et facile ; idée d'une incalculable conséquence ; car, à force de pénétrer les esprits et de s'établir dans le genre humain comme un dogme, elle finira par révolter le genre humain contre la nature, laquelle ne connaît, sans doute, aucunement la justice ; contre Dieu, responsable, sans doute, des lois de la nature ; et, après avoir fondé une religion, par l'ébranler, la miner et la faire fléchir.

Et aussi le christianisme était, dans l'ordre sentimental, une folie mystique, une soif ardente de moralité et de sainteté. Le monde antique avait connu la morale et la vertu, à un haut degré, puisque le sacrifice volontaire de l'individu à autre chose qu'à lui ou aux siens était chose connue et fréquente ; mais cette morale était encore utilitaire, puisque cette vertu était civique ; c'était à la cité, à la patrie qu'on se sacrifiait, pour elle qu'on était pur, qu'on était courageux, qu'on était patient, qu'on était désintéressé et qu'on mourait. C'est une idée tout autre, c'est un sentiment tout autre, que celui de la sainteté en soi, pour soi, ou pour l'amour de Dieu, ce qui revient à dire pour l'amour de la sainteté. C'est une exaltation de la dignité humaine rattachée au service de Dieu, c'est l'homme se faisant pur, saint, sacré, héroïque pour le service, c'est-à-dire pour la réalisation de l'idéal. De là naîtront des choses, parfois très contestables au point de vue social, vénérables toujours au point de vue de l'effort sur soi-même, et en tout cas tout à fait inconnues de l'antiquité : l'ascétisme, le monachisme, la chasteté sacerdotale, et en général la chasteté tenue pour vertu, l'amour de la pauvreté, l'esprit de sacrifice pour la beauté du sacrifice lui-même. C'est un véritable changement de la nature humaine, changement qui ne pourra pas être aussi profond — qui s'en étonnerait ? — que les premiers chrétiens l'ont rêvé ; mais cependant qui a été rêvé par une immense multitude d'hommes pendant trois siècles, réalisé par un grand nombre d'abord, par quelques-uns ensuite, toujours, et dont, toujours, jusqu'au moment où nous sommes, quelque chose est resté sur la terre. C'est depuis le Christ, ou depuis ses précurseurs, que le culte de l'idéal existe sur la planète. C'est la plus grande nouveauté qu'aient connue les hommes.

Trois choses, parmi celles qui sont discernables, l'ont amenée : l'ascension du plébéianisme, l'esprit propre aux prophètes hébreux, la merveilleuse légende du Christ qui, en frappant fortement l'imagination des hommes, a servi de véhicule universel à l'esprit des prophètes et l'a fait pénétrer de proche en proche dans tout le monde antique et avec le temps dans tout le globe.

La figure centrale de cette histoire d'une révolution morale est Jésus. Ce n'est pas celle que Renan a peinte avec le plus de sûreté. Peut-être a-t-il eu le tort de commencer par elle. Le dernier des prophètes aurait dû, peut-être, être étudié après les prophètes. Quand Renan aborda Jésus, il connaissait l'esprit juif, il n'en était pas assez pénétré, n'était pas assez familier avec lui. Aussi, sans précisément trahir Jésus, il l'a peint plutôt d'après les sentiments qu'il avait pour lui que d'après ce que nous pouvons inférer de ses actes et d'après toutes les vraisemblances. Très épris de douceur élégante, de grâce attendrie et de distinction raffinée, ému délicieusement d'un voyage en Galilée auquel se rattachait le souvenir d'une sœur chérie qu'il avait perdue pendant ce même voyage, il a un peu féminisé Jésus-Christ.

Il en a fait, non seulement un jeune sage d'une douceur et d'une tendresse infinie, au sourire irrésistible et à la parole enchanteresse, ce qu'il semble bien que Jésus a été à certains moments; mais un philosophe distingué, presque détaché de son œuvre, ayant au moins un commencement de mélancolique désenchantement et d'ironie supérieure. Il a mis un peu de Renan dans Jésus. Ces traits sont de trop. Ils gênent Renan quand il en faut bien venir aux circonstances où Jésus s'est montré autoritaire et impérieux, ce qu'il semble avoir été, au travers de sa bonté, dès les premiers temps de sa prédication. Jésus a eu évidemment bien des aspects divers, ce qui explique précisément l'immense ascendant qu'il a exercé, et ce ne sont pas tous ces aspects, et ce ne sont pas peut-être les plus importants et les plus décisifs que Renan a mis en pleine lumière. Il y a dans la *Vie de Jésus* quelque chose, au moins dans le ton et la couleur, de romanesque, qu'on ne remarque point ou qu'on remarque beaucoup moins dans les autres parties de cette grande histoire.

Celle-ci n'en reste pas moins d'une grandeur et d'une beauté majestueuse dans toute sa suite, d'une finesse et d'une pénétration et aussi d'un pittoresque solide, dans le détail, qui en font peut-être la plus grande œuvre française du xix° siècle. Une critique historique un peu sévère regrette quelquefois que Renan ne se résigne pas assez à ignorer. Là où il n'a, assurément, qu'une légende entre les mains, a-t-il le droit d'en faire de l'histoire? Ne vaudrait-il pas mieux dire qu'on ne sait rien de l'histoire du peuple juif jusqu'à telle date, que d'interpréter, toujours un peu arbitrairement, la légende pour l'élever à la dignité de l'histoire, ou pour en tirer une histoire qui reste toujours hypothétique? Grote me

semble avoir donné la réponse sur ce point, avoir
excusé Renan en s'excusant lui-même, et avoir exposé à
peu près le procédé de Renan en expliquant le sien
propre : « Je décris les temps les plus anciens séparément, tels qu'ils ont été conçus par la foi et par le sentiment des premiers Grecs, et tels qu'ils sont connus
seulement au moyen de leurs légendes, sans me permettre de mesurer la quantité, grande ou petite, d'éléments historiques que ces légendes peuvent renfermer.
Si le lecteur me reproche de ne pas l'aider dans cette
appréciation; s'il me demande pourquoi je n'enlève pas
le rideau pour découvrir le tableau, je répéterai la
réponse du peintre Zeuxis à la même question qui lui
fut faite quand il exposa son chef-d'œuvre d'art imitatif :
« Le tableau, c'est le rideau. » Ce que nous lisons
comme légende était jadis de l'histoire généralement
acceptée et la seule véritable histoire de leur passé que
les anciens Grecs puissent concevoir ou goûter. Rien
n'est caché derrière le rideau, qu'aucun art ne pourrait
tirer. »

Renan, lui, il faut le dire, essaye un peu de « mesurer
la quantité d'éléments historiques que la légende renferme ». Ne fût-ce que pour obéir à cet instinct et à ce
don d'interprétation et de transposition des idées si
grand chez lui, comme nous l'avons vu, il interprète un
peu et sollicite et manie un peu les légendes; il secoue
un peu les légendes; mais, le plus souvent, il suit le
procédé de Grote, ne supprime pas l'histoire légendaire
comme indigne d'être recueillie, ne s'acharne pas non
plus à en extraire l'élément de vérité qu'elle peut contenir, la donne pour un témoignage de la façon dont les
anciens hommes ont compris leur passé et leurs origines. C'est que, si pour l'histoire positive, la légende

est un pur rien, pour l'histoire des idées, pour l'histoire morale, elle a tantôt plus, tantôt moins, tout compte fait autant d'importance que les faits établis. Elle révèle l'état d'esprit le plus ancien d'une race, elle est le document psychologique sur l'enfance de cette race et par conséquent sur la formation de son tempérament et de son âme. Elle ne nous apprend pas ce qu'elle a été; elle nous apprend plus, en nous renseignant sur ce qu'elle a cru être; elle nous livre ses premiers rêves, ses premières idées générales, ses premières conceptions, populaires, spontanées et naïves, sur toutes choses et particulièrement sur elle-même. Les légendes sont les « confessions » des peuples; et confessions non pas arrangées et composées dans l'âge mûr, mais transmises sans altérations trop sensibles par l'enfance à la jeunesse, et par la jeunesse à la maturité; et, comme elles ont été, dans les entretiens des peuples même vieillis, un moyen de se ramener à leur enfance, elles sont à la fois et un témoignage de l'état d'esprit primitif et un signe de l'état d'esprit permanent, de celui où le peuple qu'on étudie aimait à revenir toujours.

Rien n'est donc plus important pour l'histoire morale des nations. Or, c'est une histoire morale que Renan a écrite, et c'est son honneur qu'il n'y en a pas, quelques objections de détail qu'on puisse lui faire, de plus attachante, de plus émouvante ni de plus vivante. Les idées générales qui en découlent fussent-elles controuvées, il resterait le tableau le plus animé qui puisse être et le plus présent à nos yeux, et j'ajouterai le plus dramatique, du monde oriental, du monde grec et du monde romain aux trois premiers siècles de l'ère chrétienne. Resteraient les merveilleux portraits de tant d'hommes célèbres dont le souvenir ne s'efface plus, les portraits de David, de saint Paul, de Néron, de Marc-Aurèle. On s'aperçoit, en lisant les premiers ouvrages de Renan, comme l'*Avenir de la Science*, que Renan, vers 1848, n'était pas moins nourri de Michelet que de Fichte, Herder et Hegel. Il eut beaucoup de Michelet en histoire. L'histoire qui réveille les âmes, qui fait revivre des cerveaux et des cœurs humains, qui a cette puissance de faire vivre l'auteur d'abord, et nous un peu ensuite, avec les hommes des anciens âges comme avec nos contemporains et de nous les faire voir avec la même netteté que nos proches voisins, cette muse ou cette magicienne a inspiré Renan comme Michelet, et il semble qu'en prenant Renan sous sa garde et sous son empire, elle se soit apaisée sans se refroidir, qu'elle ait eu autant de puissance d'évocation et moins de prestiges. Renan est un Michelet avec autant de science, autant de labeurs, autant d'imagination et moins d'écarts, un historien-poète plus loin déjà du romantisme et qui n'aima jamais le romantisme, un historien-moraliste tout aussi passionné, mais passionné seulement pour son art et qui a pénétré aussi avant dans les cœurs, mais d'une démarche plus lente, plus avisée et qui ne s'égare point. Cette grande gloire, qui est presque exclusivement la nôtre, la gloire d'avoir écrit l'histoire en moralistes, d'avoir été une vieille race de moralistes exacts et fins appliquant sur le tard à l'homme dans l'histoire ces qualités dès longtemps acquises, et renouvelant ainsi l'art historique et même la science historique; Renan l'a poussée aussi loin et aussi haut qu'il semble qu'elle puisse aller.

Et enfin, si l'histoire religieuse et sociale à laquelle il a consacré les deux tiers au moins de sa vie a été utile à tout ce qui pense, elle lui a été surtout utile à lui-même.

A voir comment une religion, et une religion presque universelle, germe, naît et se développe dans l'humanité, son sens religieux, qu'il allait perdre, s'est comme raffermi et est comme descendu en lui plus profondément.

Ce qu'il y a entre l'*Avenir de la Science* et les *Dialogues philosophiques*, ce sont vingt-trois années d'études historiques sur la gestation de la religion chrétienne. Science et religion s'étaient posées d'abord en antagonistes dans son esprit. Il avait cru que, si l'on abandonnait l'une, il fallait ne croire qu'à l'autre, s'attacher à l'autre de toute sa foi et de toute son espérance. Lorsqu'il en fut à contempler l'humanité enfantant une religion, il comprit, ou, tout au moins, il comprit mieux, que science et religion sont tendances également fortes, et probablement toutes deux indestructibles, de l'humanité. Son positivisme même, ou, si l'on veut, l'impossibilité où il était d'admettre l'intervention du surnaturel dans le monde, lui servit à comprendre à quel point les religions sont choses profondes et à quel point il est probable que l'humanité ne s'en passera jamais. Car, notez le bien, c'est précisément si les religions sont des faits humains qu'elles sont éternelles. Le croyant peut craindre que les religions ne disparaissent, le « philologue » ne peut guère estimer qu'elles disparaîtront. Celui qui croit que la religion est un fait divin, né d'une révélation, peut craindre que les hommes ne s'en détournent et que Dieu ne leur refuse une révélation nouvelle, et qu'il n'y ait plus de religion sur la terre. Celui qui croit que l'humanité enfante la religion dont elle a besoin pour entretenir son rêve et pour appuyer sa morale, et qui sait que depuis les temps connus les plus reculés, l'humanité a toujours créé des religions, et, ce semble, de plus en plus pures, celui-ci voit dans la religion, comme dans la science, le produit d'un besoin éternel, *un organe créé par un besoin*, un membre moral de l'humanité, sans laquelle l'humanité serait comme amputée et boiteuse. Car « le principe indubitable, c'est que la nature humaine est en tout irréprochable et marche au parfait par des formes successivement et diversement imparfaites. » Ce qui était dit là, dans l'*Avenir de la Science*, pour revendiquer les droits de la raison et de la science, peut être dit pour reconnaître les droits des religions : dans ses grandes lignes, dans ses tendances générales et permanentes, l'humanité ne se trompe pas, et la religion est un de ces instincts généraux et universels. Comme grand fait, donc, elle porte sa légitimité en elle-même ; et c'est ce que Renan a compris en l'étudiant comme fait. S'il s'est efforcé de faire rentrer les principales idées religieuses, en les ralliant ou les déformant, et comme de biais dans l'ensemble de ses idées philosophiques, c'est que, non seulement son intelligence hospitalière, mais sa science historique aussi, l'inclinaient et le contraignaient presque à penser religieusement autant qu'à penser scientifiquement, pour penser humainement, et, ce qui a toujours été son vœu secret, pour penser en lui l'humanité.

Le reflet de ses études religieuses sur ses idées politiques n'est pas moins apparent. A vrai dire, le Renan scientifique et le Renan religieux semblent avoir également contribué à former le Renan politique. Ce que le Renan scientifique savait en sociologie, c'est que la science est toujours l'apanage et le privilège d'une élite et que la science politique est « une science comme une autre. » En conséquence, il n'a jamais pu admettre la démocratie. Elle lui a toujours paru un contre-sens. Si l'on admet que le but de la science est « d'organiser scientifiquement l'humanité », le gouvernement, organisation permanente, organisation continue d'une nation, doit nécessairement avoir un caractère scientifique. Il n'en a aucun dans le régime démocratique. Le seul gouvernement rationnel, selon Renan, serait celui d'un corps de savants spéciaux faisant de l'art de gouverner leur constante étude et leur perpétuelle application. Le gouvernement serait une magistrature politique comme la « magistrature » proprement dite est une magistrature juridique. Hors de cela, il n'y a que confusion et intérêts d'une grande nation livrés au hasard. Le gouvernement non scientifique est l'absence de gouvernement. C'est une anarchie revêtue d'une apparence d'organisation. Le gouvernement sera scientifique ou il n'y aura pas de gouvernement.

Ainsi raisonne le Renan homme de science. Le Renan religieux est amené à une solution moins tranchée, un peu plus large, mais sensiblement la même. Sans doute toutes les religions, en général, ont un caractère populaire, et en particulier le christianisme a été l'avènement, une des formes les plus sensibles et un des *moments* décisifs de l'avènement du plébéianisme. Mais l'organisation religieuse a toujours été aristocratique. Les organisations religieuses antiques ont été aristocratiques au suprême degré, l'organisation religieuse du christianisme, après avoir été quelque temps démocratique, est devenue pleinement aristocratique à son tour. La chose est fatale : le sentiment religieux est un sentiment; mais une religion est un patrimoine d'idées générales. De ce patrimoine le dépôt doit être quelque part ; il ne peut être aux mains de la foule diverse, changeante, disséminée et qui n'a rien de fixe ; il faut qu'il soit aux mains d'un corps constitué, permanent, traditionnel et qui ne dépende pas de la foule. Un gouvernement civil peut-il être bien différent ? N'a-t-il pas, lui aussi, un dépôt, sinon de vérités, du moins de traditions nécessaires à l'existence de la nation ? N'est-il pas, lui aussi, comme l'histoire vivante d'un pays ? Un pays est gouverné par son histoire, qui l'oblige, qui pèse sur lui et le pousse dans la direction qu'elle a suivie. Un gouvernement c'est cette histoire même dans la personne de ceux qui la savent, la comprennent et la pensent. S'il est autre chose, il est l'incertain dans la marche érigée en principe, il est l'histoire interrompue, puis se renouant, puis interrompue encore. Si nous poursuivions la comparaison d'une religion et d'un gouvernement, nous dirions que le gouvernement qui n'a pas un caractère aristocratique, au lieu d'être « la suite de la religion », est une succession d'hérésies. Tout ce que Renan a gardé de sens religieux et d'instinct sacerdotal le mène donc à ne pas concevoir le gouvernement d'un peuple, surtout d'un grand peuple, autrement que comme aristocratique.

Et enfin le Renan philosophe, qui s'est formé partie du Renan scientifique, partie du Renan religieux, est, nous l'avons déjà vu, éminemment aristocratique. On sait que pour lui l'homme ne se détache véritablement de l'animalité que par sa participation avec l'infini, que c'est dans l'homme que l'univers prend conscience de lui-même et commence à devenir Dieu ; mais, en sortant des définitions générales, à combien d'hommes s'appliquent ces qualifications et convient cette dignité ? A ceux seulement qui, par le sentiment, même obscur, peut-être, mais surtout par l'intelligence et le savoir, ont cette idée générale de l'univers et sont capables de l'embrasser. Au fond Renan ne voit d'hommes dignes de ce nom que le savant et le penseur, au fond il ne croit « immortels », miroirs reflétant l'idéal et êtres participant à l'infini, que les hommes absolument supérieurs. Il ne lui semble pas démontré ni même démontrable que l'âme d'un papou soit immortelle. Pour M. Renan, disait spirituellement Caro, le paradis est un palais dont l'Institut est l'antichambre. Avec une telle conception de l'humanité, Renan ne pouvait être que profondément aristocrate ; tous ses instincts y tendaient et il l'a été toute sa vie, même parmi les méandres de ses pensées capricieuses et de ses paradoxes déconcertants. Il n'a pas l'aristocratisme tranchant de Joseph de Maistre ; mais il l'a aussi hautain ; il le tempère d'un sourire, mais ce sourire est beaucoup trop spirituel, tout en étant aimable, pour n'être pas ironique.

A tout dire Renan s'est trouvé mal à son aise dans notre société. On le voit bien, même en tenant compte de ce qui est donné à l'amusement, même en prenant garde à l'avertissement : « *cum grano salis* », même en se gardant bien de prendre les choses à la lettre, dans les *Souvenirs d'enfance et de jeunesse*. Ne disons pas grossièrement : il eût voulu une société où il aurait été gouvernant ; mais il eût voulu une société où seulement ses pairs — mais c'eût été trop peu — où seulement ceux qui étaient à peu près capables de le comprendre, eussent possédé constitutionnellement le gouvernement. Il faut beaucoup d'humilité pour se dire : du moment que je crois m'entendre à la politique, je ne puis reprocher à personne la prétention de s'y entendre. Renan n'était pas humble, ou, au moins, n'avait pas cette humilité-là. Il a souffert de l'ascension à la politique et à l'administration d'hommes littérairement et scientifiquement trop inférieurs à lui. La démocratie blessait en lui toutes ses idées scientifiques, religieuses et philosophiques, toutes ses idées générales ; elle offensait aussi, un peu, la très légitime estime qu'il faisait de lui. Il était difficile, tout cela étant, qu'il ne fût pas oligocrate. Il l'a été sans acrimonie, à l'ordinaire, sans violences, sans emportement, sans morgue, vraiment aristocrate encore en cela, et sachant que quand on est aristocrate il faut l'être d'une façon aristocratique.

IV

La dernière période de la vie de Renan, de 1875 environ à 1892, a vu le développement complet et pour ainsi dire *excessif* de son intelligence.

Plus que jamais il a voulu tout comprendre, tout faire entrer dans le tissu brillant et souple de ses pensées, et il a pris peut-être, à exercer indéfiniment et diversement son intelligence, un plaisir trop vif, exclusif, décidément, des points d'arrêt, des solutions précises et des convictions arrêtées. Il semble qu'avant de mourir il ait voulu avoir, ou qu'il ait eu, par une transformation naturelle de son cerveau, tous les états d'esprit presque à la fois.

Il avait connu l'état d'âme religieux, l'état d'âme scientifique, un état d'âme où science et religion coexistaient sans s'exclure ; — il connut l'état d'âme optimiste, l'état d'âme pessimiste, la hautaine ironie et l'indulgence indéfinie, la résignation et le sarcasme, l'élévation religieuse et le persiflage voltairien, tous les modes, en quelque sorte, de pensée et même de croyance, donnant à chacun une expression si vive qu'on eût pu croire à chaque fois, que c'était le seul qu'il entendît et pratiquât. Les favorables, et presque tous lui furent favorables à cette époque, tant son charme était grand sur le monde, appelèrent cela du « dilettantisme », c'est-à-dire des fantaisies d'artiste en idée ; les grondeurs y virent un grain de charlatanisme et le désir de surprendre à chaque fois le public par un prestige nouveau ; c'était surtout la vraie nature de Renan qui se révélait tout entière, à savoir le besoin de comprendre sans cesse et de comprendre encore, d'exercer de plus en plus son intelligence et de l'agrandir en l'exerçant.

Il avait annoncé d'ailleurs au public cette dernière transformation de son génie. Ce que je donnerai désormais, avait-il dit dans la Préface de ses *Dialogues philosophiques*, ce sont « les pacifiques dialogues auxquels ont coutume de se livrer les différents lobes de mon cerveau, quand je les laisse divaguer en toute liberté... *Autrefois, chacun avait un système ; il en vivait, il en mourait ; maintenant, nous traversons successivement tous les systèmes, ou, ce qui est bien mieux encore, nous les comprenons tous à la fois.* » — Ce n'est pas tous les systèmes qu'il a exposés dans les dernières années de sa vie, mais c'est, de tous les systèmes, l'esprit et comme l'essence subtile qu'il a laissé s'échapper de son esprit qui les contenait tous. Un jour, c'était la mort de l'idéal qu'il pleurait comme la mort d'Adonis ou de Daphnis, dans l'*Eau de Jouvence* ; un autre jour, c'était la réconciliation avec le positivisme moderne un peu grossier et un peu vulgaire, qu'il prêchait avec une suffisante apparence de résignation dans *Caliban*. Et voici qu'un âpre pessimisme, une malédiction jetée à l'absurdité incorrigible et à la férocité incurable de l'humanité éclate dans le *Prêtre de Némi*, le véritable *Candide* de Renan, et certainement plus amer que celui de Voltaire, parce que c'est sur les sources mêmes, sombres et profondes, de l'éternelle folie humaine qu'il semble que l'auteur se soit penché ; et, auprès de celui-ci, le pénétrant Voltaire de *Candide* paraît superficiel. Le lendemain, Renan se donnait le plaisir d'appeler les jeunes gens, « la jeune fleur de la ville » à la joie de vivre, et de sourire à la vie, et faisait amende honorable pour avoir dit jadis un peu de mal de Béranger.

Tout cela peut à peu près se résumer d'un mot : *il prenait plaisir aux antinomies*. Les antinomies, les demi-vérités qui se contredisent, les fragments opposés l'un à l'autre de la vérité totale sont le tourment de la raison qui veut les résoudre, et l'amusement divin de l'intelligence qui les approfondit sans prétendre les concilier. C'était le grand plaisir et comme le ravissement intellectuel de Renan.

Une théorie entre autres, nouvelle alors, répandue dans le monde par Schopenhauer, l'enchantait, parce qu'elle contenait une antinomie formidable et absolument irréductible ; c'était celle du sacrifice inconscient de l'individu à l'espèce. Pourquoi l'individu agit-il contre son intérêt et même ne voit-il pas son intérêt quand celui de l'espèce est en jeu ? Pourquoi l'égoïsme, si naturel, cède-t-il, disparaît-il dans l'individu au moment précis où l'espèce a intérêt à ce que l'égoïsme disparaisse ? Ce qu'on peut si difficilement apprendre aux hommes pour le service de l'État, l'abnégation, est pour le service de l'espèce, chose, sinon universelle, du moins infiniment répandue. Il semble qu'il existe un génie de l'espèce qui dise à chacun de nous : « meurs pour que la race survive »; et qui attache à cet héroïsme un tel plaisir, ou une telle illusion de plaisir, un tel emportement de passion que presque personne n'y peut résister. Il semble que la nature nous aveugle au moment juste où elle a besoin de nous. Il semble qu'il existe quelque part un grand trompeur qui nous dupe pour nous faire servir d'instruments aveugles à des fins qui nous dépassent. Cette théorie, déjà exposée dans les *Dialogues philosophiques*, entêtait en quelque sorte Renan, et il y revenait sans cesse, parce qu'elle était un joli exemple de l'impossibilité où est l'intelligence humaine d'expliquer rationnellement la chose qui nous touche de plus près, la vie humaine elle-même.

Et que peut-elle expliquer du reste? Cette fine et subtile duperie, ne la rencontrons-nous point partout? La vertu, la morale ne sont-elles pas de mauvais marchés où nous sommes dupés et où nous prenons plaisir et où nous mettons notre honneur à être dupés? Êtes-vous vertueux? Vous avez raison; car c'est une erreur, c'est une sottise; mais les plus grandes joies humaines sont attachées à se tromper de cette manière et à être sot de cette façon-là. Êtes-vous vicieux? Vous avez peut-être raison; car on ne voit pas que ni la nature punisse plus le vicieux que l'ascète, ni que la société ait jamais eu de sérieuses préférences pour le vertueux et de vraies rigueurs pour le corrompu. Il est étonnant comme tout est vrai, comme tout, plus on y regarde, non seulement peut se défendre, ceci est affaire au sophiste, mais a sa raison profonde qui fait réfléchir et hésiter le philosophe. La science sans doute est une belle chose; n'est-il pas curieux cependant que l'ignorance la plus complète amène naturellement et par le chemin le plus aisé ce gamin de Paris à avoir précisément les opinions philosophiques de M. Littré ou de M. Renan ? Il se pourrait bien que tout fût vanité parce que tout est incertitude.

Ainsi Renan allait, un peu enivré de paradoxes et un peu excité d'ironie, se moquant de nous, n'en doutons nullement ; mais se moquant un peu de lui-même, c'est-à-dire prenant ce suprême plaisir de l'intelligence qui consiste à se contredire au moment où elle parle, à se réfuter au moment où elle prouve, à se confondre au moment où elle s'enorgueillit, ce qui, du reste, ne l'enorgueillit que davantage ; à passer brusquement de l'autre côté de l'idée qu'elle envisage pour jouir de sa promptitude et de son adresse. Le suprême plaisir de l'intelligence c'est l'ubiquité, et c'est vers ce dernier état que, dès le commencement, l'intelligence de Renan s'était dirigée.

— Pour dire les choses franchement, à force d'avoir toutes les idées Renan en était arrivé au pur scepticisme ? — Il faut s'entendre : Renan, vers la fin de sa vie, a eu à peu près toutes les formes connues du scepticisme ; mais il n'en a pas eu le fond.

Il a eu un scepticisme intellectuel, qui consistait à croire que la vérité est « une pointe si subtile, » comme disait Pascal, que nos grossiers instruments ne peuvent l'atteindre, qu'elle est fuyante et coulante sous nos prises, qu'elle est dans les nuances et dans des nuances aussi changeantes que « le cou de la colombe ; » et que par conséquent une façon de ne la point manquer peut-être est de multiplier les points de vue et les conceptions et même les contradictions. Quand on s'est beaucoup contredit on a au moins une chance d'avoir attrapé une fois le vrai. Ce genre de scepticisme, il l'avait toujours eu un peu depuis la foi perdue, et on le surprend déjà dans ses premiers écrits ; mais il a comme « pris conscience de lui-même » aux saisons du déclin ou plutôt de l'apaisement.

Il a eu un scepticisme de modestie. Rien ne répugnait plus à Renan que d'avoir l'air trop sûr d'avoir raison. Le dogmatisme intempérant des philosophes français de la première moitié du XVIIIe siècle lui paraissait un pédantisme, et tout pédantisme lui faisait littéralement horreur. Il n'était à l'aise, il n'avait l'approbation de sa conscience de penseur que quand, à ses aperçus, à ses expositions, à ses leçons les plus sérieuses, les plus méditées, il avait ajouté un : « Du reste, je n'en suis pas sûr ». Il y a un tel orgueil, en effet, dans la conviction, quand on n'a pas la foi, que l'affirmation est pour l'homme raisonnable une véritable souffrance. C'en était une et presque aiguë pour Renan. Il aurait dit non seulement, comme Montaigne : « C'est mettre ses conjectures à bien haut prix que d'en faire cuire un homme tout vif » ; mais encore : « C'est mettre ses hypothèses à bien haut prix que de les prétendre imposer, ne fût-ce que par l'assurance du ton et la décision du geste. Que suis-je pour me croire assuré de ce dont ma raison m'assure ? » — En cela il restait dans l'esprit chrétien, comme il lui est arrivé en tant de choses. Il restait humble, relativement ; il disait encore à sa manière : « Ma substance n'est rien devant vous. » Au fait, le chrétien qui perd la foi et qui ne perd pas la tête, qui reste humble ou qui ne devient pas trop orgueilleux, ne sera jamais trop dogmatique ; l'habitude est prise d'humilier sa raison ; il ne l'humiliera plus devant un dogme ; mais il l'humiliera encore devant le mystère. Or le mystère est partout, tout autour du cercle si borné de pâle lumière que forme à quelques pas de nous la petite lanterne dont nous sommes munis. L'ancien chrétien qui n'a pas voulu affirmer la religion parce qu'il la trouvait mal prouvée, trouvera peu de choses assez prouvées pour les affirmer avec fermeté. Il y avait déjà dans l'*Avenir de la Science* quelques traces, sinon encore de cette modestie, déjà du moins de cette pudeur intellectuelle. A partir de 1850, cette réserve sera continuelle chez Renan ; elle fera partie de son tempérament « d'honnête homme. »

Il a eu aussi un scepticisme de timidité, j'entends de timidité civile en quelque sorte ; car sa pensée est hardie, on le sait assez, mais il avait de la timidité dans le caractère et dans ses relations avec les hommes. Il ne voulait point paraître trop convaincu, parce que la conviction a toujours quelque chose d'un peu naïf et peut faire sourire. Ce sentiment, qui est mauvais, a été faible chez Renan ; mais il a existé et il doit entrer en ligne de compte. Voyez dès les commencements, aux premières pages, à la première page presque, de l'*Avenir de la Science*, les précautions oratoires très significatives que Renan prend déjà à l'encontre d'une raillerie possible. Il vient d'affirmer la supériorité de la vie de l'âme sur la vie inférieure, sur la vie des intérêts et des plaisirs. Vite il se met en garde, très empressé, ce semble, à s'inquiéter : « En débutant par de si pesantes vérités, j'ai pris, je le sais, mon brevet de béotien. Mais sur ce point je suis sans pudeur. Depuis longtemps je me suis placé parmi les esprits simples et lourds qui prennent religieusement les choses... » Vraiment, c'est avoir bien peur de passer pour béotien que prendre si vite les avances et se hâter de s'attribuer ce titre, pour qu'on ne puisse plus vous le donner. Il y a là une certaine timidité qui contribuera plus tard à donner à Renan ces airs de détachement et d'ironie contre lui-même, quelquefois un peu désobligeants par l'insistance. Ce qu'il y a eu d'affecté, ce qui est devenu « manière » à cet égard vient de cette légère crainte du ridicule. L'air supérieur, un grain ou un soupçon de ce « pédantisme à la cavalière » reproché par Malebranche à Montaigne ne fut pas étranger à Renan sur la fin de sa carrière.

Et il a eu peut-être encore un scepticisme de politesse. Poli, il le fut toujours, incapable de rompre en visière avec le genre humain et même avec l'adversaire, d'un savoir-vivre très surveillé et presque cauteleux, à la manière ecclésiastique. Ces habitudes sont difficilement conciliables avec l'affirmation très tranchée et très décisive. Une affirmation un peu vive est presque un défi. Comme il n'est pas très obligeant d'être sûr de soi, il ne l'est pas beaucoup d'être sûr de quelque chose, parce que, en dehors de la foi, être sûr de quelque chose est précisément être sûr de soi-même. Renan aimait donc à ne pas affirmer parce qu'il n'aimait pas à contredire. Affirmer c'est contredire d'avance. Tout au contraire Renan faisait d'avance ses excuses. Ses propos de scepticisme étaient petites amendes honorables préalablement faites à quiconque ne serait pas de son avis. Il semblait dire : « Si ces opinions ont le malheur de n'être pas les vôtres, croyez-m'en si désolé que je voudrais croire qu'elles sont fausses ; et, tenez, voilà qui est fait, je les crois du moins très contestables. »

Ce genre de politesse ne va pas sans quelque ironie, par définition même, puisque la politesse est un demi-mensonge, et l'ironie de Renan était à la fois une forme et une sourde revanche de sa politesse. Il se moquait un peu de son lecteur à force de le respecter avec esprit, à force d'avoir pour lui d'ingénieuses condescendances. ~~Ces manières de courtoisie captieuse ont des retours~~ inattendus et ne sont pas sans porter des coups obliques. Faire si bon marché de ses idées donne à entendre aux hommes un peu avertis à quel point on est prêt à faire peu de cas des leurs. Si tel est mon détachement à l'égard de mes idées, jugez comme il m'est sans doute facile de me détacher des vôtres ; et si je suis si modeste pour mon compte, supposez combien pour le vôtre il est vraisemblable que je le sois. Tout un dédain secret, toute une raillerie couverte et toute une taquinerie enveloppée étaient contenus dans les politesses de ce scepticisme de bonne compagnie et « eutrapélique. »

Et ainsi, insensiblement Renan devenait mystificateur. Il ne détestait pas donner à ses anciennes formules un tour piquant et énigmatique pour se donner le plaisir raffiné de n'être pas compris. Il avait dit par exemple que Dieu est dans un éternel devenir ; il disait maintenant : « Dieu n'existe pas ; mais il existera peut-être un jour. » Ce n'est qu'une nuance ; mais pourtant le premier mot est d'un philosophe et le second d'un homme un peu trop spirituel, qui aime un peu plus à étonner qu'à instruire. — Tranchons le mot, il avait des moments d'aimable perversité. Il aimait à faire un peu scandale. Il abusait du « qui sait ? » Qui sait si la beauté ne vaut pas la vertu, puisque toutes deux sont des manifestations de l'idéal ? Qui sait si le vice est si coupable ? Chacun a sa manière de réaliser la part d'idéal qu'il porte en soi, et de toutes ces réalisations partielles le total sans doute est harmonieux. Il manquerait probablement une note au grand concert, il manquerait sans doute quelque chose à la fête de l'univers si le vice et si la sottise n'existaient pas. — Ces boutades le réjouissaient quand elles étaient prises pour ce qu'elles étaient, et un peu plus quand elles n'étaient pas comprises. La fête aussi de l'esprit de Renan n'aurait pas été complète s'il n'y avait admis une note ou deux de méphistophélisme. Mais décidément le « Béotien » était loin. « Ce que vous nous faites maintenant, aurait dit un austère, c'est l'histoire du Béotien perverti. »

Notez encore qu'on finit toujours par avoir les opinions de son talent. Le talent de Renan était un bonheur prodigieux à exprimer les nuances les plus délicates de la pensée. Ce talent avait donné des habitudes à son esprit. Il avait des opinions contradictoires, parce qu'il était merveilleux à exprimer dans le même moment et comme du même mot des opinions contradictoires et à glisser insensiblement, au tournant d'une phrase, de la négation à l'affirmation avec un retour sur le peut-être. Les souplesses de son style passèrent à son esprit. Il savait trop bien écrire pour ne pas finir par mal penser. Les orateurs très experts commencent toujours leur phrase sans savoir comment ils la finiront, sûrs qu'elle finira sans encombre. Renan commençait à penser sans savoir où sa pensée l'entraînerait, sûr qu'elle se retrouverait toujours plausible et toujours séduisante.

Aussi bien, et c'est le dernier trait de cet état d'esprit, l'intelligence, après tant d'exercice, un développement si continu et un déploiement si magnifique, en était venue chez Renan à agir comme sans objet, d'elle-même et pour se satisfaire elle-même. Comme « la poule à qui on a ôté le cerveau, continue, sous certaines excitations, à se gratter le nez », ainsi son intelligence, d'habitude prise, travaillait, sinon dans le vide, du moins sans objet très déterminé, se séduisant elle-même par le jeu facile et sûr de ses étonnantes facultés. Comme les orateurs finissent par avoir le besoin de parler et parlent éloquemment presque sans occasion ni matière, Renan avait le besoin de penser, et pensait ingénieusement, habilement, adroitement, sans qu'il y eût occasion ou nécessité bien évidente de prouver quelque chose. Décadence, si l'on veut, et je ne ferai pas difficulté de l'admettre à demi, mais décadence singulièrement brillante et qui serait le moment d'éclat et de plein épanouissement d'un autre homme.

Son caractère même avait un peu changé. Sa timidité, à force de se couvrir d'ironie aimable, avait disparu, sinon cessé d'être ; sa ténacité, son intransigeance, sa fermeté intime, qui ne fléchirent jamais, n'apparaissaient plus nettement aux yeux. Il passait parmi les hommes comme un vieillard doux, souriant, gai même, d'une inépuisable indulgence, et d'une facilité invraisemblable à l'approbation. Il ne discutait jamais, semblait toujours ravi de la profondeur de la pensée que vous exprimiez devant lui et aussi peu sûr que possible de l'importance et de la justesse de la sienne ; et l'on était libre de croire qu'il y avait là bonté naturelle, ironie secrète ou indifférence, et il est probable qu'il y avait un peu de tout cela. Il semblait vouloir être le conciliateur raffiné entre les hommes, comme il avait été, dans l'hospitalité de son vaste esprit, le conciliateur subtil entre les idées. Il donna l'impression d'un Montaigne moderne, plus savant, plus ouvert à différents ordres d'idées et à différents genres de beautés, plus modeste aussi et véritablement meilleur, mais aussi *revenu*, aussi détaché, aussi neutre entre les partis, aussi nonchalant de propagande et d'action personnelle, aussi aimable encore, et que tout le monde aurait souhaité, comme madame du Deffand l'autre Montaigne, « avoir pour voisin. »

Encore qu'il y eût du vrai dans cette idée qu'on se faisait de lui, ce n'était pas tout à fait vrai. Sans que Renan ait jamais joué aucunement la comédie, le nouveau Renan recouvrait l'ancien sans l'altérer, sans le ronger et peut-être pour le conserver mieux. Ce nouveau Renan n'était pas factice ; mais il n'était pas profond ; il était d'une réalité superficielle. Comme les êtres très riches, Renan laissait vivre à la surface de lui-même un *moi* qui faisait partie de son *moi*, mais qui ne l'était pas tout entier. Il vivait bien dans l'éclat chatoyant de son plumage, mais il vivait encore plus dans le fond de son cœur. Quand il publia l'*Avenir de la Science*, comme pour se rappeler à lui-même et rappeler aux autres ce qu'il avait été, et pour jouir un peu de l'effet de surprise que produirait ce brusque rapprochement, il dit avec douceur, en prologue : « Un peu trop d'optimisme là dedans, un peu trop d'intrépidité d'affirmation ; mais au fond je n'ai guère changé. » C'était vrai. Ce qui n'avait pas changé en lui, c'était le fond, et le fond était sa foi en la science, sa confiance au progrès et son culte de l'idéal. Cette foi était moins entière et surtout moins persuadée d'une réalisation rapide ; cette confiance était moins naïve et admettait que sur la route du progrès il y a des points d'arrêt et des périodes de régression ; ce culte était moins ardent et se permettait des relâches et des moments de mauvaise humeur, et, ce qui est plus grave, de bonne humeur, envers son objet ; mais cette foi, cette confiance et ce culte étaient restés. Renan avait connu toutes les formes du scepticisme, détachement, dilettantisme, ironie et même légèreté ; il n'en avait jamais connu le fond ; il n'en avait pas ou en lui l'essence. — L'essence du scepticisme, c'est l'indifférence, et voilà où Renan n'était jamais ni descendu, ni, si l'on veut, monté. On le voyait quand un malheur public, ou ce qu'il considérait comme tel, quand un abaissement, une dégradation morale et sociale menaçait son pays. Il n'y avait plus ni ironie ni même condescendance dans ses paroles ou son attitude. On disait ces jours-là, en le quittant : « L'homme de 1848 a reparu. » — Et, plus encore que dans ses idées, il y avait eu constance dans son caractère. Le désintéressement, le mépris des intérêts matériels, l'application à des tâches obscures, utiles et non rémunératrices, alors que son nom au bas d'une page amusante était pour lui, quand il le voulait, une petite fortune ; le plus grand sérieux dans l'accomplissement de son devoir quotidien ; le stoïcisme dans la souffrance ; en un mot, non plus seulement le culte, mais la pratique de l'idéal étaient choses que le monde ignorait de lui, et qui lui étaient aussi naturelles au dernier jour qu'au premier. Il s'est cent fois comparé à un prêtre, à un « prêtre manqué » qui a souvent la nostalgie de sa vocation première. C'était un prêtre en effet ; et cette nostalgie, il l'eut toujours, mais il a passé la plus grande partie de sa vie à la satisfaire. Aux « bavards du siècle », il a donné beaucoup, parce qu'il était riche ; il leur a donné des idées, des fantaisies, des paradoxes, des poèmes, des romans, et même quelques religions mondaines par surcroît ; à lui-même, il n'a jamais cessé de se réserver une vie intérieure, profonde, austère et délicieuse où il savourait la jouissance intime d'être, de quelque nom qu'on l'appelle, avec ce qui ne passe pas, et de se distinguer, plaisir encore qu'il ne méprisait point, de ceux qui passent.

V

Tel fut Renan : une intelligence souveraine qui eut quelquefois des jeux de prince. Sorte de démiurge intellectuel, sa manière de faire le monde a été de le penser d'une première façon, puis d'une autre, puis d'une autre encore sans se lasser et en l'agrandissant sans cesse ; car il ne brisait pas les moules dans lesquels il lui avait donné une première figure : il les retrouvait, les reprenait, et en tirait de nouveaux exemplaires qu'il associait aux figurations plus récentes qu'il avait imaginées de l'univers. Les idées générales s'accumulaient ainsi dans son esprit, puis s'y organisaient, s'y enchaînaient plus ou moins étroitement et formaient des groupes en tout cas très harmonieux et très imposants. Chacun de ses systèmes était une idée nouvelle, accompagnée, un peu gênée et finalement enrichie du souvenir de toutes les autres. Chacun de ses moments intellectuels était une invention, qui voulait être en même temps une synthèse de tous ses moments intellectuels passés. La synthèse finissait par devenir impossible, et Renan était embarrassé, pour l'ordonnance de son train, par l'accumulation de ses richesses. Peu lui importait encore. L'essentiel était pour lui que l'humanité et l'univers se reflétassent en lui successivement par tous leurs aspects, et qu'en lisant ses livres, il ne fût guère de pensée profonde, de grande conception philosophique, scientifique, historique, religieuse, qu'on ne retrouvât plus vivement comprise et plus vivement exprimée qu'elle ne l'avait jamais été par personne. L'univers idéal serait la réalisation de tous les possibles. Renan eût souhaité que son œuvre fût l'expression de tous les possibles intellectuels.

De tous ces aspects divers, de toutes ces considérations multipliées, une impression d'ensemble devait bien se dégager un jour ; il la dégageait lui-même de temps en temps, mais il comptait surtout sur le lecteur de l'avenir pour la démêler, et prenait trop de plaisir à diversifier ses façons de sentir et de penser pour être très soucieux de les ramener à l'unité. Cette diversité même était un besoin de son esprit, une nécessité de sa nature : « Un esprit ne peut s'exprimer que par l'esquisse successive de points de vue divers, dont chacun n'est vrai que dans l'ensemble. *Une page est nécessairement fausse* ; car elle ne dit qu'une chose, et la vérité n'est que le *compromis* entre une infinité de choses. » L'Albert de *Werther*, « quand il croit avoir avancé quelque chose d'exagéré, de trop général ou de douteux, ne cesse de limiter, de modifier, d'ajouter ou de retrancher jusqu'à ce qu'il ne reste rien de sa proposition. » Renan méprisait cette sotte manière-là. Il allait chaque fois jusqu'au bout de sa pensée actuelle, quitte à aller le lendemain jusqu'au bout de la pensée contraire, c'est-à-dire complémentaire ; et quelquefois c'était le même jour qu'il poussait ainsi dans deux directions différentes ; et quelquefois c'était dans la même phrase, et alors il revenait bien un peu au procédé d'Albert, mais c'était par antinomie et non par atténuation, de sorte qu'au lieu qu'il ne restât rien de sa proposition, plutôt il en restait deux. Et c'était à l'avenir ou au public jugeant sur l'ensemble de démêler le *compromis*.

Ce compromis, le mot, trop modeste, est pourtant juste, a été pour le public ceci : Renan, en son ensemble, à le prendre en gros et un peu grossièrement, fut un positiviste resté chrétien. Du christianisme, sauf le dogme, il a tout gardé : le goût de la vie intérieure ; le culte de l'idéal ; l'effort pour s'associer à l'infini ; le mépris de la terre et une sorte de défiance du « monde ; » une manière d'humilité qu'il associait à beaucoup de dédains, car l'humilité n'exclut pas le dédain des autres, à condition qu'on en ait pour soi ; le goût et une pratique suffisante, et même rare, du désintéressement, une charité insuffisante, mais réelle, et relativement aux temps où nous sommes, assez vive ; une sorte d'heureuse impuissance à abstraire la métaphysique au moins de ses préoccupations, ce qui s'appelle en langue de Bossuet « le goût de Dieu » ; tous les traits essentiels enfin qui caractérisent l'état d'âme habituel du chrétien. Et ajoutez-y encore l'habitude de l'examen de conscience avec ses excellents avantages et quelques-uns de ses périls et l'habitude de la prière, ou comme il disait de « l'oraison », qui a laissé ses traces dans beaucoup de pages de ses œuvres, et parmi les plus belles. Tout cela était comme les effets du christianisme, sans leur cause, conservés dans une âme couvée d'abord par l'Église ; comme les produits du christianisme emportés loin du sol d'où ils sortent. « Nous vivons, disait-il, du parfum d'un vase vide. » Je dirai plutôt que c'était le fond de sentiment et d'instincts sur lequel croît le christianisme quand il doit croître, sur lequel il a crû depuis le Christ et même un peu auparavant, sur lequel il refleurirait dès demain, si, par une cause ou par une autre, le rationalisme fléchissait ou perdait un peu de son empire. Renan était la vie morale chrétienne, moins le christianisme formel et codifié. Il était chrétien comme le serait un catéchumène à qui son missionnaire aurait oublié de parler des conciles. Je reconnais que ce missionnaire est un peu fantastique et ce christianisme un peu vague. C'en est un pourtant et non pas seulement le parfum y reste, mais l'esprit y vit.

Du positivisme il avait adopté fermement le grand principe que rien dans le train du monde n'est surnaturel ; il avait accepté cette idée qu'il ne peut y avoir ni, d'une part, de révélations, ni, d'autre part, demonstration humaine de ce qui dépasse la portée de l'observation ; il croyait en conséquence que les seuls instruments de connaissance de l'homme sont l'observation, la science et le raisonnement ; il croyait que ces instruments étaient les outils sociaux, et que le devoir de l'homme était d'organiser scientifiquement et rationnellement l'humanité ; et il croyait enfin que le *processus* laborieux et lent vers le mieux était à ce prix, et que, par conséquent, les outils sociaux, observation, science et raison, étaient outils de progrès.

Telles étaient ses deux « fois », l'une de sentiment, l'autre de réflexion, l'une d'âme, l'autre d'esprit ; et aimant à être complet, prenant plaisir à être riche et ne détestant pas être complexe, il ne sacrifiait ni l'une ni l'autre. A l'une, il accordait sa vie morale, reconnaissant que la vie morale et même toute moralité (sauf la morale sociale, qui est où peut s'élever la conception transcendante d'un policier) n'avait aucune base rationnelle, aucune raison de raison, était scientifiquement et rationnellement une absurdité, et était uniquement pour le plaisir d'être, ce qui constitue précisément sa dignité. — A cette même foi il accordait encore ses méditations métaphysiques, les donnant loyalement pour des rêves, pour des poèmes, pour de belles chansons mystiques ; mais faisant remarquer que l'humanité vit d'esthétique comme de sciences et se dégradera, éprouvera une sorte de *deminutio* lorsqu'elle renoncera à ces rêves-là, ce qui du reste n'arrivera jamais.

À sa foi scientifique, en homme de son temps, en homme qui n'était pas du tout du moyen âge, en loyal ouvrier qui accepte la règle de l'usine où il est inscrit, et qui, du reste, en admet l'esprit et en approuve le but, il donnait les quatre cinquièmes de son temps de travail, étudiant les langues, écrivant l'histoire, déchiffrant et recueillant des inscriptions, enseignant l'hébreu, contribuant de presque toutes ses forces, jusqu'au jour où il n'en eut plus, et même passé ce jour-là, à l'édifice scientifique que dresse l'humanité pour mieux s'aménager, si elle le peut, sur la terre.

Ces deux fois ne sont peut-être pas formellement très conciliables. Elles se concilient dans le fond même de la nature humaine ; elles se concilient dans la vie réelle, dans la vie vraie, dirai-je, dans la vie vivante, parce qu'elles sont les expressions de deux besoins également impérieux de notre nature. Chacun de ces besoins croit que l'autre est factice et va bientôt disparaître, et, à vrai dire selon les époques, l'un l'emporte sur l'autre à faire croire que l'autre n'était chez nous qu'accidentel et comme une maladie de quelques siècles. En définitive, ils paraissent tous deux immortels, et leurs oscillations finissent par donner l'idée de poids égal. Il est donc possible que Renan, avec son apparent dualisme, ait donné « la formule de l'avenir » et aussi celle du passé, et ait assez bien figuré la nature humaine elle-même, autant qu'il est possible à un homme d'en donner une représentation approximative.

Son influence a été, comme on peut croire, très considérable. Toutes ses suggestions avaient de l'autorité précisément à cause de leurs correctifs. On ne pouvait suspecter « l'esprit chrétien » d'un homme qui avait rompu avec éclat et décision avec le christianisme organisé ; on ne pouvait suspecter le rationalisme d'un homme qui était si ferme sur la question de l'exclusion du supranaturalisme, alors que ses tendances étaient si religieuses et presque mystiques. Ses conclusions en différents sens lui coûtaient trop pour n'être pas sérieuses. Il bénéficiait de la violence que certains de ses sentiments faisaient à d'autres. On aimait à le suivre à cause de cela. On s'habituait à voir en lui un guide qui n'était guidé que par la recherche. Quand le plaisir de penser l'entraîna à une diversité de conceptions qui ressemblait à un certain vagabondage, on le suivit encore. Il rendait encore le service d'être un merveilleux excitateur d'idées. Il est permis d'avoir quelque chose du sophiste lorsqu'on a jeté dans le monde, en y insistant, quelques idées générales très nettes, qui font centre, auxquelles les disciples peuvent se rattacher, et quand, ainsi, celles qui viennent s'y ajouter sont manifestement des récréations intellectuelles et des exercices brillants de l'esprit. La manie de « chercher la vérité après qu'on l'a trouvée, » qu'il s'est reprochée si élégamment, doit être très surveillée, mais n'est pas sans avantages. C'est comme un contrôle des opérations antérieures de l'intelligence, qui met les résultats acquis précédemment dans tout leur jour, et aussi ce sont des digressions qui finissent par ramener au premier objet.

Le scepticisme où il semble que Renan a incliné quelques-uns de ses contemporains, trop séduits par sa dernière manière et ne voyant qu'elle, n'a guère été qu'une mode, et assez courte. Ce qui reste, c'est une véritable restitution de l'esprit religieux dans la classe des hommes qui s'en tenaient à la négation sèche et brutale, familière au XVIIIᵉ siècle. Ce qui reste, c'est un rationalisme plus large et plus libéral, qui sait faire auprès de lui une place aux tendances élevées de la nature humaine, et aux tendresses délicates du cœur. « Le voilà encore, disait Doudan, qui confectionne à l'usage du public des bonbons qui sentent l'infini. » C'est quelque chose que de trouver, et sans effort, le moyen de faire encore sentir l'idéal aux hommes qui en ont perdu ou qui croient en avoir perdu le besoin.

Ce qui reste surtout, et cela c'est toute l'œuvre de Renan qui le respire, c'est un esprit vraiment nouveau de tolérance. La tolérance avait elle-même, jusqu'à Renan, quelque chose de sec et de négatif. On disait, ou à peu près : « Laissons les autres penser des absurdités. Qu'ils s'en arrangent. L'homme a le droit d'être stupide. Ne les persécutons pas, ne les troublons pas. C'est tout ce que nous leur devons. » — Il y a mieux : c'est démontrer que toutes les grandes idées humaines sont dignes d'un certain respect parce qu'elles sont toutes fondées en quelque raison ; c'est chercher dans chacune la part, ou l'apparence, ou le reflet plus ou moins lointain de vérité, qu'elle peut, qu'elle doit renfermer, et le montrer aux hommes. La tolérance active n'est pas une abstention, laquelle ne va jamais sans mépris ; c'est une hospitalité, un bel accueil, qui n'entraîne pas l'adhésion mais qui est un acte de « bonne volonté. » — Cette hospitalité, Renan l'a pratiquée avec intelligence et avec empressement. Avec un peu d'abandon aussi et l'on comprend bien que, là encore, il y a une pente vers le scepticisme. Mais tout est dans la mesure. Il n'y a pas de tolérance sans un certain mélange de scepticisme ; et la tolérance est une si belle chose qu'il faut lui passer quelque commerce, pourvu qu'il soit discret, avec ce compagnon. Renan a enseigné aux hommes la tolérance vraie, celle qui excite un homme, sans abandonner ses convictions, à s'enquérir avec bienveillance de celles des autres, à en tenir compte, à les estimer louables et belles, sinon sûrement fondées, à en féliciter l'adversaire même quand on cherche à l'en détacher, et à le consoler de les lui faire perdre. — Tout cela est un peu raffiné; mais c'est un raffinement du cœur autant que de l'esprit; et c'est une forme exquise de la fraternité.

Ce grand intellectuel a donné un très considérable exemple. Il a prouvé par sa vie que l'agrandissement progressif de l'intelligence ne va pas sans un élargissement de l'âme. Selon Renan, la dernière pensée de Marc-Aurèle fut, à l'égard de notre pauvre espèce, « un sentiment doux, mêlé de résignation, de pitié et d'espérance; » et cette dernière pensée a dû être aussi, après tant d'investigations dans tous les sens sur le passé et l'avenir de l'humanité, la dernière pensée d'Ernest Renan.

TABLE DES MATIÈRES

	Pages
AVANT-PROPOS	V
STENDHAL	1
TOCQUEVILLE	65
PROUDHON	115
SAINTE-BEUVE	185
TAINE	237
RENAN	315

Poitiers. — Sté Franç. d'Impr. et de Libr.
Ancienne Impr. Oudin et Cⁱᵉ.

www.ingramcontent.com/pod-product-compliance
Lightning Source LLC
Chambersburg PA
CBHW071910230426
43671CB00010B/1547